ULRIKE LEUTHEUSSER studierte Geschichte, Geografie und Latein in Köln und Berlin. Sie arbeitete mehrere Jahre im Pressereferat der Max-Planck-Gesellschaft und verantwortete 15 Jahre den Programmbereich Wissenschaft-Bildung-Geschichte im Bayerischen Fernsehen. Für ihre journalistische Tätigkeit wurde sie mehrfach ausgezeichnet; 2007 erhielt sie die Medaille »Bene merenti« der Bayerischen Akademie der Wissenschaften. Sie lebt als freie Journalistin und Autorin in Grünwald. Veröffentlichungen u. a.: »Hitler und die Frauen« (2001).

HEINRICH NÖTH hatte 30 Jahre lang an der Ludwig-Maximilians-Universität München einen Lehrstuhl für Anorganische Chemie inne. Obwohl mittlerweile emeritiert, forscht er weiter auf dem Gebiet der Wasserstoffverbindungen sowie der Hauptgruppenelemente. Seine Forschungsergebnisse wurden durch zahlreiche Auszeichnungen gewürdigt. Er war zweimal Präsident der Gesellschaft Deutscher Chemiker und acht Jahre lang Präsident der Bayerischen Akademie der Wissenschaften.

Dieses Buch entstand aus einer Veranstaltungs- und Fernsehreihe

der Bayerischen Akademie der Wissenschaften
des Bayerischen Fernsehens
des Kulturreferats der Landeshauptstadt München
des Deutschen Museums
der Ludwig-Maximilians-Universität München
der Technischen Universität München

München leuchtet für die Wissenschaft

Berühmte Forscher und Gelehrte. Band 2

Herausgegeben von
Ulrike Leutheusser und Heinrich Nöth

edition monacensia
Herausgeber: Monacensia
Literaturarchiv und Bibliothek
Dr. Elisabeth Tworek

Weitere Informationen über den Verlag und sein Programm unter:
www.allitera.de

Bibliografische Information Der Deutschen Nationalbibliothek
Die Deutsche Nationalbibliothek verzeichnet diese Publikation
in der Deutschen Nationalbibliografie;
detaillierte bibliografische Daten sind im Internet
über <http://dnb.ddb.de> abrufbar.

Oktober 2008
Allitera Verlag
Ein Verlag der Buch&media GmbH, München
© 2008 für diese Ausgabe: Monacensia – Literaturarchiv und Bibliothek
Leitung: Dr. Elisabeth Tworek
und Buch&media GmbH, München
Lektorat: Heidi Keller
Umschlaggestaltung: Kay Fretwurst, Freienbrink
Herstellung: Books on Demand GmbH, Norderstedt
ISBN: 978-3-86520-286-4

Inhalt

Ulrike Leutheusser und Heinrich Nöth
Vorwort 7

Wolfgang A. Herrmann
Carl von Linde (1842–1934)
Hochschullehrer, Forscher, Unternehmer und Philantrop 13

Markus Riederer
Carl Friedrich Philipp von Martius (1794–1868)
Ein bayerischer Botaniker in Brasilien 38

Hiltrud Häntzschel
Ricarda Huch (1864–1947)
Eine Frau zwischen Dichtung und Geschichtsschreibung 56

Hannelore Putz
Jakob Philipp Fallmerayer (179–1861)
Vom Bauernsohn zum Orientforscher 77

Karl Holl
Ludwig Quidde (1858–1941)
Streitbarer Historiker und Friedensnobelpreisträger 93

Elisabeth Vaupel
Heinrich Wieland (1877–1957)
Ein Chemiker im Spannungsfeld zwischen Wissenschaft und Politik 119

Karl Decker
Feodor Lynen (1911–1979)
Architekt der klassischen Biochemie 133

Friedrich L. Bauer
Alfred Pringsheim (1850–1941)
Grandseigneur der Mathematik 154

Dank 172
Die Autorinnen und Autoren 173
Bildnachweis 176

>»Die Endlosigkeit des wissenschaftlichen Ringens
sorgt unablässig dafür, dass dem forschenden Menschengeist
seine beiden edelsten Antriebe erhalten bleiben
und immer wieder von neuem angefacht werden:
Die Begeisterung und die Ehrfurcht.«
> Max Planck

Vorwort

München – keine deutsche Stadt hat im Laufe ihrer Geschichte so viele Beinamen erhalten: »Isar-Athen« von dem kunstbegeisterten König Ludwig I., »Deutsches Rom« in der Zeit der Gegenreformation, »Bierstadt« wegen des Oktoberfestes, »Hauptstadt der Bewegung« vom München-Freund Hitler, »Millionendorf« und »Weltstadt mit Herz«, »Heimliche Hauptstadt Deutschlands« während der Bonner Republik und schließlich in den letzten Jahrzehnten »Medien- und Hightech-Stadt Bayerns«.

Gern schmückt sich München auch heute noch mit seinen Kunstschätzen, architektonischen Perlen und berühmten Denkmälern. Eine andere Tradition spielt im Leben der Stadt eine geringere Rolle und ist ihren Bewohnern weniger bekannt: München als Stätte der Wissenschaft, als Anziehungspunkt für berühmte Forscher und Gelehrte. »Denn wenn der Name München erklingt, wer dächte da an die Nüchternheit der Naturwissenschaften? Bei diesem Namen kommen andere Bilder in unseren Sinn. Die Ludwigstraße vom Siegestor zur Feldherrnhalle vom Sonnenlicht übergossen, der Blick vom Monopteros über die blumenübersäten Wiesen des Englischen Gartens bis zur Frauenkirche, ›Figaros Hochzeit‹ im Residenztheater, die Dürer-Bilder in der Pinakothek, der mit Skiern überfüllte Zug nach Schliersee und Bayrischzell, und schließlich das Bierzelt auf der Oktoberwiese, das mit dem bayerischen Löwen gekrönt ist. Das alles ist München. Aber was hat das mit den Naturwissenschaften zu tun?«

Dieses München-Bild steht am Anfang der großen Festrede des Nobelpreisträgers Werner Heisenberg anlässlich des 800-jährigen Jubiläums der Stadt im Jahre 1958.[1] Noch heute ist in den Worten des Physikers das große Erstaunen und die aufrichtige Freude zu spüren, dass ihm als Na-

---

[1] Die Rede Werner Heisenbergs wurde in der »Süddeutschen Zeitung« vom 14. Juni 1958 im vollen Wortlaut abgedruckt; der Artikel befindet sich heute im Münchner Stadtarchiv.

turwissenschaftler die Ehre zuteil wurde, die Festivitäten zum Geburtstag seiner Heimatstadt zu eröffnen. In der Wahl des Redners vor fünfzig Jahren zeigt sich nicht nur die Wertschätzung des berühmten Mannes, sondern auch der Wissenschaft. Inzwischen hat sich der Zeitgeist geändert. Bei der 850-Jahrfeier im Jahr 2008 sprach nicht etwa ein Münchner Nobelpreisträger, beispielsweise der Physiker Theodor W. Hänsch oder der Biochemiker Robert Huber, sondern München feierte mit vielen Veranstaltungen und Führungen, mit Musik und Tanz, Spaß und Unterhaltung, mit der großen Ausstellung »Typisch München« des Stadtmuseums und dem Isarbrückenfest seine Stadtgeschichte.

Vor drei Jahren startete die Bayerische Akademie der Wissenschaften und der Programmbereich Wissenschaft-Bildung-Geschichte des Bayerischen Fernsehens zusammen mit dem Kulturreferat der Stadt München die Vortragsreihe »München leuchtet für die Wissenschaft – Berühmte Forscher und Gelehrte«. An dieser Kooperation beteiligten sich die beiden Münchner Universitäten und das Deutsche Museum. Der Erfolg und die große Resonanz in der Öffentlichkeit beruhten vor allem auf der Auswahl der porträtierten Forscher und der renommierten Referentinnen und Referenten, die ihre Vorträge mit Filmzuspielern vor einem interessierten Publikum hielten. Der Bildungskanal des Bayerischen Fernsehens strahlte die Vorträge – ergänzt durch anschauliche Dokumentationen zum Lebensweg der Münchner Gelehrten – wenig später aus und machte damit die Reihe weit über München hinaus populär. Auch der Begleitband zu den ersten Staffeln, der die Wissenschaftler Ignaz von Döllinger, Joseph von Fraunhofer, Karl von Frisch, Romano Guardini, Werner Heisenberg, Justus von Liebig, Georg Simon Ohm, Max von Pettenkofer, Friedrich Schelling, Prinzessin Therese von Bayern, Max Weber und Lorenz Westenrieder vorstellte, erhielt von Kritik wie Publikum großes Lob.

Im Jubiläumsjahr der Stadt München 2008 erscheint nun zum Abschluss der Reihe der zweite Band mit acht Porträts außergewöhnlicher Gelehrter aus Natur- und Geisteswissenschaften, die in München gelebt und geforscht haben und – mit Ausnahme von Ricarda Huch – Mitglieder der Bayerischen Akademie der Wissenschaften waren:

RICARDA HUCH (1864–1947), Schriftstellerin und Historikerin, überschritt mit ihren Werken die Genregrenzen, changierte zwischen Belletristik und Wissenschaft. Sie verfasste mehrere höchst erfolgreiche Romane und sicherte sich mit ihren Hauptwerken, der großen zweibändigen Studie über die »Romantik« und der Darstellung des Dreißigjährigen Krieges, auch die Anerkennung in akademischen Kreisen. 1924, auf dem Höhepunkt ihres Schaffens, wurde sie zur Ehrenbürgerin der Ludwig-Maximilians-Universität München ernannt. Die Literaturwissenschaftlerin Hiltrud Häntzschel zeichnet das bewegte Leben der «ersten Frau Deutschlands», wie Thomas Mann Ricarda Huch einmal nannte, nach.

ALFRED PRINGSHEIM (1850–1941) veröffentlichte als Mathematiker zahlreiche Abhandlungen zur Funktionentheorie und war einer der wichtigsten Vertreter der Weierstraß'schen Analysis. Zudem setzte er sich nachdrücklich für die Münchner Museen und insbesondere deren Erwerbungen ein, engagierte sich im Museumsverein und bis in die 30er-Jahre in der Ankaufskommission des Bayerischen Nationalmuseums. Der Mathematiker Friedrich Ludwig Bauer porträtiert den Grandseigneur und Schwiegervater von Thomas Mann, dessen schillerndes Leben in München mit der Machtergreifung der Nationalsozialisten schlagartig endete und ihn in das Exil zwang.

Der Biochemiker FEODOR LYNEN (1911–1979) erlangte mit seinen Arbeiten über die Abläufe des Stoffwechsels weltweiten Ruhm. Er erforschte den Fettsäureabbau und die Synthese des Cholesterins und der Fettsäuren im Organismus und trug mit seinen Entdeckungen maßgeblich zum Fortschritt der Medizin bei. 1964 erhielt er den Nobelpreis für Physiologie oder Medizin. Karl Decker ist Lynens ältester lebender Schüler und beschreibt auch die Persönlichkeit Lynens, der seine ganze berufliche Karriere als Wissenschaftler in München verbrachte.

CARL FRIEDRICH PHILIPP VON MARTIUS (1794–1868) war Naturforscher und Botaniker, Professor an der Universität München, Direktor des Botanischen Gartens sowie Leiter der Botanischen Sammlungen in München. 1817 brach er zu einer fast dreijährigen Forschungsexpedition durch Brasilien auf, die der Reise Humboldts hinsichtlich der wissenschaftlichen Ergebnisse mindestens ebenbürtig ist. Martius brachte unzählige Herbarbelege und lebende Exemplare von Pflanzen nach München und schuf mit der »Flora brasiliensis« ein Pflanzenwerk, das heute noch Standard ist. Markus Riederer, Professor der Botanik und Direktor des Botanischen Gartens Würzburg, begleitet Martius auf seiner Forschungsreise nach Brasilien und auf seinem gesamten Lebensweg.

Der begnadete Ingenieur und erfolgreiche Unternehmer CARL VON LINDE (1842–1934) revolutionierte die Kältetechnik und entwickelte ein Verfahren zur Verflüssigung von Luft und deren Zerlegung in Einzelgase. Seine Erfindungen sind bis heute Grundlage moderner Kälte- und Gastechnik. Das von ihm gegründete Unternehmen ist noch heute als Linde AG erfolgreich. Der Chemiker Wolfgang A. Herrmann, Präsident der TU München, porträtiert den Münchner »Eiskönig«.

JAKOB PHILIPP FALLMERAYER (1790–1861) war Orientforscher, Politiker und Publizist. Der in Tschötsch bei Brixen geborene Bauernsohn, der in Salzburg und Landshut studierte und 1824 für seine Forschungen über das Kaisertum Trapezunt den Preis der Dänischen Akademie der Wissenschaften erhielt, bereiste dreimal den Orient. 1848 wurde er in die Frankfurter Paulskirche gewählt. Die bayerische Landeshistorikerin Hannelore Putz stellt diesen vielseitigen, aber auch streitbaren Gelehrten der Bayerischen Akademie der Wissenschaften vor.

HEINRICH WIELAND (1877–1957) war einer der größten Chemiker der ersten Hälfte des 20. Jahrhunderts. Er wurde vor allem durch seine Arbeiten aus der Naturstoffchemie und der Biochemie international bekannt und 1927 für seine Gallensäure-Arbeiten mit dem Nobelpreis für Chemie ausgezeichnet. Elisabeth Vaupel, Leiterin der Abteilung Chemie im Deutschen Museum, widmet sich neben Wielands großen wissenschaftlichen Erfolgen auch seinem Einsatz für halbjüdische Studenten während der NS-Zeit.

Mehr als vier Jahrzehnte war der Historiker, Politiker und Publizist LUDWIG QUIDDE (1858–1941) eine der markantesten Gestalten des öffentlichen und wissenschaftlichen Lebens der Stadt München. Er gründete die »Deutsche Zeitschrift für Geschichtswissenschaft«, organisierte den ersten Deutschen Historikertag in München und engagierte sich als Linksliberaler in der bayerischen und deutschen Politik. Über Leben und Werk des Friedensnobelpreisträgers, der 15 Jahre lang die Deutsche Friedensgesellschaft leitete, schreibt der Historiker Karl Holl, der Vorsitzende der Ludwig-Quidde-Stiftung.

Weitere hervorragende Wissenschaftler aus München werden 2009, wenn die Bayerische Akademie der Wissenschaften ihr 250-jähriges Jubiläum feiert, gewürdigt.

Die Wissenschaft in München leuchtete nicht nur in der Vergangenheit, sie leuchtet auch heute noch – in den Naturwissenschaften und der Medizin sowie in den Geistes- und Sozialwissenschaften. Wissenschaft verändert unsere Welt. Vom Fortschritt in Wissenschaft und Technik hängt nicht nur unsere Lebensqualität ab, sondern auch unser Überleben. Wir brauchen die wissenschaftlich-technische Elite, ihren Einfallsreichtum, ihr Wissen und ihre Erfahrung. Unsere Wissenschaftler und Wissenschaftlerinnen, Ingenieure und Ingenieurinnen bauen auf den Kenntnissen und Forschungen auf, die Forscher und Gelehrte in der Vergangenheit erarbeitet haben, und gestalten damit unsere Zukunft. »Wissenschaft als Schlüssel zur Problemlösung ist gefragt wie nie zuvor« (Peter Gruss, Präsident der Max-Planck-Gesellschaft, im Juni 2008).

Mögen die beiden Bände und die dazugehörigen Fernsehsendungen dazu beitragen, dass den Wissenschaften als Teil der Kultur in München mehr Aufmerksamkeit geschenkt und der verantwortliche Umgang mit den Folgen von Wissenschaft und Technik gefördert wird.

Grünwald, Oktober 2008
Ulrike Leutheusser und Heinrich Nöth

Wolfgang A. Herrmann
Carl von Linde
(1842–1934)
Hochschullehrer, Forscher,
Unternehmer und Philantrop

Wirtschaft und Wissenschaft
im zweiten deutschen Kaiserreich

Die Jahre des deutschen Kaiserreiches bis zum Ersten Weltkrieg waren die Gründerjahre der Industrialisierung. In diesem Zeitraum stieg Deutschland zu einer politischen, wirtschaftlichen und wissenschaftlichen Großmacht auf.

Lag die deutsche Wirtschaft 1871 gegenüber der weltweit führenden britischen noch deutlich zurück, war sie 1914 zu ihrer ernsten Konkurrentin geworden. In dieser Phase verdoppelte sich die industrielle Produktion in Großbritannien, im Deutschen Reich versechsfachte sie sich. Der deutsche Fertigwarenexport erreichte 1914 mit 22 Prozent nahezu den Anteil Großbritanniens. Im Bereich der alten Industrien wie der Eisen- und Stahlindustrie zog die deutsche mit der britischen Produktion gleich; im Bereich der neuen Industrien – wie der chemischen, elektrotechnischen oder optischen – stand sie 1914 an erster Stelle.

In der Kaiserzeit wurde das deutsche Hochschulwesen erheblich ausgebaut. So wuchs der Etat für die Universitäten in Preußen von zwei Millionen Mark im Jahr 1866 auf 27 Millionen Mark im Jahr 1914. Für die anwendungsorientierte Bildung und Forschung waren im Zeitraum 1860–1885 technische Hochschulen etabliert worden, die zur Jahrhundertwende die Gleichrangigkeit mit den Universitäten erzielt hatten. Außerdem gingen Staat und Industrie dazu über, für bestimmte Auf-

gaben gut dotierte Großforschungseinrichtungen wie die Physikalisch-technische Reichsanstalt und die Kaiser-Wilhelm-Institute zu schaffen. Hinzu kamen Forschungslabore in der Industrie.
Deutschland hatte damals in der Wissenschaft Weltgeltung erreicht. Es war zur »Apotheke der Welt« und zur technischen Erfinderschmiede geworden.

Im Zeitraum 1871–1914 gingen Studierende aus Nordamerika und Europa zunehmend nicht mehr an britische oder französische, sondern an deutsche Hochschulen, wenn sie den neuesten Stand der Wissenschaft kennenlernen wollten. Emil Erlenmeyer, der erste Chemieprofessor der Technischen Hochschule München, hatte mehr Doktoranden aus Russland als jeder einzelne seiner Nachfolger – so viele, dass er mit dem russischen Sankt-Anna-Orden ausgezeichnet wurde. Zwischen 1901 und 1915 erhielten sechs Deutsche den Nobelpreis für Chemie und fünf den Nobelpreis für Physik zuerkannt. Deutsch war damals die international führende Wissenschaftssprache. Im Ausland, so in den USA, wurde das als vorbildlich erachtete, forschungsorientierte Universitätssystem Deutschlands intensiv studiert und teilweise übernommen.

Schon die Zeitgenossen sahen einen Zusammenhang zwischen dem wissenschaftlichen und wirtschaftlichen Erfolg des Deutschen Reiches. So war damals im US-Magazin »Science« zu lesen:

> »Deutschland steuert rasch auf die industrielle Vorherrschaft in Europa zu. Wenn, wie viele behaupten, England seine beherrschende Stellung in Herstellung und Handel verlieren sollte, so liegt das am englischen Konservatismus und daran, daß versäumt wurde, die von der Wissenschaft erteilten Lektionen bis an ihre Grenzen nutzbar zu machen.«[1]

Der englische Chemiker Raphael Meldola sagte 1886 über die Deutschen: »Ihre Stärke liegt nicht, wie bei uns, auf den Börsen, sondern in den Laboratorien.« Einen solchen Zusammenhang postuliert auch die technikhistorische Forschung. So schreibt Friedrich Klemm in seiner »Geschichte der Technik«:

> »Die deutsche Industrie stieg von etwa 1900 an, nicht zuletzt als Erfolg einer an den Hochschulen wissenschaftlich betriebenen Technik, rasch empor und wurde ein wesentlicher Konkurrent Englands und Amerikas.«[2]

---

[1] zit. nach Donald Cardwell: Viewegs Geschichte der Technik. Wiesbaden 1997, S. 216.
[2] Friedrich Klemm: Geschichte der Technik. Stuttgart / Leipzig 1998, S. 168 f.

Neben anderen Faktoren wie einem günstigen Lohnniveau und überlegener Betriebsorganisation profitierte die deutsche Industrie im Kaiserreich in erheblichem Maß von der hohen akademischen Qualität der Ingenieurausbildung und der Verwissenschaftlichung der Produktentwicklung. Dies traf in besonderem Maß für »neue Industrien« wie die chemische, elektrotechnische oder optische zu, aber auch für den Maschinenbau. Tatkräftige Unternehmer wie Werner von Siemens hatten diesen Zusammenhang schon früh erkannt, propagierten ein Hineintragen der »Wissenschaft in die Technik«[3] und unterstützten grundlagen- wie anwendungsorientierte Forschung mit finanziellen Zuwendungen.

Zwei Beispiele aus der Chemie mögen jenen kaum exakt quantifizierbaren Wissens- und Technologietransfer von der Hochschule zur Industrie vor Augen führen. So gelang Adolph von Baeyer, dem Münchner Chemieprofessor und Nachfolger Justus von Liebigs, im Jahr 1878 die erste Synthese von Indigo. Ab 1897 wurde der Farbstoff mit großem Erfolg von der BASF in Ludwigshafen vertrieben. Der Berliner Chemieprofessor Fritz Haber entwickelte nach der Jahrhundertwende zusammen mit Carl Bosch von der BASF das »Haber-Bosch-Verfahren«. Es ermöglichte die synthetische Herstellung von Ammoniak als Ersatz für Salpeter bei der Produktion von Düngemitteln und Ammoniumnitrat für Sprengstoff.

Im Bereich der Kältetechnik war der Professor der Technischen Hochschule München Carl von Linde ein hervorragendes Beispiel für die Übertragung wissenschaftlicher Erkenntnisse in die Industrie. War die Entwicklung der Kältetechnik bis dato – durchaus nicht ohne Erfolg – von Praktikern bestimmt worden, so kam Linde durch die Anwendung physikalischer Grundsätze auf eine technisch verbesserte Lösung, die sich in hohen Stückzahlen international auf dem Markt durchsetzte und bis heute bestimmend blieb. Später wiederholte er seinen Erfolg im Bereich der Luft- und Gaszerlegung, wo ihm die Entwicklung profitabler Hightech-Verfahren gelang.

Wie Carl Duisberg (Bayer), Carl Bosch (BASF) und Ernst Abbe (Zeiss) war Carl von Linde außerdem einer der wenigen Wissenschaftler, die den Sprung zum Unternehmensleiter wagten und diese Herausforderung erfolgreich bestanden.

---

[3] zit. nach Michael Stürmer: Das ruhelose Reich. Deutschland 1866–1918 (= Reihe Die Deutschen und ihre Nation). Berlin ³1983, S. 129.

Familie, Jugend und Studium

Carl Linde kam am 11. Juni 1842 in Berndorf in Oberfranken als drittes von neun Kindern zur Welt. Als er sechs Jahre alt war, wurde sein Vater Friedrich nach Kempten versetzt, wo er eine neue Stelle als Pastor erhielt. Mit seiner Frau Franziska, einer Kaufmannstochter, bot er den Kindern eine unbeschwerte Jugend. In der Familie wurde musiziert und gesungen. Carl spielte Violine und las eifrig Bücher. Zu seiner Beschäftigung mit der klassischen deutschen und französischen Literatur schrieb er später:

> »Die Welt des ›höheren Menschentums‹ und ihre Darstellung zogen mich so unwiderstehlich an, daß ich zeitweilen ernsthaft daran dachte, mein Leben solcher Darstellung zu widmen.«[4]

Der Literatur und Kunst blieb er Zeit seines Lebens verbunden. Ebenso prägte ihn die strenge elterliche Erziehung: Im Hause Linde zählten Frömmigkeit, Ehrlichkeit, Fleiß und Pflichtgefühl. Diese Werte halfen ihm bei seinem beruflichen Aufstieg und er gab sie später an seine Kinder weiter. Sie prägten nicht nur seine Familie, sondern auch das von ihm geführte Unternehmen. Die Linde-Gesellschaft wurde zu einem Synonym für Solidität.

Infolge der Versetzung des Vaters besuchte Carl Linde das humanistische Gymnasium in Kempten und bestand 1861 das Abitur mit einem »guten Zweier«. Mit großen persönlichen Opfern ließen die Eltern ihren Kindern die bestmögliche Bildung angedeihen. Zur Enttäuschung seines Vaters entschied sich Carl nicht für die Theologie, sondern für das Maschineningenieurwesen. Die freundschaftliche Aufnahme im Hause eines Kemptener Wollspinnereifabrikanten hatte bei dem Gymnasiasten die Begeisterung für Turbinen und Dampfmaschinen geweckt. Carl Linde wechselte an das Eidgenössische Polytechnikum in Zürich – damals die führende Technische Hochschule in Mitteleuropa. Hier lehrten Kapazitäten wie der Physiker Rudolf Clausius und die Maschinenbauingenieure Franz Reuleaux und Gustav Zeuner, der als »Vater« der technischen Thermodynamik gilt. Seine Vorlesungen hielt Linde fein säuberlich fest.

Im Rahmen seines Studiums des Maschineningenieurwesens besuchte Carl Linde in Zürich auch mit großem Genuss »allgemeinbildende« Vorlesungen des Historikers Johannes Scherr und des Germanisten Friedrich

---

[4] Carl von Linde: Aus meinem Leben und von meiner Arbeit. Aufzeichnungen für meine Kinder und meine Mitarbeiter. München 1916, S. 8.

Theodor Vischer. Dessen Vorträge über Goethes »Faust« und die Dramen von William Shakespeare waren für Linde ein »Fest«. Noch erhalten ist seine 200-seitige, sorgfältige Mitschrift von Vischers Shakespeare-Vorlesung.

Im letzten Semester kam es zu einer Auseinandersetzung zwischen dem strengen Direktor des Züricher Polytechnikums und der Studentenschaft. Obwohl Linde mit dem Direktor privat bekannt war, folgte er seinem Gerechtigkeitsgefühl, stellte sich auf die Seite der Studenten und nahm die Wahl seiner Kommilitonen zum Vorsitzenden eines Komitees an. Die Hochschule verweigerte ihm daraufhin das Ingenieurdiplom.

Industrietätigkeit bei Borsig und Krauß

Lediglich mit Empfehlungsschreiben seiner Professoren ging Carl Linde 1864 in die Industrie: Einem kurzen Volontariat in einer Kemptener Baumwollspinnerei – mit einer täglichen Arbeitszeit von elf Stunden, sechsmal die Woche – folgte eine Tätigkeit bei der Lokomotivenfabrik Borsig in Berlin, wo er sich mühsam von der Werkstätte ins Konstruktionsbüro hocharbeiten musste. Das Gehalt war spärlich, und Linde vergaß nie, dass er damals froh war, einmal pro Woche im Hause von Verwandten eine warme Mahlzeit zu erhalten. Als ihm eine leitende Stellung bei der neu gegründeten Lokomotivenfabrik Krauß in München angeboten wurde, zögerte er nicht lange. Das rasch expandierende Eisenbahnwesen gehörte zu den faszinierendsten Aufgaben für einen jungen Ingenieur.

Die gut dotierte Industrieanstellung ermöglichte die Familiengründung: Im September 1866 heiratete er Helene Grimm, eine Cousine mütterlicherseits. Die glückliche Ehe bestand 53 Jahre lang. Vier Töchter und zwei Söhne sowie 25 Enkel gingen daraus hervor. Zwei seiner Töchter heirateten ebenfalls in Pastorenfamilien ein. Als seine Frau nach dem Ersten Weltkrieg starb, heiratete Linde als zweite Ehefrau Elisabeth Rüthnick.

Der Fabrikant Georg Krauß hielt große Stücke auf den 24-jährigen Ingenieur und beauftragte ihn zunächst mit der verantwortungsvollen Aufgabe, das neue Fabrikgebäude auf dem Münchner Marsfeld einzurichten. Danach leitete Linde das Technische Büro der Fabrik und konstruierte Lokomotiven mit diversen Verbesserungen. So führte er zur Verminderung der Biegungsmomente und Massendrücke bei Trieb- und Kuppelstangen den doppel-T-förmigen Querschnitt anstelle des üblichen rechteckigen ein. Diese Verbesserung setzte sich allgemein durch. 1867 begleitete Linde die erste von Krauß gebaute Lokomotive »Landwührden« zur Weltausstellung nach Paris, wo sie mit der »Goldenen Medaille« ausgezeichnet wurde.

Carl von Linde mit seiner ersten Frau Helene und seinen erwachsenen Kindern nebst Ehepartnern.

Auf der Rückfahrt von Paris erfuhr Linde von den Vorbereitungen für die Gründung einer polytechnischen Schule in München. Auf Betreiben des fortschrittlichen Geodäten Carl Maximilian Bauernfeind, der vom zuständigen Handelsminister Gustav von Schlör persönlich mit der Konzeption der Bildungsanstalt beauftragt war, sollte die neue »Kgl. Bayerische Polytechnische Schule« – später Technische Hochschule – die Studierenden nicht nur für eine technische Beamtenlaufbahn, sondern auch für die Bedürfnisse der expandierenden Privatwirtschaft vorbereiten.

Professor an der Polytechnischen Schule München

Mit dem Hochschulprojekt wurde für den jungen Carl Linde ein Lebenstraum greifbar, nämlich »die Tätigkeit eines akademischen Lehrers« als »den Gipfel des beruflichen Daseins«[5] zu erklimmen, wie er sich ausdrückte. In seinen Lebenserinnerungen schildert er, wie viel Pioniergeist

[5] ebd., S. 27.

und Durchhaltevermögen ihm die Verwirklichung dieses Traums abverlangte.

Zunächst besuchte Linde den Ministerialrat Messerschmidt, der als Referent zuständig für das technische Schulwesen in Bayern war. Dieser wies ihn als »Traumtänzer« zurück: Ob dem noch nicht 25-Jährigen bekannt sei, dass schon zur Erlangung einer Gewerbeschullehrerstelle ein schweres Staatsexamen abzulegen sei, fragte er den ambitionierten, aber diplomlosen Linde. Hartnäckig – wie er immer blieb – war dieses erste »Nein« für Linde nur die Grundlage für weitere Verhandlungen. Er suchte den designierten Hochschuldirektor Bauernfeind auf. Das Empfehlungsschreiben, das Linde vom Züricher Maschinenbauprofessor Gustav Zeuner vorlegen konnte, beeindruckte so sehr, dass der Hochschulmann den jungen Linde als außerordentlichen Professor der Maschinenlehre engagierte.

Der junge Carl Linde.

Was Linde nicht wissen konnte: Bauernfeind mochte den Ministerialrat nicht, umso leichter fiel die Berufung! Prompt wurde Linde geschäftlich und forderte eine »Funktionszulage« unter Hinweis auf Frau und zwei Kinder. Hier jedoch stieß er auf Granit: Der sparsame Direktor zog sich mit Hinweis auf den Ministerwillen aus der Affäre, die Gehaltszulage wurde abgelehnt.

In seinen Personalakten ist dokumentiert, wie sehr sich der junge Universitätsprofessor in den ersten Jahren an der Hochschule abmühen musste, um seiner jungen Familie den Lebensunterhalt zu sichern. Seine »pecuniär sehr günstige«[6] Anstellung bei der Lokomotivenfabrik Krauß hatte er ge-

---

[6] Historisches Archiv der TU München (HATUM), (HATUM.PA.PROF, Linde Carl von, Linde an Majestät, Die unterthänigste Bitte des königl. Außerordentlichen Professors Carl Linde um Erhöhung seines Gehaltes betr. [ohne Datum, 1871].

gen die wesentlich schwächer dotierte Stelle eines außerordentlichen Professors eingetauscht. Das Grundgehalt betrug gerade einmal 1000 Gulden jährlich, und der junge Hochschullehrer musste Vorlesungen zu Themen abhalten, die nur geringe Hörgelder einbrachten. In Aussicht gestellte Gehaltsanhebungen wurden erst nach mühseligen Eingaben und in bescheidenem Umfang bewilligt. Mit Nebentätigkeiten wie Nachhilfestunden und der Redaktion des »Bayerischen Industrie- und Gewerbeblatts« besserte Linde sein spärliches Professorengehalt auf. Dabei beanspruchte er seine Gesundheit so stark, dass er einen körperlichen Zusammenbruch erlitt und für das Sommersemester 1872 beurlaubt werden musste.

Glücklicherweise hatte sich Linde bald innerhalb und außerhalb der Hochschule einen so hervorragenden Ruf erworben, dass der hessische Großherzog den begnadeten Ingenieur nach Darmstadt berufen wollte. Der bayerische König konterte und machte aus dem außerordentlichen einen ordentlichen Professor. Am 24. Dezember 1872 wurde Linde das Ernennungsdekret mit der königlichen Unterschrift aus Hohenschwangau zugestellt und – so erinnert sich Linde – »konnte [ich] es abends meiner Frau auf den Weihnachtstisch legen«.[7] Sein Grundgehalt betrug nun 2500 Gulden jährlich – damit war er seiner finanziellen Sorgen enthoben. Das erfolgreiche Wirken Lindes zeigt die Weitsicht, mit der schon damals in Bayern Berufungspolitik gemacht wurde. Anlässlich seines 70. Geburtstages im Jahr 1912 rühmte die Technische Hochschule München den »Scharfblick«[8] ihres einstigen Gründungsdirektors Bauernfeind.

Bei der Eröffnung im Jahr 1868 war Carl Linde der einzige Professor, der aus der Privatwirtschaft berufen worden war. Dieser Präzedenzfall bewährte sich und wurde in den technischen Fächern bald zur Regel. Gerade das Zusammenwirken zwischen wissenschaftlichen Koryphäen und besonders qualifizierten Praktikern ergibt den Mix, auf den es in den Ingenieurwissenschaften bis heute ankommt.

Die bald in »Technische Hochschule« umbenannte Polytechnische Schule München legte Wert auf einen anschaulichen, praxisnahen Unterricht. 1870 gründete Johann Bauschinger, der Ordinarius für Technische Mechanik, das erste mechanisch-technische Laboratorium an einer deutschen technischen Hochschule. 1871 konnte Carl Linde ein ähnliches Projekt verwirklichen: das Maschinenbaulaboratorium – ebenfalls ein Novum. Da Forschung damals offiziell nur Aufgabe der Universitäten,

---

[7] wie Anm. 4, S. 31.
[8] HATUM.PA.PROF, Linde Carl von, Rektor und Senat der Kgl. technischen Hochschule München, 70. Geburtstag Dr. v. Lindes [Manuskript; 1912].

nicht der Technischen Hochschulen war, mussten Unterrichtszwecke in den Vordergrund gerückt werden. Natürlich ließ es sich Linde nicht nehmen, an der neuen Einrichtung von Anfang an zu forschen. Einer seiner begabtesten Schüler war Rudolf Diesel. Mit dem nach ihm benannten »Dieselmotor« sollte dieser weltbekannt werden. Der Motor läuft heute noch – besser denn je. Hierzu angeregt wurde er durch eine Vorlesung Lindes über Thermodynamik im Jahr 1878. Linde hatte ausgeführt, dass die Verwirklichung des »Carnot'schen Kreisprozesses« in einer idealen Wärmekraftmaschine ein Maximum von Wärme in mechanische Arbeit verwandeln würde. Dieser Gedanke sollte fortan das Denken von Rudolf Diesel beherrschen und führte ein gutes Jahrzehnt später zur Erfindung seines neuartigen Verbrennungsprinzips.

Im Kollegium der Hochschule pflegte Carl Linde einen intensiven Gedankenaustausch, insbesondere mit dem Chemiker Emil Erlenmeyer und den Mathematikern Felix Klein und Alexander Brill. Denn eine Stärke des Ingenieurs Linde war seine Aufgeschlossenheit gegenüber den naturwissenschaftlichen und mathematischen Grundlagen technischer Vorgänge. Linde war an der Technischen Hochschule Mitbegründer eines »Mathematischen Kränzchens« und beriet seinen Kollegen Klein bei der Konzeption eines auf die Bedürfnisse des Technikers zugeschnittenen mathematischen Unterrichtes. Felix Klein wurde später an der Universität Göttingen zu einem der bedeutendsten deutschen Mathematiker. Mit Linde blieb er lebenslang eng verbunden.

Pionier der Kältetechnik

Ein Preisausschreiben für eine Kühlanlage zum Auskristallisieren von Paraffin brachte Linde 1870 auf ein Forschungsthema, mit dem er berühmt werden sollte: die Kältetechnik.

Er untersuchte die verschiedenen damals gebräuchlichen Systeme – Kompressionskälte-, Absorptionskälte- und Kaltluftmaschinen – und stellte fest, dass keines von ihnen mehr als ein Fünftel der prinzipiell erreichbaren Leistung lieferte.

Auch aus der Praxis wurde dieses Forschungsthema angestoßen: Denn die Natureisversorgung im Brauwesen war umständlich und unzuverlässig. Das Eis wurde aus den Seen gesägt und mit Pferdewagen in die Eiskeller der Brauereien gebracht, wo es vor sich hin schmolz. Mehrere warme Winter zwangen damals die bayerischen Brauer, Kühleis von weither aus Tirol kommen zu lassen. Im Sommer wurde das unzureichend gekühlte Bier nicht selten sauer.

Die erste verkaufte Kältemaschine von Carl Linde – ein 1877 an die Dreher'sche Brauerei in Triest geliefertes Modell.

In zwei wissenschaftlichen Aufsätzen legte Linde seine Theorie der Kältemaschinen nieder. Bald ergab sich auch eine Gelegenheit für eine praktische Erprobung seiner theoretischen Gedanken. 1871 nahm der Direktor der Dreher'schen Brauereien in Wien, August Deiglmayr, mit Linde Kontakt auf und erteilte ihm den Auftrag, eine Luftkühlanlage für die Zweigbrauerei in Triest zu entwerfen.

Deiglmayrs Onkel, der Großbrauer Gabriel Sedlmayr, stellte seine Münchener Spatenbrauerei für Versuche zur Verfügung und übernahm die Kosten.

Den Durchbruch brachte ein Vortrag, den Carl Linde im Juni 1873 beim Internationalen Bierbrauerkongress auf der Weltausstellung in Wien hielt. Nun interessierten sich namhafte Brauereien aus dem In- und Ausland für Lindes Erfindung.

Im Jahr 1873 meldeten Linde und Sedlmayr eine Kaltdampfmaschine mit Kompressor als Patent an. Eine verbesserte Ausführung seiner Maschine, nun mit Ammoniak anstelle des hochexplosiven Methyläthers, wurde drei Jahre später zum Patent eingereicht und im Frühjahr 1877 nach Triest geliefert. Nach ihrem Prinzip arbeiten auch heute die meisten Kühlschränke:

»Im Verdichter wird ein geeignetes Kältemittel auf hohen Druck gebracht. Mit Hilfe von Kühlwasser wird es in einem Wärmeaustauscher verflüssigt, danach im Regelventil entspannt, wobei seine Temperatur sinkt. Innerhalb des isolierten, zu kühlenden Raumes verdampft es in einem weiteren Wärmetauscher und gibt dort seine Kälte ab. Dann wird es vom Verdichter wieder angesaugt und setzt seinen Kreislauf fort.«[9]

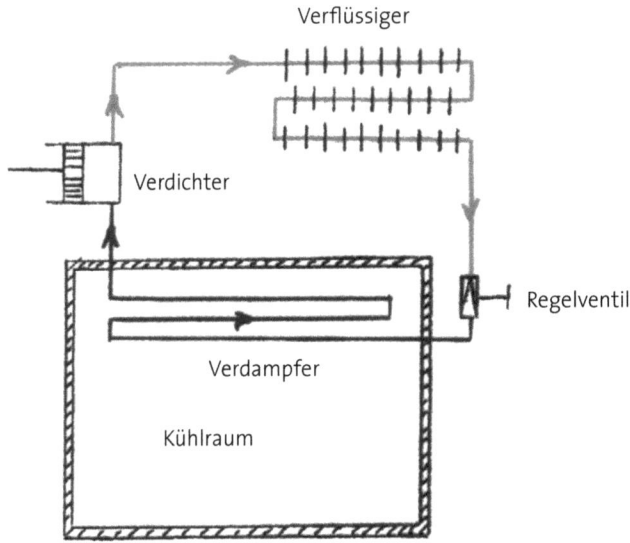

Prinzip einer Kompressionskälteanlage. Schaubild von Linde-Enkel Professor Hermann Linde.

Haushaltskühlschränke wurden freilich erst 50 Jahre später in größerer Zahl gebaut, zuerst in den Vereinigten Staaten von Amerika. In Deutschland hielten sie erst in den »Wirtschaftswunderjahren« nach dem Zweiten

---

[9] Hermann Linde: Kälte, die aus Bayern kam, Sauerstoff, der aus Pullach kam. Erinnerungen an den Pionier der Kältetechnik Carl von Linde. Vortrag im Bürgerhaus Pullach am 17.10.1996 (unveröffentlichtes Manuskript).

Weltkrieg als Massenprodukt Einzug. Mit dem zunehmenden Interesse von Brauereien an seiner Entwicklung drängte sich die Frage der industriellen Vermarktung auf.

Generalbaudirektor Carl Lang, Mitglied im Aufsichtsrat mehrerer rheinischer Großbrauereien, überzeugte Carl Linde im Herbst 1878, vom Lehramt zurückzutreten und ein neu zu gründendes Unternehmen für Kälteanlagen zu führen. In seinen Lebenserinnerungen schrieb Linde:

> »Den Gedanken an eine solche Lösung trug ich mehrere Wochen lang in mir herum, ohne zu einem Entschlusse kommen zu können. Es erschien mir als ein zu schweres Opfer, ja als eine Treulosigkeit gegen meine bisherigen Berufsziele, dass ich die akademische Tätigkeit und Umgebung verlieren solle, welche während eines Jahrzehnts sich immer wertvoller für mich gestaltet hatten. Auf der anderen Seite musste ich mich zur Lösung der einzigartigen und verheißungsvollen Aufgabe insofern berufen fühlen, als mir die Werkzeuge zu solcher, mit gutem Erfolge ja schon begonnener, Lösung in besonderer Weise zur Verfügung zu stehen schienen, nämlich gleichzeitig die Beherrschung der physikalischen (insbesondere der thermodynamischen) Grundlagen und die Ausbildung als Maschinenbauer, eine Verbindung, welche damals noch nicht als Gemeingut zahlreicher Ingenieure gelten konnte, wie heute.«[10]

Linde wurde 1879 »unter allerhuldvollster Anerkennung seiner vorzüglichen, mit Eifer und Treue geleisteten Dienste«[11] auf eigenen Wunsch von seinen Lehrverpflichtungen befreit. Ein Professor, der das sichere und prestigeträchtige Lehramt niederlegte, um in die Industrie zu wechseln, war damals, wie auch heute, eine ausgesprochene Rarität. Dabei wurde Carl Linde eher von unternehmerischer Neugier als von materiellen Erwartungen getrieben: Für die Dauer von gut zehn Jahren arbeitete er als Vorstand der neu gegründeten »Gesellschaft für Linde's Eismaschinen A.G.« in Wiesbaden ohne festes Gehalt – lediglich eine Beteiligung war ihm zugesichert, wenn der Reingewinn die Verzinsung des Gesellschaftskapitals überstieg. Seine Patente hatte er verkauft, um mit den Zinsen der Verkaufssumme ein Äquivalent für die entgangenen staatlichen Pensionszuwendungen zu schaffen.

Mit einem Zimmer und einem Zeichner begann Carl Linde seine Tätigkeit in Wiesbaden. Doch schnell expandierte das Unternehmen, obwohl er

---

[10] wie Anm. 4, S. 46.
[11] HATUM.PA.PROF, Linde Carl von, Registratur-Vormerkung ad Nr. 332/79 [ohne Datum, 1879].

jegliche Reklame ablehnte und ausschließlich auf Empfehlungen zufriedener Kunden setzte. Europäische Großbrauereien wie Heineken (Niederlande), Guinness (Irland) und Carlsberg (Dänemark) bestellten nun bei Linde Kühlanlagen. Die Gesellschaft beschränkte sich auf deren Entwurf und Lieferung – der Bau wurde geeigneten Maschinenfabriken überlassen.

Zunächst waren viele Brauereien skeptisch gewesen – ein plötzlicher Ausfall des Kühlsystems konnte eine wirtschaftliche Katastrophe verursachen. Doch als im Winter 1883/84 das Natureis knapp wurde, brach »eine förmliche Sturmflut von Aufträgen über uns herein«[12], wie sich Carl Linde später erinnerte. Seine Anlagen bewährten sich. Neben der Gärungskühlung wurde nun die Lagerkellerkühlung immer bedeutsamer. 1882 war erstmals eine solche Anlage bei der Dortmunder Aktienbrauerei in Betrieb genommen worden. Sie ermöglichte eine gleichmäßige Temperaturregelung. Unter dem Boden verlegte Rohre vergrößerten zudem den zur Verfügung stehenden Raum.

Brauereien waren nun die Pioniere bei der Einführung der Kältetechnik. Erstmals war es möglich, Bier zu jeder Jahreszeit in beliebiger Menge und mit gleichbleibender Qualität herzustellen. Andere Branchen zogen nach: Fleischfabriken, Butterbetriebe, Molkereien, Obstproduzenten, Schokoladenhersteller, die chemische Industrie. Für die Lieferung von Markt- und Kühlhallen gründete Carl Linde eine Tochtergesellschaft. Vorübergehend war auch die Produktion von Kunsteis ein einträgliches Geschäft. Die Linde-Gesellschaft errichtete hierfür vier eigene Eisfabriken. Eislaufbahnen mit Kunsteis erlebten einen großen Aufschwung.

Noch heute am historischen Ort vorhanden ist eine 1881 an die Münchner Paulaner-Brauerei gelieferte Zwillingsmaschine zur Stangeneisfabrikation. Später wurde sie zur Raumkühlung eingesetzt. Die Anlage wurde von Linde konstruiert, von der Maschinenfabrik Augsburg in Lizenz gebaut und mit der Eisenbahn von dort angeliefert. Die notwendige Kraft lieferte eine ebenfalls von Linde entworfene Turbinenanlage am Auer Mühlbach. Auch sie ist bis heute funktionsfähig erhalten.

1890 standen rund 1000 Linde-Kühlanlagen im In- und Ausland in Betrieb; stolz vermerkte die Gesellschaft, dass keine Lieferung zu einem Rechtsstreit geführt habe. 1915 waren es bereits an die 9000 Kühlanlagen weltweit. Prestigeträchtige Aufträge machten die Gesellschaft und ihre in mehreren europäischen Staaten gegründeten Tochterunternehmen international bekannt. So konstruierte Carl Linde 1885 für ein Schlachthaus in Argentinien eine Anlage, die große Mengen geschlachteter Schafe in

---

[12] wie Anm. 4, S. 56.

kürzester Zeit für die Schiffsverladung einfror. Als vorausschauender Unternehmer war Carl Linde stets darauf bedacht, neue Märkte zu erschließen. So entwarf er 1888 die Baupläne für ein klimatisiertes Hotel in Kalkutta. Doch kam dieses zukunftsweisende Projekt zu früh: Das erforderliche Kapital konnte nicht aufgebracht werden.

Der enge Kontakt mit der Praxis führte dazu, dass Linde einfache und robuste Lösungen entwickelte. Beispielsweise hatten seine Kältemaschinen gegenüber technisch ähnlichen Anlagen der Konkurrenz den Vorteil, dass die von Carl Linde konstruierte Stopfbuchse mit einer Sperrflüssigkeit das Auslaufen des giftigen Ammoniaks zuverlässig verhinderte.

Über falsche Anschuldigungen und unwahre Behauptungen seiner Mitbewerber ärgerte er sich ungemein. Er entschloss sich, die Vorteile seiner Anlagen mit einem probaten Mittel zu demonstrieren: 1888 finanzierte er dem Münchner Polytechnischen Verein eine Kälteversuchsstation an der Nymphenburger-/Lothstraße und brachte damit seine Konkurrenten in Zugzwang, sich unabhängigen Vergleichsuntersuchungen zu stellen. Kein Wunder, dass diese der Aufforderung nur zögerlich folgten, zogen sie doch in der Regel den Kürzeren.

Carl Linde hielt stets enge Verbindung zu seiner früheren Hochschule und warb dort zahlreiche fähige Mitarbeiter an, vorübergehend auch seinen früheren Schüler Rudolf Diesel. Die Tradition hat sich bis heute fortgesetzt: So rekrutiert die Division Linde Engineering etwa die Hälfte aller Universitätsabsolventen technischer Fächer von der Technischen Universität München. Im Lauf der Jahre erfolgten zahlreiche Forschungskooperationen mit Lehrstühlen. Immer wieder haben leitende Linde-Mitarbeiter als Lehrbeauftragte Vorlesungen an der Technischen Universität München gehalten. Der derzeitige Vorstandsvorsitzende Dr. Wolfgang Reitzle ist Absolvent der TUM und lehrt bei uns als Honorarprofessor. Sein Mitarbeiter Dr. Harald Klein wurde 2008 auf den Lehrstuhl für Anlagen- und Prozesstechnik berufen.

Neue Erfindungen im Bereich der Luft- und Gaszerlegung

Mit knapp 50 Jahren entschloss sich Carl Linde, sein Vorstandsamt aufzugeben und wieder wissenschaftlich tätig zu werden. Dabei hatte er weiterhin unternehmerische Ziele im Auge: Die Erkenntnisse aus seinen Forschungen sollten der Linde-Gesellschaft zugute kommen. Für seine Entscheidung waren auch gesundheitliche Probleme verantwortlich: Er litt an chronischen Kopfschmerzen und Magenbeschwerden.

Im Jahr 1890 trat er vom Vorstand zurück, kehrte im Folgejahr nach München zurück und nahm 1892 wieder eine Lehrtätigkeit an der Technischen Hochschule München auf. Dabei setzte ihm seine fragile Gesundheit erneut Grenzen: 1910 musste er die Vorlesungen wegen eines Halsleidens einstellen. Inzwischen wieder zum ordentlichen Professor – ohne Gehaltsforderung – ernannt, blieb er Mitglied des Kollegiums und wirkte weiterhin an der Verwaltung der von ihm initiierten Laboratorien mit. Durch Sport und gesunde Lebensweise suchte er seinen Körper zu kräftigen. Der Naturfreund wanderte viel und wurde zum begeisterten Fahrradfahrer.

In München begann für Linde ein zweiter schöpferischer Lebensabschnitt. Er wandte sich der Forschung auf dem Gebiet der tiefen Temperaturen zu, die die Verflüssigung permanenter Gase ermöglichte. Damit eröffnete er seinem Unternehmen einen neuen, höchst profitablen Geschäftszweig. Aber auch die physikalische Forschung bei tiefen Temperaturen profitierte von seinen Verflüssigungsanlagen.

Anlass für dieses neue Interesse war ein 1892 erteilter Auftrag der irischen Guinness-Brauerei für eine Kohlensäure-Verflüssigungsanlage. Wieder war es also das Brauwesen, das den Anstoß zur Entwicklung einer neuen Technologie mit einem breiten Nutzerspektrum gab!

In seiner Züricher Studienzeit hatte Linde durch den Physiker Clausius vom Thomson-Joule-Effekt gehört: »Nicht das ideale Gas, wohl aber reale Fluida machen uns die Freude, sich bei der Druckentspannung abzukühlen.« Von der Suche nach der Anwendung dieser Formel war er wie besessen. Im Jahr 1895 gelang Linde ein einfaches Verfahren zur Luftverflüssigung (»Air Liquefaction«) unter erstmaliger Ausnutzung des Thomson-Joule-Effektes. Das sogenannte »Linde-Verfahren« funktioniert nach folgendem Prinzip:

> »Frischluft mit atmosphärischem Druck und Umgebungstemperatur wird im Verdichter 1 vom Druck p1 auf den Druck p2 komprimiert. Dabei erwärmt sich die Luft und muss deshalb im Kühler wieder auf Umgebungstemperatur gebracht werden. Durch den inneren Teil des Gegenströmers erreicht sie das Ventil 3, wo sie auf einen niedrigen Druck entspannt wird. Dabei kühlt sie sich etwas ab. Sie tritt deshalb über 5 etwas kälter als bei 3 in das untere Ende des Gegenströmers ein. Unter Abgabe seiner Kälte im Außenraum des Gegenströmers strömt sie ins Freie. Der Gegenströmer bewirkt, dass die Temperaturen bei 3, 4 und 5 immer weiter absinken, bis sich schließlich flüssige Luft im Gefäß sammelt, die bei 0 abgezapft werden kann.«[13]

[13] wie Anm. 9.

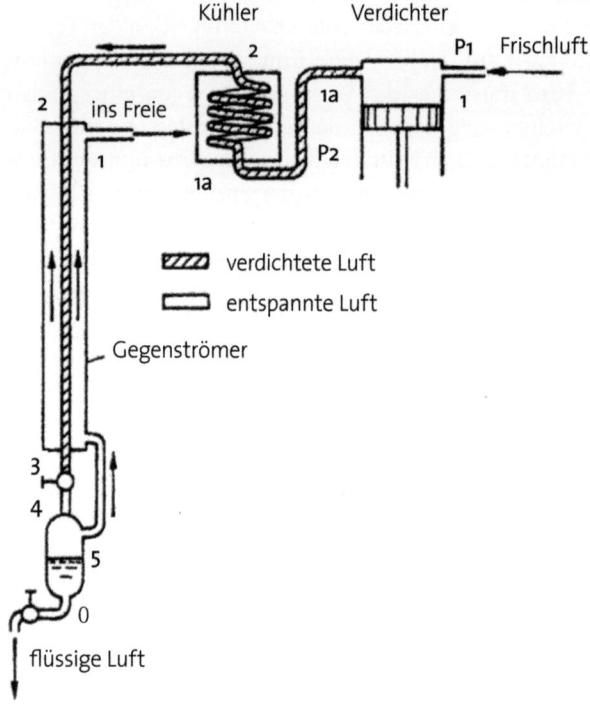

Prinzip der Luftverflüssigung; skizziert von Professor Hermann Linde.

Die Herausforderung bestand in der Entwicklung eines geeigneten Gegenstromapparats. Linde und sein Sohn Friedrich, selbst promovierter Physiker, entschieden sich für ein 100 Meter langes Doppelrohr aus Stahl, das zu einer Spirale gewunden und gut isoliert mit einem Holzmantel verkleidet wurde.

Die Versuche im Mai 1895 in der Münchner Kälteversuchsstation brachten den Durchbruch:

»Mit freudiger Spannung sahen wir die Temperaturen nach dem von Thomson & Joule abgegeben gesetzmäßigen Verlaufe sinken, auch nachdem die Grenzen weit unterschritten waren, innerhalb welcher jene Forscher gearbeitet hatten (...) Erst am dritten Tag stellte sich Beharrungszustand in jener Lage ein, die den von den Physikern festgestellten Bedingungen für die Sättigung bzw. Verflüssigung entspricht. Noch arbeiteten wir solange fort, bis die Ansammlung einer bestimmten Menge von flüssiger Luft erwartet werden konnte. Dann ließen wir, zwischen aufsteigenden Wolken, die schöne bläuliche Flüssigkeit in einen großen Bleicheimer sich ergießen. Die stündliche Ausbeute betrug ungefähr drei Liter.«[14]

Dies war eine weit größere Menge, als alle früheren Anlagen ergeben hatten. Linde berichtete in wissenschaftlichen Artikeln sowie in Vorträgen vor der Bayerischen Akademie der Wissenschaften und der Physikalisch-technischen Reichsanstalt über das 1895 patentierte Verfahren zur Verflüssigung atmosphärischer Luft und anderer Gase.

Mit der Luftverflüssigung wurde der eher introvertierte und öffentlichkeitsscheue Forscher zum gefeierten »Star« seiner Zeit. Selbst der technikbegeisterte Kaiser Wilhelm II. ließ sich die Erfindung durch Carl *von* Linde persönlich vorführen. Das »von« war bayerischer Herkunft: 1897 hatte ihm Prinzregent Luitpold den persönlichen Adel und den Verdienstorden der bayerischen Krone verliehen.

Zur wirtschaftlichen Verwertung seiner Erfindung wurde eine Abteilung B der Linde-Gesellschaft für Gasverflüssigung in München gegründet. 1901 wurde sie an einen neuen Standort im Isartal in Pullach-Höllriegelskreuth verlegt. Dort bot ein Wasserkraftwerk der Isarwerke günstigen Strom, und die bereits damals – als erste Münchner Vorortbahn – bis Höllriegelskreuth elektrisch betriebene »Isartalbahn« schuf eine gute Verkehrsanbindung.

1902 gelang Linde eine neue Sensation: ein Verfahren zur Zerlegung der Luft in ihre Hauptbestandteile Sauerstoff und Stickstoff:

»Wie bei der vorher geschilderten Luftverflüssigung wird Hochdruckluft zuerst in einem Gegenströmer abgekühlt, danach in einem unten in der sog. Rektifikationskolonne befindlichen Wärmeaustauscher weiter tiefgekühlt, so daß sie nach der Entspannung in einem Ventil als Flüssigkeit auf den Kopf der Kolonne aufgegeben werden kann. Sie rieselt nun auf den Einbauten der Kolonne nach unten, entgegen von unten kommenden Dämpfen. Dabei reichert sich die Flüssigkeit mit Sauerstoff an, die aufsteigenden Dämpfe dagegen mit Stickstoff. So sammelt sich am unteren Ende der Kolonne reiner Sauerstoff. Dort kann er als Produkt entnommen werden. Am oberen Ende der Kolonne entweicht eine stickstoffreiche Fraktion. Einen derartigen Vorgang nennt man Rektifikation. In einem ge-

---

[14] wie Anm. 4, S. 86 f.

meinsamen Wärmeaustauscher, aber in verschiedenen Strömungskanälen, werden beide Produkte auf Umgebungstemperatur angewärmt.«[15]

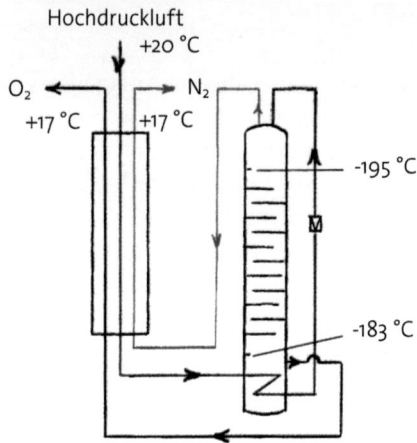

Prinzip der Sauerstoffgewinnung 1902.

Mit dieser Methode konnte Sauerstoff wesentlich besser und billiger als mit chemischen Methoden gewonnen werden – der Abschied vom teureren »Brin'schen Peroxidverfahren« war vorgezeichnet. 1910 erhielt Carl von Linde das Patent für ein verbessertes Verfahren, die »Doppelsäulenrektifikation«. Es gestattete eine gleichzeitige Gewinnung von reinem Sauerstoff und reinem Stickstoff.

Im Jahr 1902 wurde in Pullach-Höllriegelskreuth das weltweit erste Werk für die Herstellung von Sauerstoff aus flüssiger Luft eröffnet. Reiner Sauerstoff hat große kommerzielle Bedeutung nicht nur in der Medizin, sondern auch für die Herstellung von Stahl. Dabei dient er einerseits zum Erreichen hoher Temperaturen, andererseits zum Entfernen unerwünschter Beimengungen wie Kohlenstoff, Silicium, Mangan und Phosphor, die oxidiert und so abgetrennt werden. In chemischen Prozessen wird reiner Sauerstoff zur Oxidation von verschiedenen Grundstoffen verwendet. Auch wird er zur Herstellung bestimmter Gase und Säuren benötigt. Insbesondere bedeutsam wurde der Sauerstoffeinsatz bei der

[15] wie Anm. 9.

Benzinsynthese. Hier wird Sauerstoff zur Vergasung von Braunkohle eingesetzt.

Auf der Basis von flüssigem Sauerstoff entwickelte Linde außerdem einen Sprengstoff, das berühmte »Oxyliquit«, erstmals 1899 beim Bau des Simplon-Tunnels in der Schweiz eingesetzt.

Der von Linde zunächst als wenig ertragreich eingeschätzte Stickstoff entwickelte sich ebenfalls zu einem wirtschaftlich interessanten Produkt. Zu den industriellen Anwendungen zählen die Kunstdüngerherstellung, die Ammoniaksynthese und die Sprengstofffabrikation. Die Linde-Gesellschaft kooperierte eng mit führenden Chemiefirmen wie der BASF in Ludwigshafen und den Bayerischen Stickstoff-Werken in Trostberg.

Carl von Linde entwickelte außerdem mit den Chemikern Professor Adolph Frank von der Technischen Hochschule Berlin und Dr. Nikodem Caro von den Bayerischen Stickstoff-Werken um 1910 ein Verfahren zur Zerlegung von Wassergas in reinen Wasserstoff und andere Bestandteile, das sogenannte »Linde-Frank-Caro-Verfahren«. Wasserstoff wurde damals für die Luftschifffahrt, die Schwefelsäuregewinnung, die Herstellung von Ammoniak, einem Ausgangsstoff für Stickstoffdünger, sowie für die Fetthärtung benötigt. Zu einem weiteren wichtigen Anwendungsgebiet wurde die Schwerölhydrierung. Heute hat das Gas in der sogenannten Wasserstoff-Technologie eine Zukunftsbedeutung bei der Energieversorgung.

Nach 1910 kam als neuer Geschäftszweig die Herstellung von ebenfalls in der Luft enthaltenen Edelgasen Argon, Helium, Neon, Krypton und Xenon hinzu.

Zum einen lieferte die Linde-Gesellschaft Gasverflüssigungsanlagen für wissenschaftliche und kommerzielle Zwecke. 1915 standen bereits 243 solche Anlagen im In- und Ausland in Betrieb. Zum anderen verkaufte sie technische Gase, was schnell zum ergiebigsten Geschäftszweig des Unternehmens wurde. Da der Transport in Flaschen umständlich war, ging die Gesellschaft dazu über, Produktionsfabriken in Kundennähe zu errichten, so zum Beispie bei der Stahlindustrie. Über Lizenzvergaben kamen Linde-Gase bis nach China, Japan, Russland und Südamerika.

Carl von Linde baute mit seinem Sohn Friedrich zwar die neue Abteilung B für Gasverflüssigung in Höllriegelskreuth auf und initiierte die Gründung von Tochtergesellschaften, jedoch strebte er keine Rückkehr in die Firmenleitung an. Die Unternehmensführung überließ er fähigen Mitarbeitern, darunter diversen Familienmitgliedern. Sein älterer Sohn Friedrich übernahm 1908 die Leitung der Abteilung B und wurde 1924 Vorstandsvorsitzender der Linde-Gesellschaft. Der jüngere Sohn Richard amtierte von 1914–49 als Technischer Leiter der Werkgruppe Anlagenbau in der Abteilung B. 1928 wurde er in den Vorstand der Linde-Gesellschaft berufen. Auch Schwiegersohn Rudolf Wucherer war ab 1905 in der Abteilung B tätig. Ab 1914 leitete er die Sauerstoff- und Acetylenwerke und brachte es nach dem Zweiten Weltkrieg zum Vorstandsvorsitzenden der Gesellschaft.

Innovativer Unternehmer

Als innovativer Unternehmer war Carl von Linde stets darum bemüht, neue Erfindungen in vermarktbare Produkte umzusetzen. So setzte er sich 1904 erfolgreich dafür ein, dass die Jubiläumsstiftung der deutschen Industrie Mittel für das »Studium des dynamischen Fluges« bewilligte. Dabei ließ er sich nicht von einem Kollegen beeindrucken, der »den Flug mit einem Flugzeuge schwerer als Luft überhaupt für unmöglich«[16] hielt. Linde gab vor allem dem Hubschrauber große Chancen und wollte sich vor der Jahrhundertwende an einer – schließlich nicht zustande gekommenen – Helikopterfabrik beteiligen. Nach einigen Jahrzehnten wurde diese technische Vision in der Tat Wirklichkeit.

Förderung interdisziplinärer Forschung

Ein besonderes Anliegen Lindes war es, die in seiner eigenen Karriere so fruchtbare Begegnung zwischen den Naturwissenschaften und den Ingenieurwissenschaften zu institutionalisieren. Er unterstützte seinen Freund Felix Klein, der ihn vergeblich als Professor an die Universität Göttingen locken wollte, bei der Gründung der »Göttinger Vereinigung für Angewandte Physik« im Jahr 1898. Im selben Jahr wurde auf Lindes Initiative an der TH München eine Studienrichtung »Technische Physik« eingerichtet; 1902 folgte ein »Laboratorium für Technische Physik«. Analytische Theorie und praxisorientierte Experimente waren hier eng miteinander verbunden. In Kooperation mit der Abteilung für Maschineningenieurwesen bearbeitete das Laboratorium Forschungsthemen aus den Bereichen Thermodynamik, Kältetechnik und Tieftemperaturforschung. Einer der ersten Doktoranden am Laboratorium war Lindes Sohn Richard. Insbesondere in der Wärmeübertragungsforschung erreichte das Laboratorium bald internationales Renommee. Es war ein Vorläufer jener interdisziplinären Zentralinstitute und Forschergruppen, wie sie heute an der Technischen Universität München so erfolgreich die Schnittmengen

---

[16] wie Anm. 4, S. 139.

zwischen den Fächern nutzen – von der Halbleiterelektronik über die Mechatronik und Medizintechnik bis hin zum Life Science Engineering. Zukunftsweisend war auch die von Linde organisierte Anschubfinanzierung für das Laboratorium aus Industriemitteln – damals noch die Ausnahme. Für einen guten Zweck war er stets bereit, Geld zu sammeln und dabei mit gutem Beispiel voranzugehen.

Ein solcher guter Zweck war auch das von dem Ingenieur Oskar von Miller zur Jahrhundertwende angeregte »Deutsche Museum von Meisterwerken der Naturwissenschaften und der Technik« in München. Das Ziel, die Verbindung von Naturwissenschaften und Technik zu festigen und deren positive Wirkungen einer breiten Öffentlichkeit zu vermitteln, war ein Herzensanliegen Lindes. Sofort machte er sich daran, einen finanziellen Grundstock zu organisieren. 50 000 Mark brachte er aus eigenen Mitteln und Zuwendungen seiner Gesellschaft auf, weitere 100 000 Mark konnte er seinem Freund und früheren Arbeitgeber, dem Lokomotivfabrikanten Georg Krauß, entlocken. Jahrzehntelang bestimmte Linde zusammen mit Oskar von Miller und dem Mathematikprofessor und Altrektor der TH München, Walther von Dyck, im Vorstand die Geschicke des Museums. 1925 konnte er die Eröffnung des Neubaus auf der »Museumsinsel« miterleben. Verschiedene Konstruktionen Lindes sind heute in den Ausstellungen des Museums als »Meisterwerke der Technik« zu besichtigen – so die erste Krauß-Lokomotive »Landwührden« (1867) und eine Luftverflüssigungsanlage (1906).

Vielfältiges Engagement und hohe Auszeichnungen

Carl von Linde war vielfältig engagiert und ständig auf Reisen. Briefe wurden zum wichtigsten geschäftlichen Kommunikationsmittel – 3010 persönlich geschriebene Geschäftsbriefe im Zeitraum 1876 bis 1929 sind in elf Kopierbüchern erhalten geblieben. Er wirkte nicht nur jahrzehntelang im Aufsichtsrat seiner Gesellschaft, sondern auch in den Aufsichtsräten in- und ausländischer Tochtergesellschaften sowie sonstiger Unternehmen: der Lokomotivenfabrik Krauß, der Mainzer Aktienbrauerei, der Elektrizitätsgesellschaft Trieberg, der Motorenfabrik Güldner und der Maschinenfabrik Sürth. Mit großer Ernsthaftigkeit kam er seinen zahlreichen Ehrenämtern nach: Carl von Linde wurde in die Bayerische Akademie der Wissenschaften, das Kuratorium der Physikalisch-technischen Reichsanstalt in Berlin und die Göttinger Vereinigung für Angewandte Physik berufen. Er war Mitglied im Vorstand und in technisch-wissenschaftlichen Ausschüssen des Vereins deutscher Ingenieure (VDI), amtierte jahrzehntelang als

Vorsitzender des Bayerischen Revisionsvereins (dem Vorläufer des heutigen TÜV), er gehörte dem Vorstand des Deutschen Museums, dem Kuratorium der Jubiläumsstiftung der deutschen Industrie und dem Vorstand des Vereins Deutscher Naturforscher und Ärzte an. 1909 war er Mitbegründer und 1. Vorsitzender des »Deutschen Kältevereins« und engagierte sich in der neu ins Leben gerufenen »Association Internationale du Froid«.

Ausdruck seiner gelebten christlich-sozialen Einstellung waren eine Stiftung für die Ausbildung von Pastorentöchtern, der Vorsitz im Münchner Verein für Innere Mission und der Vorsitz im Protestantischen Kirchenbauverein zu Berchtesgaden. Dort hatte er sich am Obersalzberg ein Landhaus als Refugium eingerichtet. Auch während der »Sommerfrische« betrieb er dort technische Forschungen.

Ehrungen hat er im Lauf seines Lebens in großer Zahl empfangen: den persönlichen Adel, die Erhebung in den Ritterstand, bayerische und preußische Verdienstorden, den Titel »Geheimer Rat«, Ehrendoktorwürden der Universität Göttingen und der Technischen Hochschulen Dresden, München und Wien, den Werner-von-Siemens-Ring als erster Träger im Jahr 1916 sowie weitere angesehene wissenschaftliche Auszeichnungen aus dem In- und Ausland. Der Name Linde wurde zum weltweiten Gütesiegel in der Kältetechnik, in der Gasherstellung und im Anlagenbau. Mehrere Dutzend Straßen und Plätze sind nach ihm benannt – von Bremen über Köln, Wiesbaden und München bis nach Wien. Schulen und Gymnasien in Kempten, Kulmbach und München tragen seinen Namen.

Im Jahr 2004 unterstützte die Linde AG mit einer großzügigen Anschubfinanzierung die Gründung einer »Carl von Linde-Akademie« an der Technischen Universität München. Entsprechend dem Vorbild des Namensträgers, der als Wissenschaftler und Unternehmer stets den Rückbezug zur Religion, Philosophie, Literatur und Kunst praktiziert hatte, schlägt die interdisziplinäre Akademie mit ihrem Lehr- und Veranstaltungsangebot Brücken von den Natur- und Ingenieurwissenschaften zu den Geistes- und Kulturwissenschaften sowie zur Wirtschaft und zur Politik.

Bis ins hohe Alter blieb Carl von Linde schöpferisch tätig. 92-jährig starb er am 16. November 1934 in München. Den Großteil seines Lebens – von 1866–79 und von 1891–1934 – hatte er in der bayerischen Hauptstadt oder ihrem Einzugsbereich gelebt und gewirkt, und er wurde auf dem Münchner Waldfriedhof begraben. In der Grabrede wurde seine soziale und fürsorgliche Einstellung hervorgehoben – als Familienoberhaupt wie auch als Unternehmer.

Carl von Linde war patriotisch gesinnt, hatte im Kaiserreich dem »Deut-

Der Aufsichtsrat der Gesellschaft für Linde's Eismaschinen im Jahr 1932. In der Mitte der 90-jährige Carl von Linde.

schen Flottenverein« angehört und war Mitglied der Deutschnationalen Volkspartei. Doch mit seiner christlichen Einstellung, seinem bescheidenen Auftreten und seiner völkerverbindenden Haltung passte er nicht in die »Neue Zeit« der Nationalsozialisten. Er musste nicht mehr erleben, wie sein Sohn Richard in den Jahren 1933–45 drei von fünf Söhnen verlor, wie das NS-Regime jüdische Firmenmitarbeiter verfolgte, wie die »neuen Herren« am Obersalzberg Alteigentümer wie die Familie Linde vertrieben.

Resümee

Carl von Linde war Hochschullehrer, Forscher, Unternehmer und Philanthrop in einer Person. Lebenslang wirkte er als Grenzgänger zwischen Wissenschaft und Wirtschaft. Er war nicht der Erfinder der Kältetechnik, doch leistete er wesentliche Beiträge zu ihrer Verbesserung. Gestützt auf die mechanische Wärmelehre, optimierte er Arbeitsvorgänge, und seine Maschinen zeichneten sich durch erhöhte Betriebssicherheit aus. Seine Entwicklungen trugen wesentlich dazu bei, dass die Industrie zur »künstlichen Kühlung« überging.

Als Unternehmer besaß er jene Eigenschaften in reichem Maß, die der Historiker Thomas Nipperdey in seiner »Deutschen Geschichte« der

Jahre 1866–1918 für erfolgreiches Unternehmertum postulierte: »zweckrationales kalkulierendes Handeln und Weitblick, Dynamik, Sinn für Innovation, Risikobereitschaft, Fleiß und Nüchternheit, ein ausreichendes Wissen und das Erkennen und Ergreifen unternehmerischer Gelegenheiten«[17]. Linde war ein wissenschaftlicher Abenteurer und ein planvoller Unternehmer mit Herzensbildung. Lebenslang hielt er enge Verbindung zu Universitäten und Hochschulen, förderte die akademische Forschung, setzte auf den wissenschaftlichen Nachweis der Überlegenheit eigener Verfahren in Versuchen und Publikationen und initiierte in dem von ihm geleiteten Unternehmen ein Forschungsinstitut.

Mit seinem dezidiert innovativen Ansatz konnte er die Linde-Gesellschaft erfolgreich diversifizieren. Als sie in den 1890er-Jahren mit zunehmender Konkurrenz in der Kältetechnik zu kämpfen hatte, begründete er mit seinen Hightech-Verfahren in der Luft- und Gaszerlegung eine rasch expandierende neue Abteilung. Zusammen mit der französischen Air Liquide, der britischen BOC und US-amerikanischen Firmen wurde die Linde-Gesellschaft zu einem weltweit führenden Hersteller im Bereich Technische Gase und Anlagenbau. In den letzten Jahren stieg die Linde-Gruppe sogar zur Weltmarktführerin auf. Hingegen wurde der auch heute konkurrenzintensive Bereich der Kältetechnik 2004 verkauft. Der Firmensitz wurde vor kurzem von Wiesbaden nach München verlegt. Die Linde Group beschäftigt heute rund 49 000 Mitarbeiter in weltweit über 70 Ländern.

Carl von Lindes Enkel, Professor Hermann Linde, fasst die Lebensleistung des Großvaters mit folgenden Worten zusammen:

> »Das Außergewöhnlich an ihm ist, dass er Naturforscher *und* Unternehmer gewesen ist. Zweimal hat er, von Wissenschaft, Forschung und Lehre kommend, den Sprung ins Unternehmertum gewagt. Zweimal im Abstand von rund 25 Jahren hat er eigene fundamentale Erkenntnisse in die Technik umgesetzt und damit zwei neue Industriezweige ins Leben gerufen. Die Menschen unserer Zeit können sich das Leben ohne die Erzeugung und Anwendung künstlicher Kälte – das eine Arbeitsgebiet Lindes – kaum vorstellen. Die Unternehmen der Stahlindustrie, der Großchemie, der Schweißtechnik und andere Industriezweige können nicht mehr auf die Luft- und Gaszerlegung – das andere Arbeitsgebiet Lindes – verzichten.«[18]

---

[17] Thomas Nipperdey: Deutsche Geschichte 1866–1918. Erster Band. Arbeitswelt und Bürgertum. München 1998, S. 251.
[18] wie Anm. 9.

Doch nicht nur als Wissenschaftler und Unternehmer, sondern auch als Mensch zeichnete er sich vor anderen aus. Seine Zeitgenossen priesen ihn als »das Vorbild eines opferwilligen Menschenfreundes«[19] – das mag sich heute pathetisch anhören, trifft im Kern aber gewiss zu.

Als Carl von Linde 1934 starb, charakterisierte ihn einer meiner Vorgänger, Rektor Anton Schwaiger von der Technischen Hochschule München, als »einen hochverdienten Lehrer, einen Wissenschaftler von Weltruf, einen stets liebenswürdigen und hilfsbereiten Kollegen und einen untadeligen Menschen«[20]. Zeit seines Lebens identifizierte sich Carl von Linde mit dem Unternehmen, das seinen Namen trug, als wäre es sein eigenes – obwohl er nur geringe Anteile am Aktienkapital besaß. Bis zu seinem 91. Lebensjahr amtierte er als Aufsichtsratsvorsitzender der Linde-Gesellschaft. In seiner unternehmerischen Haltung stellte er die Pflichten über die Rechte. Gewinnsteigerung war für ihn genauso wichtig wie soziale Verantwortung.

Carl von Linde, unser »Eiskönig«, wie sie ihn nannten, begründete ein modernes Unternehmen aus der Forschung heraus. Er war, wie man heute sagt, der erste »Entrepreneur« jener Universität, die mit dem Zukunftskonzept der gelebten »Entrepreneurial University« international erfolgreich und in Bayern zu Hause ist. Wir sind stolz, dass er »unser Linde« war, so wie es seine Nachfolger heute auch noch sind.

Literaturhinweise

Cardwell, Donald: Viewegs Geschichte der Technik. Wiesbaden 1997.
Klemm, Friedrich: Geschichte der Technik. Stuttgart / Leipzig 1998.
Linde, Carl von: Aus meinem Leben und von meiner Arbeit. Aufzeichnungen für meine Kinder und meine Mitarbeiter. München 1916.
Nipperdey, Thomas: Deutsche Geschichte 1866–1918. Erster Band. Arbeitswelt und Bürgertum. München 1998.
Stürmer, Michael: Das ruhelose Reich. Deutschland 1866–1918 (= Reihe Die Deutschen und ihre Nation). Berlin ³1983.

---

[19] Karl v. Linde: Zu seinem siebzigsten Geburtstage. Münchner Neueste Nachrichten Nr. 292 vom 11.7.1912.
[20] HATUM.PA.PROF, Linde Carl von, Rektor Anton Schwaiger an Elisabeth von Linde, München 16.11.1934.

Markus Riederer

Carl Friedrich Philipp von Martius (1794–1868)

Ein bayerischer Botaniker in Brasilien

Seit Beginn der Neuzeit brachen Europäer nach allen Himmelsrichtungen auf, um die Welt zu entdecken. Dabei stießen sie auf Länder und Erdteile, die von Menschen bewohnt, aber in Europa unbekannt waren. Die Auftraggeber dieser Reisen waren die Herrscher der europäischen Seefahrervölker. Und die Reisen hatten eine klare Motivation: Sie sollten neue Länder entdecken und erobern, um den politischen Einfluss der jeweiligen Auftraggeber zu vergrößern. Ein anderes, nicht unwichtiges Ziel war es, die Reichtümer und Schätze dieser Länder – Gold, Silber, Gewürze und auch Sklaven – in das eigene Land zu holen. Wer heute Kirchen in Spanien oder Portugal betritt, wird geblendet von ihrem Reichtum an Silber und Gold, der seinen Ursprung in Lateinamerika hat. Auch eine religiöse Motivation für die Entdeckungsreisen gab es: Die sogenannten primitiven, heidnischen Völker sollten zu Christen bekehrt werden – eine Missionierung, die eng mit den jeweiligen politischen und ökonomischen Interessen gepaart war. Dies führte zu einer Expansion Europas, welche die Welt selbst, aber auch das Weltbild bis zum heutigen Tag verändert und geprägt hat.

Mit den neuen philosophischen Gedanken im Zeitalter der Aufklärung kam zum politischen, ökonomischen und religiösen Interesse an den fernen Ländern eine weitere Triebfeder hinzu: Man vertraute der sinnlichen Wahrnehmung, um die Welt wahrheitsgemäß zu erkennen, und dem Verstand, um deren Strukturen und Gesetzmäßigkeiten zu ergründen. Damit waren die Grundlagen für die modernen Naturwissenschaften gelegt. Entdeckung hieß damit nicht mehr nur Expansion des politischen, ökonomischen und religiösen Einflusses, sondern auch Erforschung der neuen Länder, deren Geografie, Natur und – mit Einschränkungen – auch der dort lebenden Menschen.

Es begann die Zeit der Forschungsreisen von europäischen Wissenschaftlern in die ganze Welt. Beispielsweise brachen 1799 Alexander von Humboldt und Aimé Bonpland zu ihrer fünfjährigen Forschungsreise nach Südamerika auf und machten dabei Aufsehen erregende geografische und naturkundliche Entdeckungen. Sie vermaßen das Land, sammelten Klimadaten und Informationen vor allem über die Pflanzenwelt. Aus diesen Kenntnissen leitete Humboldt anschließend als Erster Regeln für die geografische Verteilung von Pflanzen ab, die bis heute Gültigkeit besitzen.

Diese Reisen wurden in Europa von einem Publikum mit Begeisterung verfolgt, das nach naturwissenschaftlichem Wissen und spannenden Berichten aus exotischen Ländern dürstete. Bis heute wirken die Erkenntnisse von Humboldt und Bonpland nach und nicht umsonst gilt vor allem Alexander von Humboldt als der wichtigste Erforscher weiter Teile Lateinamerikas.

Die Entdeckungsreisenden waren von der Natur der fernen Länder schier überwältigt:

»… welches kräftige Naturerleben, welche Üppigkeit, welche Lust und Freudigkeit der Schöpfung! In stummer Beredsamkeit quillt das Pflanzenreich, unter tausend Farben und Formen hervor. Die Thierwelt feiert ihr Tagewerk heiter, gleichmüthig und harmlos. Sehen Sie hier auf duftenden Blumen – dort im Gewirre schwanker Lianen, im Zwielicht grüner Laubgewölbe, auf dem Boden voll unendlicher Keime! Ja selbst die Fluthen um uns her sind schwanger des regsten Lebens.«

So schildert ein gewisser Carl Friedrich Philipp von Martius in einem 1831 entstandenen und 1992 wieder gefundenen und veröffentlichten Roman »Frey Apollonio« den Eindruck, den die Lebenswelt auf die Europäer in den Tropen Südamerikas hinterließ.

Wer war dieser Martius, wie kam er zu diesen Eindrücken der tropischen Lebenswelt und welche Folgen hatten seine Entdeckungen für die Wissenschaft, aber auch für ihn persönlich? Dies ist eine lange, aufregende Geschichte, die ich in Ausschnitten nachzeichnen und in Schlaglichtern exemplarisch beleuchten möchte. So viel vorweg: Martius war einer der Wissenschaftler, Naturwissenschaftler in diesem Fall, die München zu seiner bis heute nachwirkenden Blüte in den Wissenschaften verhalfen. Auch Martius trug zum Leuchten Münchens in den Wissenschaften bei.

In der »Allgemeinen Deutschen Biographie«, die von 1875–1912 erschienen ist, lesen wir über Carl Friedrich Philipp von Martius:

»Geboren am 17. April 1794 in Erlangen, gestorben am 13. December 1868 zu München. Schon in der Wiege akademischer Bürger durch die von einem Taufpathen als Geschenk dargebrachte akademische Matrikel (also die Einschreibung an der Universität Erlangen) und im elterlichen Hause mit lieber und weiser Sorgfalt erzogen, entfaltete Martius frühzeitig die glücklichsten Anlagen und die entschiedene Absicht zum wissenschaftlichen Studium.«

Sein Vater entstammte einer alten, ursprünglich italienischen Gelehrtendynastie, war Hofapotheker und Professor der Pharmazie an der Universität Erlangen, wo noch heute seine umfangreiche und wertvolle pharmakognostische Sammlung aufbewahrt wird. Und so weckte er vor allem das naturwissenschaftliche Interesse seines Sohnes. Kaum 16 Jahre alt, begann Carl Friedrich Philipp Martius im Jahr 1810 das Studium der Medizin an der Universität seiner Heimatstadt. Schon vier Jahre später wurde er mit einer sehr umfangreichen Dissertation »Plantarum horti academici Erlangensis enumeratio«, einer Auflistung der Pflanzenarten im Erlanger Botanischen Garten, promoviert. Im Jargon des heutigen Wissenschaftsbetriebs würde man diese Leistung als Beispiel für Studienzeitverkürzung und interdisziplinäres Arbeiten loben.

Wie kam er dazu, als Student der Medizin sich wissenschaftlich der Botanik zu verschreiben? Dies geschah auf einem gänzlich unakademischen Weg, da es damals die Botanik noch nicht als eine eigenständige wissenschaftliche Disziplin gegeben hatte, sondern der Medizin zugeordnet war. Für die Pflanzenwelt interessierten ihn zum einen zwei Kommilitonen, die Brüder Christian Gottfried Daniel und Theodor Friedrich Ludwig Nees von Esenbeck, die später ebenfalls bedeutende Botaniker werden sollten. Zum anderen, und das gefällt mir besonders, der Universitätsgärtner Rumelein aus dem Erlanger Botanischen Garten.

Die weitere wissenschaftliche Karriere verlief schnell und glatt: Martius wurde als Eleve in das damalige Institut der Königlichen Bayerischen Akademie der Wissenschaften, einer – wir würden heute sagen – Eliteschule zur Ausbildung des Wissenschaftlernachwuchses aufgenommen.

Schon zwei Jahre später erhielt er eine Stelle bei der Akademie und wurde mit der wissenschaftlichen Bearbeitung der Pflanzensammlungen des Münchner Botanischen Gartens betraut.

Bereits in dieser Zeit zeigte sich eine weitere Begabung von Martius, die in seinem späteren Leben, in dem er auch als Wissenschaftsorganisator wirkte, von großer Bedeutung sein sollte. Der erste bayerische König Maximilian I. Joseph war ein großer Freund der Pflanzenwelt und besuchte deshalb regelmäßig den Botanischen Garten in München. Bei diesen Besuchen begleitete ihn Martius und gewann so das Wohlwollen und Vertrauen des Monarchen. Ein typischer Fall von gelungenem »Networking« zugunsten der Wissenschaft, denn diese Beziehung zur bayerischen Obrigkeit war für die gesamte wissenschaftliche und gesellschaftliche Karriere von Martius fast bis zu seinem Lebensende von entscheidender Bedeutung.

König Maximilian I. Joseph, der Begründer des modernen Bayern, gab nun dem 23-jährigen Martius im Frühling 1817 den Auftrag, an einer Expedition nach Südamerika teilzunehmen. Er sollte sich zusammen mit dem Zoologen Johann Baptist Spix einer Gruppe österreichischer Naturforscher anschließen, die nach Brasilien entsandt wurden. Der Anlass dazu war, dass die Erzherzogin Leopoldina von Österreich zu ihrem Gatten, dem späteren Kaiser von Brasilien, Dom Pedro I., gebracht werden sollte. Den beiden Forschern blieb für ihre Expedition nur eine außerordentlich kurze Vorbereitungszeit, und nach zweieinhalbmonatiger Überfahrt betraten sie in Rio de Janeiro erstmals brasilianischen Boden. Dort trennten sie sich von den österreichischen Kollegen und begannen die naturkundliche und ethnografische Erforschung großer Teile von Brasilien. Diese Aufgabe sollte fast drei Jahre in Anspruch nehmen.

»Amerika, dieser neue ... Welttheil, war von der Zeit seiner Entdeckung an der Gegenstand der Bewunderung und der Vorliebe Europas.«

So drückte Martius die Faszination aus, die seinen Begleiter und ihn die Krankheiten und Gefahren dieser Reise überstehen und sie ein monumentales, bis heute nachwirkendes Werk schaffen ließ. Die beiden Biologen durchquerten nun das Land sammelnd und forschend erst von Süd nach Nord, dann in seiner vollen Breite von Ost nach West. Insgesamt legten sie auf dem Land und den Flüssen des Amazonasgebiets 1400 geografische Meilen, das sind ca. 10 400 Kilometer, zurück. Auch wenn sich die Reise von Alexander von Humboldt stärker in das historische Gedächtnis eingeprägt hat, so umfasste die Expedition von Martius und Spix ein größeres Gebiet und war hinsichtlich des Umfangs und Bedeutung der wissenschaftlichen Ergebnisse mindestens ebenbürtig.

Martius und Spix waren von einem unvorstellbaren Feuer getrieben, einer unglaublichen Leidenschaft für dieses Forschungsabenteuer. Fast alles, was sie an Pflanzen und Tieren sahen und sammelten, war neu und unbekannt, aufregend und überraschend.

Bereits ihre Eingewöhnungs- und Vorbereitungszeit in Rio de Janeiro nutzten die beiden zur wissenschaftlichen Arbeit. Nach ein paar Wochen, in denen sie die Umgebung der Stadt erforschten, stellten sie

»... eine Kiste voll der seltensten Vögel z. B. Toucane, Papageyen, Colibri, Drosseln u.s.f., 5 Schlangen, sehr große Frösche, eine 1½ Ellen (1,2 Meter) lange Eidechse, ungefähr 7 Schachteln voll der herrlichsten Schmetterlinge, Käfer u.s.w.«

für die spätere Mitnahme nach München zusammen.

Reiseroute von Spix und Martius auf ihrer Expedition 1817–1820 (nach Ludwig Tiefenbacher 1983). Grafik: Petra Thalmeier.

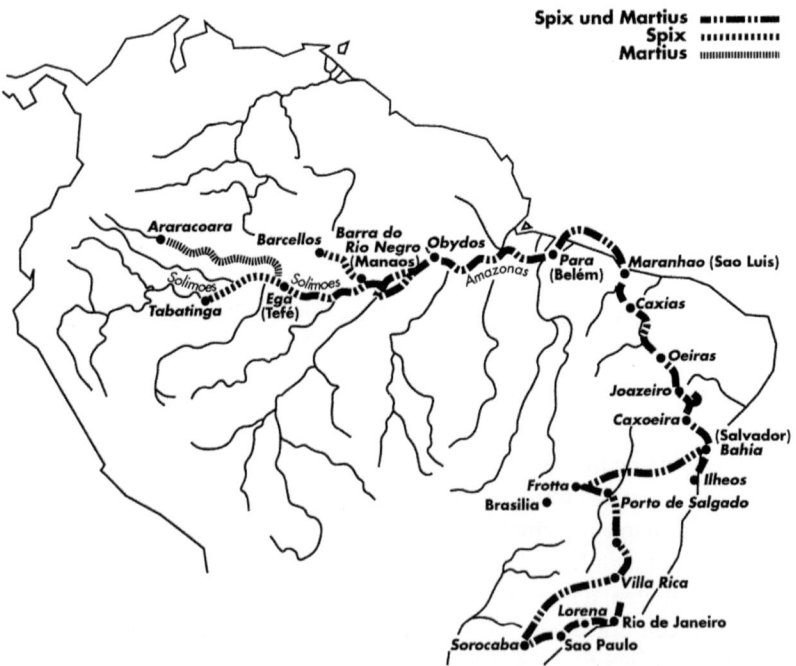

Mit einem Maultierführer, einem Treiber und einem »neueingekauften Neger-Sclaven« sowie sechs Last- und zwei Reittieren brachen Martius und Spix schließlich am 9. Dezember 1817 in das Innere Brasiliens auf und erreichten drei Wochen später São Paulo. Dieses nun war der Ausgangspunkt für eine lange, sehr beschwerliche Expedition durch das Land in Richtung Norden. Einheimische hatten ihnen dringend von diesem Unternehmen abgeraten, was aber die Forschungsreisenden nicht von ihrem Vorhaben abbringen konnte.

In diesen Abschnitt ihrer Reise fällt auch die erste engere Begegnung mit den indianischen Ureinwohnern Brasiliens.

»Wir hatten schon Vieles von diesen Söhnen des Waldes gehört, und unsere Sehnsucht, endlich einen Stamm derselben in ihren eigenen Wohnsitzen zu beobachten, wurde immer reger.«

So schrieb Martius später in seinem Reisebericht. Diese erste Begegnung fand allerdings nicht irgendwo im Urwald Brasiliens statt, sondern auf der Fazenda eines Europäers in der Gegend des Rio Xipotó im heutigen Mato Grosso. Dieser Europäer war »… zur Bezähmung und Bildung jener Indier aufgestellt …«, hatte aber wohl auch noch andere Interessen. Martius bemerkt, dass die Indios bei der ersten Begegnung flohen, und er interpretierte dies so, dass sie Angst davor hatten, zum Militärdienst eingezogen zu werden. Auch die späteren Aufenthalte von Martius und Spix bei den Indios verliefen mehr oder weniger nach diesem Muster: Die Indiogruppen befanden sich unter der Aufsicht eines Gutsbesitzers oder Missionars, und es kam nur zu kurzen Begegnungen zwischen den Forschern und den Ureinwohnern. Dies hatte natürlich einen wesentlichen Einfluss auf das Bild, das sich Spix und Martius von den Indios und ihrer Kultur machten.

Die weitere Reise war voller Strapazen und Gefahren. Um ihr Zwischenziel Bahia zu erreichen, mussten sie eine besonders schwierige Etappe zurücklegen. Spix schreibt darüber:

»Nie hatten wir so viel auszustehen gehabt als auf dieser Tour von 200 Legoas (ca. 1200 km). Da es vorigen Jahres nicht geregnet hatte, so war die Hungers Not sehr groß, der Mangel an Wasser so sehr, dass alles verbrannt und nicht ein Grashalm oder grünes Blatt zu sehen und wir zufrieden waren, alle 8–10 Legoas eine Cisterne trüben Wassers zu finden. So kamen wir an Gesundheit ziemlich geschwächt und mit Verlust einiger Lastthiere den 5ten November d. J. (1818) in dieser Stadt … an.«

Auf ihrem weiteren Weg von Bahia nach Pará, dem heutigen Belém, an der Mündung des südlichen Amazonasarms in den Atlantik, mussten sie dagegen ein sehr feuchtes und ungesundes Klima ertragen. So erkrankten sie in der Provinz Maranhão schwer. Im Reisebericht lesen wir:

>»In dauerndem Fieber und Phantasien liegend mussten wir uns von Negern nach Caxias tragen lassen.«

Von Belém aus bereiteten die beiden Forscher die Befahrung des Amazonas vor, was der dritte bedeutende Teil ihrer Expedition werden sollte. Sie deckten sich mit Lebensmitteln, Arzneien, Munition und Fischernetzen sowie mit Tauschobjekten für die Indios ein. Als Tauschobjekte nahmen sie »Beile, Waldmesser, Taschenmesser, Angeleisen, Nürnberger Spiegel, grobes, weißes und blau- und weiß gestreiftes Baumwollzeug, Cattune und Glasperlen« mit. Am 21. August 1819 verließen sie Belém mit acht Indios als Ruderern und einer militärischen Eskorte in einer Canoa, einem großen brasilianischen Kanu, stromaufwärts. Mitte Oktober erreichten sie dann nach oftmals sehr gefährlicher Fahrt die Mündung des Rio Madeira und schließlich ihr erstes Ziel, die Fortaleza da Barra do Rio Negro, das heutige Manaus. Nach einer weiteren einmonatigen Reise den Solimões hinauf erreichten sie die Gegend von Nogueira, des heutigen Tefé, die besonderen Eindruck auf sie machte. Martius schreibt dazu in seiner Reiseschilderung:

>»Der Aufenthalt in Ega und Nogueira überzeugte uns täglich lebhafter, dass hier, gleichsam im Mittelpuncte Brasiliens, eine Menge für Ethnographie und Naturgeschichte wichtiger Thatsachen zu sammeln seyen, und somit ward der Wunsch rege, diese seltene Gelegenheit durch Verteilung nach zwei Richtungen hin zweckmässiger zu nützen.«

Man beschloss, dass Spix weiter den Solimões hinauf bis an die Grenze zu Peru fahren sollte, während sich Martius dem Yapurá zuwandte und versuchen sollte, die Wasserfälle von Araraquara, dem heutigen Caquetá in Kolumbien, zu erreichen. Sie waren sich des Risikos bewusst, das sie mit diesen Expeditionen eingingen, denn:

>»Ehe wir uns trennten, legten wir ein schriftliches Testament gegenseitig in unsere Hände.«

Da die Indios am Yapurá als gefährlich galten, brach Martius besser ausgerüstet als je zuvor auf. Er hatte nicht weniger als acht Schiffe mit 56 Mann Besatzung, darunter auch Soldaten, zu seiner Verfügung. Jedoch erfüllten sich die Hoffnungen, die Martius in dieses Unternehmen gesteckt hatte, nicht ganz.

»Noch erinnere ich mich, mit welchem Hochgefühl ich die Mündung des majestätischen Flusses betrachtete und von der Entdeckung mannigfacher Wunder träumte. Sind auch diese Träume nicht in Erfüllung gegangen, so darf ich doch besonders den Erfahrungen, welche sich in diesem abgelegenen Gebiete darboten, die naturgemässe und allein richtige Ansicht von dem Urzustande des südamericanischen Festlandes und seiner Bewohner verdanken!«

Auf seinem Weg traf Martius mit den Völkern der Jumana, Juri und Coëuna sowie mit dem zahlreichsten und mächtigstem Volk des Yupurá-Gebietes, den Miranhas, zusammen. Seine Sicht dieser Naturvölker ist zum einen geprägt von dem wissenschaftlichen Bestreben, möglichst genau ihre Lebensweisen, Sprachen und materielle Kultur zu beschreiben, blieb zum anderen aber den damals in Europa vorherrschenden Vorstellungen von der Primitivität und moralischen Unterlegenheit dieser Menschen verhaftet. So findet man in seinem Reisebericht etwa Sätze wie:

»Roh bis zur Thierheit fand ich bei genauerer Bekanntschaft diese Miranhas ...«

Ende Januar 1820 erreichte Martius endlich den Wasserfall des Yupurá, die Fälle von Arara-Coara (oder Araraquara), die ihn tief beeindruckten. Gleichzeitig erlebte er dort die schwerste Krise der gesamten Reise. So schreibt er über diesen Ort:

»Während er mich mit allen Schrecknissen einer der Menschheit fremden starren Wildnis einengte, fühlte ich mich von einer unaussprechlichen Sehnsucht nach Menschen, nach dem gesitteten, theuren Europa ergriffen.«

Er war schwer krank und vollkommen entkräftet, und es peinigte ihn der Gedanke, dass er gerade jetzt am westlichsten Punkt seiner Expedition den Anstrengungen nicht mehr gewachsen sei. So trat er schleunigst die Rückreise an. In deren Verlauf nahm Martius Indiokinder mit sich, die er nach München bringen wollte. Von insgesamt acht Kindern aus unterschiedlichen Völkern kamen letztlich nur zwei, Miranha und Juri, in München an. Juri starb ein halbes Jahr nach der Ankunft, Miranha ungefähr ein Jahr später. Beide konnten sich weder untereinander noch mit ihrer Umwelt verständigen. Die beiden Indiokinder galten als Sensation und wurden mit Neugierde betrachtet. Letztlich wusste aber niemand, was man mit ihnen anfangen sollte.

Im Porto dos Miranhas. Rechts Martius, umgeben von Miranha-Indianern (Lithografie von J. A. Selb).

Kommen wir zurück zu Martius: Er erreichte am 11. März 1820 Manaus und traf dort wieder mit Spix zusammen – eine unglaubliche Leistung, die an das Aufsehen erregende Treffen von Stanley und Livingstone in Afrika erinnert. Inzwischen hatte man sich in München bereits Sorgen um die beiden Forscher gemacht, denn sie hätten eigentlich schon im Dezember 1819 in Belém eintreffen sollen. Das »Staats-Ministerium des Königlichen Hauses und des Aeußeren« versuchte über diplomatischem Weg, Nachricht über den Verbleib der beiden Forschungsreisenden zu erhalten. Diese waren zu diesem Zeitpunkt aber bereits auf dem Rückweg nach Belém, wo sie schließlich am 16. April 1820 eintrafen. Am 14. Juni 1820 legte endlich der Dreimaster »Nova Amazonia« mit Spix und Martius, vier jungen Indianern, den Sammlungen sowie einer großen Zahl von lebenden Tieren an Bord ab. 68 Tage dauerte die Überfahrt nach Lissabon, und am 10. Dezember 1820 erreichten die beiden Forscher dann endlich München.

Martius und Spix hatten einiges im Gepäck, als sie Ende 1820 von ihrer dreijährigen Brasilienreise zurückkamen: 86 Säuger, 350 Vögel, 130 Amphibien, 116 Fische, 2700 Insekten, 6500 Pflanzenarten meist in mehreren Exemplaren konserviert, Mineralien sowie eine reiche Sammlung von völkerkundlichen Gegenständen. Allein das gepresste Pflanzenmaterial umfasste rund 20 000 Herbarbögen. Das Interesse der Wissenschaft, aber auch der breiten Öffentlichkeit an den Umständen und Ergebnissen einer der größten und teuersten Forschungsexpeditionen der damaligen Zeit war überwältigend. Vom König wurden die beiden Heimkehrer zu »Rittern des Civil-Verdienstordens der Bayerischen Krone« ernannt. Außerdem erhielten sie eine jährliche Leibrente von 1000 Gulden auf Lebenszeit.

Die wissenschaftliche Karriere des bei seiner Rückkehr nach München erst 26 Jahre alten Martius verlief daraufhin rasant. Er wurde bereits in jungem Alter ordentliches Mitglied der Bayerischen Akademie der Wissenschaften. Und als König Ludwig I. 1826 die Universität von Landshut nach München verlegte, wurde Martius mit 32 Jahren zum ordentlichen Professor der Botanik ernannt. Sechs Jahre später wurde ihm die Leitung des Botanischen Gartens und der Botanischen Sammlungen in München übertragen.

Gleich nach ihrer Rückkehr aus Brasilien machten sich Martius und Spix an die Dokumentation ihrer Beobachtungen und Funde und an deren wissenschaftliche Auswertung. Den Anfang machte der Bericht über die – so der Titel – »Reise in Brasilien auf Befehl Sr. Majestät Maximilian Joseph I. Königs von Baiern in den Jahren 1817 bis 1820 gemacht von weiland Dr. John. Bapt. von Spix und Dr. Carl Friedr. Phil. von Martius« in drei Teilen – 1823, 1828 und 1831 – veröffentlicht. Für die Kenntnis des bis dahin in dieser Ausführlichkeit noch nicht erforschten Brasiliens war und ist dieser Bericht von derselben Bedeutung wie Alexander von Humboldts Schriften über andere Teile Lateinamerikas. Der Reisebericht, der übrigens 1980 erneut erschienen ist, enthält nicht nur eine Schilderung des Reiseverlaufs, sondern eine Fülle geografischen, ethnografischen, statistischen und naturkundlichen Materials. Die Liste der Personen, die sich damals beim Verlag für den Bezug des ganzen Werkes eintragen ließen, liest sich wie ein Almanach des damaligen Hochadels. Können wir uns beim heutigen politischen und wirtschaftlichen Führungspersonal unseres Landes ein ähnlich großes Interesse an den neuesten wissenschaftlichen Ergebnissen vorstellen? Ich kann es jedenfalls nicht.

Spix erlebte leider nur mehr das Erscheinen des ersten Bandes des Reiseberichts, denn er starb bereits am 13. Mai 1826. Er hatte sich von den Strapazen der Reise nicht mehr erholen können. Martius hingegen konnte volle 48 Jahre der wissenschaftlichen Aufarbeitung der Reise widmen. Er konzentrierte sich in seiner weiteren Forschertätigkeit fast ausschließlich auf diese gewaltige Aufgabe. Unter heutigen Bedingungen wäre dies undenkbar, da für ein biologisches Projekt dieser Größe und vor allem Dauer keine Förderung zu erhalten wäre. Und kein heutiger Professor hätte die Zeit und die Muße dafür.

Parallel zur Ausarbeitung des Reiseberichts machte sich Martius auch an die Auswertung der botanischen Ergebnisse der Reise. Angesichts der Fülle des Materials konnte er dies vorerst nur in Auswahl leisten. In der Zeit von 1824 bis 1832 veröffentlichte er eine dreibändige Darstellung der während der Reise gefundenen Höheren Pflanzen mit insgesamt 300 kolorierten Abbildungen. Das gesamte Werk ist heute online als Faksimile weltweit verfügbar (http://www.obrasraras.usp.br/obras/001875/). Auch über die Niederen Pflanzen, zum Beispiel die Moose und Farne, publizierte er ein ausführliches Werk. Insgesamt handelte er so über 400 Arten ab, indem er sie nicht nur botanisch charakterisierte, sondern auch Angaben zur medizinischen und technischen Verwendung machte. Viele dieser über die eigentliche Botanik hinausgehenden Informationen hatte er durch aufmerksame Beobachtungen vor Ort gesammelt.

Als wäre die Ausarbeitung des Reiseberichts und dieser beiden botanischen Werke nicht genug gewesen, begann Martius parallel dazu mit der Abfassung des Buches, für das er in der Botanik bis heute berühmt ist. Schon während seines Aufenthalts am Amazonas hatte er den Entschluss gefasst, den Palmen eine umfassende wissenschaftliche Monografie zu widmen. So entstand eine wiederum dreibändige, 1823 bis 1850 erschienene Naturgeschichte der Palmen, seine »Historia naturalis Palmarum etc.«. Sie umfasst insgesamt 550 Seiten mit 135 teils vorzüglich detailreich ausgeführten Tafeln. Zahlreiche dieser Abbildungen gehen auf Handskizzen zurück, die Martius während der Reise gemacht hatte. Dem Gegenstand angemessen erschienen die Bücher im sogenannten Imperialformat, also in der repräsentativen Seitengröße von 50 mal 38 Zentimeter. Heute ist die »Historia naturalis Palmarum« ein Schatz, den nur wenige Bibliotheken aufbewahren, und ein Objekt der Begierde für bibliophile Liebhaber, die für die nur sehr selten bei Auktionen erscheinenden Exemplare mehrere Zehntausend Euros bezahlen. Auch dieses Werk ist heute digital verfügbar (http://www.botanicus.org/Title.aspx?barcode=31753000744794).

Das Palmenwerk sollte nicht nur diejenigen Arten darstellen, welche Martius in Brasilien selbst zu Gesicht bekommen hatte, sondern umfassend den damaligen Stand des Wissens über diese Pflanzenfamilie wiedergeben. So ergänzte er sein brasilianisches Material durch Herbarbelege und Literaturdarstellungen von Palmen aus anderen Weltgegenden. Aus diesem Werk spricht wiederum die besondere Persönlichkeit von Martius: zum einen seine hervorragende Fähigkeit zur Synthese von Wissen und zum anderen seine – wir würden heute sagen – soziale Intelligenz, mit der er Wissenschaftler unterschiedlicher Ausrichtungen zur Zusammenarbeit gewinnen konnte.

Martius mit seiner »Historia naturalis Palmarum«; Kreidezeichnung von Wilhelm Kaulbach, 1862.

So trugen vier weitere Wissenschaftler allgemeine Abschnitte zur »Historia naturalis Palmarum« bei, während der größte, die einzelnen Arten beschreibende Teil direkt aus der Feder von Martius stammt. Er verstand es auch, sich mit diesem Werk bei den ganz Großen seiner Zeit bekannt zu machen und in Erinnerung zu halten: So schickte er die in Lieferung erscheinenden Bücher u. a. an Goethe, mit dem er auch anderweitig in einem sehr regen Briefwechsel stand.

Während das Werk über die Palmen noch lange nicht abgeschlossen war, nahm Martius schon die Verwirklichung eines weiteren großen Plans in Angriff. Es war ein wissenschaftliches Großprojekt, das uns selbst heute mit den modernen Methoden der Informationsverarbeitung als fast undurchführbar erscheint. Er hatte sich vorgenommen, das gesamte damalige Wissen über die Pflanzenwelt Brasiliens detailliert und systematisch darzustellen. Das in lateinischer Sprache geschriebene Buch trägt den

Titel »Flora brasiliensis sive enumeratio plantarum in Brasilia hactenus detectarum etc.«, also »Flora von Brasilien oder Aufzählung der bisher in Brasilien entdeckten Pflanzen«. Es sollte ein monumentales Werk werden und deshalb benötigte es auch allerhöchste Unterstützung. Wiederum kamen Martius seine Beziehungen zugute, um – wie wir heute sagen würden – Fundraising zu betreiben. Und so gelang es ihm sogar, Fürst Metternich für dieses wissenschaftliche Großvorhaben zu interessieren, der wiederum Kaiser Ferdinand I. von Österreich und König Ludwig I. von Bayern als Mäzene gewinnen konnte. Ist es vorstellbar, dass ein Politiker vom Range und Einfluss eines Metternich heute seine kostbare Zeit dafür hergeben würde, bei den Staatsführern für die Förderung eines internationalen Großprojekts der biologischen Grundlagenforschung dieses Ausmaßes zu werben?

Die Runde der kaiserlichen und königlichen Förderer dieses Werkes wurde später ergänzt durch Kaiser Dom Pedro II. von Brasilien. Noch unter dessen Vorgänger, Dom Pedro I., war die Initiative von Martius auf ein eher ablehnendes Echo gestoßen. Der Kaiser soll gesagt haben:

»Müssen Ausländer kommen, um unsere Gewächse zu beschreiben? Können wir dies nicht selbst tun?«

Vielleicht eine Vorahnung der berechtigten heutigen Ängste der Länder der so genannten Dritten Welt, keinen ausreichenden Zugang zur ökonomischen Nutzung ihres biologischen Reichtums zu erhalten.

Bereits 1833 erschienen zwei Bände der »Flora brasiliensis«, welche zusammenfassende Darstellungen der brasilianischen Vegetation sowie Kapitel über Gräser und Niedere Pflanzen enthielten. Es folgte eine durch Finanzierungsprobleme verursachte Pause von sieben Jahren, bis 1840 die ersten Lieferungen des zweiten Versuchs zu einer Flora von Brasilien erschienen. Martius war zu diesem Zeitpunkt 46 Jahre alt und wusste wohl, dass er den Abschluss dieses monumentalen Werkes nicht mehr erleben würde. Tatsächlich erschien der letzte von 40 Bänden erst 1906, also 38 Jahre nach Martius' Tod. Die »Flora brasiliensis« ist mit ca. 20700 Seiten, mehr als 3800 Bildtafeln und fast 22800 beschriebenen Arten das größte Florenwerk der Erde. Fast 6000 Pflanzenarten wurden in dieser Flora erstmalig wissenschaftlich beschrieben.

Wie war eine derart monumentale Aufgabe zu bewältigen? Martius verstand sich primär nicht als Autor, sondern vielmehr als Koordinator und Manager dieses Werks. Im Anwerben von Mitarbeitern und von Geld sah er seine Hauptaufgabe, und es war offensichtlich nicht seine Absicht, sich in Einzelarbeit zu verbrauchen. Insgesamt waren es 68 Einzelautoren, darunter die bedeutendsten Pflanzenforscher seiner Zeit, die Martius für die Mitarbeit an der »Flora brasiliensis« gewinnen konnte. Er hatte aber auch die Gabe, junge Talente aufzuspüren, sie ebenfalls als Mitarbeiter an der Flora einzusetzen und sie so in die wissenschaftliche Botanik einzuführen: ein sehr gelungenes Beispiel für die Förderung des wissenschaftlichen Nachwuchses in dieser Zeit.

Die »Flora brasiliensis« war die erste Flora eines südamerikanischen Landes. Auch für heutige Forscher ist sie ein unverzichtbares Werkzeug für die Erkundung und Erfassung der Biodiversität Brasiliens. Deshalb ist sie inzwischen im Internet als Faksimile allgemein zugänglich (http://florabrasiliensis.cria.org.br/).

Auch auf einen weiteren Aspekt der Arbeit von Martius möchte ich ein kurzes Schlaglicht werfen: sein Herbarium, genannt das »Herbarium Martii«. Wie schon erwähnt, brachte er mehr als 20 000 Herbarbelege von insgesamt etwa 6500 Pflanzenarten aus Brasilien mit nach München. Also gepresste, in Papierbögen eingelegte Pflanzen, wie sie auch heute noch für eine verlässliche Beschreibung und Bestimmung von Pflanzen unerlässlich sind. Dieses Herbar ist eines der ersten, gewiss aber das umfangreichste, das in Südamerika je zusammengetragen wurde. Und es bildete die Grundlage für die wissenschaftlichen Werke, die Martius nach seiner Rückkehr nach München verfasst und herausgegeben hat. Die weitere Geschichte dieses bedeutenden Herbariums ist für München und Bayern nicht gerade ehrenvoll. Nach dem Tode von Martius 1868 wurde es von seinen Erben dem Königreich Bayern zum Kauf angeboten. Leider kam dieser Kauf aber nicht zustande, sodass das gesamte »Herbarium Martii« 1870 vom belgischen Staat gekauft wurde. Zurzeit ist dieses Herbarium der Gegenstand eines großen wissenschaftlichen Digitalisierungsprojektes, bei dem alle Belege digital erfasst und in hoher Auflösung im Internet zur Verfügung gestellt werden (http://projects.bebif.be/enbi/martius/home). So wirkt die wissenschaftliche Tätigkeit von Martius durch seine botanischen Aufsammlungen in Brasilien bis in die heutige Zeit nach.

Ein Teilgebiet der wissenschaftlichen Arbeit von Martius habe ich bisher nur kursorisch erwähnt: seine ethnografischen Forschungen. Mangels Fachkenntnis werde ich dies hier auch nicht wesentlich vertiefen können, möchte aber dazu dennoch ein paar kurze Anmerkungen machen. Bereits seiner Reisebeschreibung fügte er eine sogenannte Musikbeilage hinzu, in der er selbst gesammelte »Brasilianische Volkslieder und indianische

Melodien« veröffentlichte. Erst viele Jahre nach seiner Rückkehr fasste er seine linguistischen Studien zusammen. 1867 erschienen seine zweibändigen »Beiträge zur Ethnografie und Sprachenkunde Amerika's zumal Brasiliens«, die ein umfangreiches Wörterverzeichnis einiger Indianersprachen enthalten. Außerdem publizierte er kürzere Darstellungen der Pflanzen- und Tiernamen der Tupi-Sprache.

Neben seiner Forschertätigkeit war Martius ein begeisterter und begeisternder Hochschullehrer. Seine Vorlesungen über die Brasilienreise zogen, wie berichtet wird, bis zu 600 Zuhörer an, sodass auch die größten Hörsäle der Münchner Universität zu klein wurden. Dies deutet darauf hin, dass er wohl ein ausgezeichneter Redner war und gleichzeitig das Publikum nach Neuigkeiten aus anderen Ländern und der Wissenschaft hungerte.

Obwohl bisher hauptsächlich von der wissenschaftlichen Tätigkeit von Martius die Rede war, so schimmerten stellenweise doch schon auch besondere Charakteristika seiner Persönlichkeit durch. Wir haben ihn als extrem belastungsfähigen und zähen Forschungsreisenden, als akribischen und fast besessenen Sammler, als tatkräftigen Wissenschaftler von Weltruhm, als geschickten Koordinator großer wissenschaftlicher Vorhaben und als einen Menschen kennengelernt, der es verstand, bis zu den Spitzen des Staates, ja selbst bis zum König, Beziehungen zu etablieren und diese auch zu pflegen.

Gab es denn auch ein Privatleben dieses so überaus produktiven Wissenschaftlers? In den meisten biografischen Darstellungen findet man nicht einmal einen Hinweis darauf, ob er Frau und Familie hatte. Nur in einem Ausstellungskatalog aus dem Jahr 1994 sind »Streiflichter aus dem häuslichen und geselligen Leben« von Martius enthalten. Wir erfahren dort, dass er 1823 Franziska Freiin von Stengel aus einer angesehenen pfälzisch-bayerischen Beamtenfamilie heiratete und mit ihr vier Töchter und einen Sohn hatte.

Ihr gemeinsames Hauswesen wurde bald zu einem Mittelpunkt des Münchner gesellschaftlichen Lebens. Was in München auf den Gebieten der Wissenschaft, der Literatur, der Bildenden Kunst oder Politik Rang und Namen hatte, verkehrte im Hause Martius. Auch viele bedeutende Personen, die in München auf der Durchreise waren, statteten Martius einen Besuch ab. Und es wurden so manche Anlässe zu größeren Feiern genutzt: Namens- und Geburtstage, der Weihnachtsabend oder Silvester. Im Fasching gab es Hausbälle und Aufzüge. Und schließlich wurde der 8. Dezember eines jeden Jahres im großen Kreise (bis zu 100 Personen) festlich begangen – jener Tag, an dem sich die glückliche Rückkehr von Martius und Spix aus Brasilien jährte.

Martius verstand es auch, Wissenschaft zu einem gesellschaftlichen Ereignis werden zu lassen. So stiftete er gemeinsam mit seinem Kollegen Zuccarini das sogenannte Linnaeus-Fest, das alljährlich am 23. Mai, dem Geburtstag von Carl von Linné, gefeiert wurde. Martius verehrte Linné, der die moderne biologische Taxonomie begründet hatte, ganz besonders. Nur durch die Konzepte, die Linné zur Ordnung des Organismenreichs entwickelt hatte, war es möglich geworden, Werke vom Umfang und von der Komplexität etwa einer »Flora brasiliensis« zu realisieren. Gemeinsam mit Studenten, Kollegen und Freunden zog er am Linnaeus-Tag hinaus zum Dorf Ebenhausen südlich von München. Dort hatte man eine Eiche, die Linnaeus-Eiche gepflanzt, um die man sich jedes Jahr versammelte, Reden hielt und Gedichte und Lieder zu Ehren von Linné vortrug. Und da man in Bayern war, tafelte man anschließend gehörig.

Dieses Wissen über das Privatleben von Martius verdanken wir übrigens einer Person, die ebenfalls zu den Wissenschaftlern gehört, die München zum Leuchten gebracht haben. Es ist Johann Andreas Schmeller, der fast täglich im Hause Martius verkehrte und der in seinem Tagebuch die Feierlichkeiten und Besuche bei Martius genauestens aufzeichnete. Der Hausfreund und zeitweilige Untermieter Schmeller hatte eine ganz andere Lebensgeschichte als Martius hinter sich. War Martius das akademische Leben im wahrsten Sinn des Wortes bereits in die Wiege gelegt worden, so musste Schmeller einen steinigen und unkonventionellen Weg zu den Wissenschaften zurücklegen. Er kam als das Kind armer Eltern, eines Korbflechters aus der Oberpfalz zur Welt. Erst nach vielen beschwerlichen Umwegen als Schweizer Söldner, als Lehrer an einer Offiziersschule in Madrid und als bayerischer Soldat fand er zur Wissenschaft. Aus ihm wurde ein bedeutender Germanist, der »baierische Grimm«, dem wir u. a. eine Grammatik und vor allem das berühmte »Bayerische Wörterbuch« verdanken.

Gegen Ende seiner Karriere musste Martius erkennen, das sein wissenschaftlicher und politischer Einfluss im Sinken war. Ausgelöst wurde diese Krise durch die Berufung des berühmten Agrikulturchemikers Justus von Liebig nach München, der nun das Ohr des zu diesem Zeitpunkt herrschenden Königs Maximilian II. hatte. Der König plante für das Jahr 1854 eine große Industrieausstellung in München. Da hierfür keine geeigneten Räumlichkeiten zur Verfügung standen, sollte ein eigenes Gebäude, ein Glaspalast in Nachahmung des Londoner Crystal Palace, errichtet werden. Die Frage, wo dieser Palast gebaut werden sollte, wurde in einer königlichen Kommission behandelt, in der Liebig, nicht aber Martius Mitglied war. In einem Brief schreibt Liebig:

»Ich hatte den Vorschlag gemacht, dieses Gebäude meiner Wohnung gegenüber in den botanischen Garten zu stellen ... Die Opposition war groß, allein meine Ansicht trug den Sieg davon und wurde vom König genehmigt.«

Von alledem erfuhr Martius, der Direktor des damaligen Alten Botanischen Gartens am Stachus, erst im Nachhinein. Durch diesen Affront und den damit verbundenen massiven Eingriff in den Garten, der im Übrigen nicht der erste war, sah er sich persönlich gekränkt und den Botanischen Garten in seiner Bedeutung für die Wissenschaften vernichtet. Martius protestierte heftig gegen diese Pläne, musste aber erkennen, dass er damit keinen Erfolg hatte. Einer in diesem Zusammenhang von höchster Stelle beschlossenen Versetzung in den Ruhestand kam er durch einen eigenen Antrag auf Pensionierung zuvor.

Martius und die anderen Forschungsreisenden des 19. Jahrhunderts erweiterten das Wissen über die Natur und Kultur der fernen Länder beträchtlich. Aus verschiedenen Gründen sind aber die Namen mancher dieser gebildeten und mutigen Männer in der Zwischenzeit in Vergessenheit geraten. Auch Carl Philipp Friedrich von Martius ist heute in Deutschland den meisten kein Begriff mehr, anders als in dem Land, das er zwischen 1817 und 1820 abenteuerlich bereiste: Zu seinem 100. Geburtstag widmete ihm Brasilien eine Gedenktafel in der Barer Straße 12 in München, wo sein ehemaliges Wohnhaus stand. Natürlich sind Martius, dem bedeutenden Forschungsreisenden, Wissenschaftler und Wissenschaftsmanager, noch viele andere Denkmäler gesetzt worden. Solche aus Stein, aber auch literarische in der Form von Nachrufen und Biografien. Vielleicht hätte ihn eine andere Form von Denkmal besonders gefreut: Mehr als 400 Pflanzenarten wurden seither nach ihm benannt.

Das lustigste und irgendwie auch bewegendeste Denkmal hat ihm aber Franz Graf von Pocci, der Schöpfer des Kasperls, gesetzt. Er verewigte ihn in einem Personenalphabet mit dem Buchstaben M und fügte als Gedicht hinzu:

Martius reiste in Brasilien
Suchte Kräuter, Petersilien.
Gottlob, dass ihn nicht verschlang,
Irgend eine Riesenschlang.

Carl Friedrich Phillipp von Martius 55

Martius-Karikatur von Franz Graf von Pocci.

Literaturhinweise

Grau, Jürke: Carl Friedrich Philipp von Martius. In: Rundgespräche der Kommission für Ökologie. Bd. 10. Bayerische Tropenforschung. München 1995, S. 19–28.
Helbig, Jörg (Hrsg.): Brasilianische Reise 1817–1820. Carl Friedrich Philipp von Martius zum 200. Geburtstag. München 1994.
Merxmüller, Hermann: Carl Friedrich Philipp von Martius. Sitzungsberichte der Bayerischen Akademie der Wissenschaften 1968, S. 79–96.
Wunschmann, Ernst: Martius. In: Allgemeine Deutsche Biografie. Bd. 20. S. 517–527, Historische Commission bei der königl. Akademie der Wissenschaften (Hrsg.). München 1884 (http://mdz1.bib-bvb.de/~ndb/adb_index.html).

Hiltrud Häntzschel
Ricarda Huch (1864–1947)
Eine Frau zwischen Dichtung und Geschichtsschreibung

»München leuchtet für die Wissenschaft« durch Persönlichkeiten bedeutender Gelehrter und deren Leistungen, Männer allermeist, Professoren der beiden Münchner Universitäten, seltener gelehrte Autodidakten. Und nun Ricarda Huch, die Schriftstellerin, die Dichterin, welchen Platz nimmt sie ein in diesem Gruppenbild professioneller Gelehrsamkeit? Über 84 Jahre ist es her, dass Thomas Mann sie zum 60. Geburtstag in der »Frankfurter Zeitung« volltönend als »die erste Frau Deutschlands ... wahrscheinlich die erste Europas« beglückwünschte. Heute sind nur wenige ihrer Bücher noch lieferbar. Die voluminöse elfbändige Gesamtausgabe, 1966–74 von Wilhelm Emrich herausgegeben, insgesamt 12 000 Seiten, ist längst vergriffen. Fündiger wird man im Antiquariat, dort, wo das einst geschätzte, nun abgestoßene Bildungsgut auf Liebhaber wartet. Geblieben sind von Ricarda Huchs riesigem schriftstellerischen Werk einige gelungene und noch immer geschätzte Erzählungen. Manche mögen sich an ein spannendes Lektüreerlebnis erinnern mit der Kriminalgeschichte »Der letzte Sommer«. Der erste und äußerst erfolgreiche Roman der damals 29-Jährigen, die deutlich autobiografische Liebes- und Ehebruchsgeschichte »Erinnerungen an Ludolf Ursleu dem Jüngeren« von 1893, wurde mit enthusiastischem Lob, von Lou Andreas-Salomé zum Beispiel, aber auch mit Irritation, ja Entrüstung aufgenommen ob seiner rücksichtslosen Leidenschaft, seiner anstößig kühnen Grenzüberschreitungen dessen, was für eine Frau, eine Dichterin schicklich ist. Heutige Leser sind eher irritiert von seinem befremdlich neuromantischen Stil, von einem Gefühlsgemenge, das durch immer noch ausgefallenere Vergleiche und sich einander erdrückender Metaphern erhitzt wird. Die Sprache spiegelt das Design der Gründerzeit, eine Prosa, üppig mit Rüschen und Spitzen besetzt. Niemals aber gilt dieses Dekor der Beschreibung von Kleidern, von Interieurs, von Äußerlichem, immer gilt es »der geheimnisvollen Innenseite der Welt« (GW 6, S. 16)[1], die nach Ricarda Huch allein Gegenstand der modernen Poesie sei. Um Gefühlslagen also, psychische Erschütterungen, abgelesen an Augen, an Blicken, an den Schwingungen in der Atmosphäre, am Nachhall nächtlicher Gespräche. Und da nimmt dieses Buch durchaus einen markanten Platz in der Geschichte des deutschen Romans ein. Was damals als vitalistisch-ästhetizistisches Lebensmodell, wenn auch scheiternd, in die Zukunft wies, erscheint uns heutigen Lesern vom Ornament erstickt. Vergleichen wir die »Erinnerungen von Ludolf Ursleu« mit etwa gleichzeitig erschienenen und thematisch verwandten Romanen, mit Fontanes drei Jahre später erschienener »Effi Briest« etwa oder mit Thomas Manns »Buddenbrooks« von 1901, so wird die Patina augenfällig.

Ricarda Huchs Gedichte, zumal die frühen, einst in Lyriksammlungen mit hohen Auflagen, in Zeitungen und Anthologien massenhaft verbreitet, berühren nicht mehr unmittelbar wie etwa die ebenfalls nicht zeitgeistiger Moden verdächtigen Gedichte Eduard Mörikes.

Was hat überdauert vom literarischen Werk Ricarda Huchs? Vielleicht das sozialkritische, wenngleich keineswegs naturalistische Gemälde »Aus der Triumphgasse« von 1902, gewiss der Kriminalroman »Der Fall Deruga«, eher ein Nebenprodukt, der nun in der SZ-Bibliothek eine neue Lesegeneration erreicht. Vor allem aber die große zweibändige Studie zur »Romantik«, und ihre Darstellung des Dreißigjährigen Krieges.

Und geblieben ist uns ihre häufig beschriebene und von zahlreichen Künstlern und Fotografen festgehaltene, ungewöhnliche äußere Erscheinung: Auf die aparten Mädchenbilder folgen die Atelierporträts und die Gemälde der großen Dame in Öl, ganz unanfechtbare Würde, niemals, was

---

[1] Für dieses Porträt Ricarda Huchs habe ich den vorzüglichen Katalog der Ricarda Huch-Ausstellung im Schiller-Nationalmuseum in Marbach am Neckar im Jahr 1994 dankbar verwendet. Er erschließt nahezu erschöpfend den Nachlass der Schriftstellerin und geht ihren vielfältigen Spuren in der literarischen Welt des 19. und 20. Jahrhunderts nach: Ricarda Huch 1864–1947. Ausstellung und Katalog von Jutta Bendt und Karin Schmidgall. Marbach 1994. Marbacher Kataloge 47.

Die Werke Ricarda Huchs werden mit Bandnummer und Seitenzahl zitiert nach: Huch, Ricarda: Gesammelte Werke. Hrsg. von Wilhelm Emrich unter Mitarbeit von Bernd Balzer. 11 Bände. Köln 1966–1974.

Ricarda Huch um 1894. Der Kommilitone Franz Blei charakterisiert die Studentin: »ein bisschen verträumt, ein bisschen vage und immer mit großer Delikatesse gekleidet.«

wir modern nennen. Immer repräsentiert sie 19. Jahrhundert. »Sie ist ganz sie selbst, ganz original, unabhängig von den ›Richtungen‹ und ›Typen‹ ihrer Zeit. Und sie ist auf der anderen Seite unnahbar«, schreibt Gertrud Bäumer in ihrer Ricarda Huch-Biografie von 1949.²

Die Persönlichkeit Ricarda Huchs konfrontiert uns heute mit einer ungewöhnlich unabhängigen Lebensweise, einer außergewöhnlichen Unzeitgemäßheit in ihrer Jugend, mit befremdend rückschrittlichen Positionen ebenso wie mit politischen Entscheidungen, die an Mut und Integrität, am Fehlen jeglicher Ideologieanfälligkeit so manchen Zeitgenossen beschämen mussten. Ihr Œuvre überschreitet die Genregrenzen, changiert zwischen Belletristik und Wissenschaft, was ihr von der Zunft der letzteren nicht selten angekreidet wurde.

Wer in Ricarda Huch eine Vorreiterin der Emanzipation, eine Pionierin im Kampf um den Zugang der Frauen zur Universität und zu akademischen Professionen sieht, der täuscht sich gründlich. Ricarda Huch hatte nie die Absicht, es lag nicht einmal im Horizont ihrer Vorstellungswelt, Geschichte im Sinne einer wissenschaftlichen Disziplin zu betreiben. Schon der Entschluss zum Studium, häufig als kühner Schritt auf dem Weg zur intellektuellen Ebenbürtigkeit mit dem Mann beschrieben, hatte bei ihr in der Hauptsache lebensgeschichtliche, um nicht zu sagen triviale Gründe. Mit 16 Jahren verliebte sich die am 18. Juli 1864 in Braunschweig in eine wohlhabende Kaufmannsfamilie hineingeborene Ricarda rettungslos in ihren Vetter Richard Huch. (Übrigens keine kulturlose Kaufmannsfamilie: Auch Ricarda Huchs Bruder Rudolf schrieb

---

² Gertrud Bäumer: Ricarda Huch. Tübingen / Stuttgart 1949, S.5.

und publizierte ebenso wie die Vettern Friedrich und Felix Huch.) Unglücklicherweise war Richard Huch aber nicht nur ihr Vetter, sondern der Mann ihrer Schwester Lilly: »Ich stand in Flammen« (GW 11, S. 154). Die Liebe wird heftig erwidert, der Familie bleibt sie nicht verborgen, eine unselige Konstellation über Jahre.

Da hört sie über Freunde von der Möglichkeit für Frauen, in der Schweiz zu studieren. »Was man von diesen Anfängen in der Schweiz gehört hatte, missbilligte man. Mir lag der Gedanke ans Studieren fern […]; aber es drängte sich mir auf, daß ich gut tun würde, Braunschweig zu verlassen« (GW 11, S. 158 f.). Eine unlebbare Liebe, die droht, zur Katastrophe zu führen. Sie nutzt die Abwesenheit des Vaters, der sich auf einer Geschäftsreise in Südamerika befindet und seine Zustimmung wohl verweigert hätte, zum Aufbruch nach Zürich.

Ohne jede höhere Schulbildung, lediglich autodidaktisch belesen, steht sie in Zürich vor einem kühnen Vorhaben. Ein Jahr gibt sie sich Zeit, um sich auf die Maturitätsprüfung, das Abitur vorzubereiten, in Mathematik und Latein muss sie bei null beginnen. Schon hier zeigten sich die immense Leistungsfähigkeit und die Leidenschaft, mit denen Ricarda Huch ihr Leben lang gearbeitet, gelesen und geschrieben hat.

Im Sommersemester 1888 immatrikuliert sie sich an der Zürcher Universität. In der Schweiz konnten Frauen seit den 1860er-Jahren regulär studieren, und vor allem Ausländerinnen, vornehmlich aus Russland – und es sind besonders häufig Jüdinnen – nutzen diese Möglichkeit, um sich für eine Tätigkeit in einem akademischen Beruf, meistens in der Medizin, zu qualifizieren. Im Deutschen Reich standen die heftigen Debatten um das Frauenstudium in den Universitätsgremien, in den Plenarsälen der Landesregierungen und im Reichstag, vor allem auch in den Kirchen erst noch bevor. Ricarda Huchs Milieu und Motivation, aus denen heraus der Impuls zum Studium erwuchs, sind eher untypisch für die erste Generation von Studentinnen. Bei diesen überwog der Wunsch nach einer ihrem Verstand angemessenen, einer akademischen Ausbildung und der Aussicht auf eine entsprechende Erwerbstätigkeit. Für die vielen, im Sample der Studentinnen deutlich überrepräsentierten Frauen aus jüdischen und meist assimilierten Familien, solchen also, die gleichsam vom Judentum zum Bildungstum konvertiert waren, galt zudem der soziale Aufstieg über die Universität in eben dieses Bildungsbürgertum als wichtiges movens. In christlich-bürgerlich orientierten Bildungsschichten – wie in Ricarda Huchs Familie – hielten sich die Vorbehalte gegen die gelehrte Frau besonders hartnäckig.

Ihrer Großmutter hatte sie versprochen, nicht Naturwissenschaften zu studieren, weil – so die Befürchtung – »dies von der Religion wegführte«

(GW 11, S. 160). Also schreibt sie sich ein für die Fächer Geschichte, Philologie und Philosophie. Was die *scientific community* noch 1897 von Studentinnen der Geschichte hielt, elf Jahre nach Huchs Studienbeginn und drei Jahre, bevor endlich die erste deutsche Universität Frauen ein reguläres Studium genehmigte, formulierte der Kieler Historiker Georg Busolt in Arthur Kirchhoffs Kampfschrift »Die akademische Frau. Gutachten hervorragender Universitätsprofessoren, Frauenlehrer und Schriftsteller über die Befähigung der Frau zum wissenschaftlichen Studium und Berufe« (Berlin 1897, S. 185) so:

»Was aber meine Disciplin, die Geschichte betrifft, so gehört zur Lösung der von ihr gestellten Aufgabe: ein lange methodisch geschulter, streng auf die Erforschung der Thatsachen gerichteter Blick, eine reife Lebenserfahrung und Menschenkenntnis, ein politisches Urteil und ein das ganze Gebiet des wirtschaftlichen, staatlichen und teilweise auch des religiösen Lebens umfassendes Wissen. Das sind Eigenschaften, die, [...], eine Frau ihrer ganzen Natur nach nicht besitzen kann, sodass auch die Fähigste niemals sich zum Historiker eignen wird.«

Mit einer Dissertation zur eidgenössischen Geschichte und dem Diplom für das Höhere Lehramt (als erste Frau in der Schweiz, heißt es in allen Lebenschroniken) beendet sie diese Studienzeit, von der sie in ihren verklärenden Erinnerungen »Frühling in der Schweiz« sagte, sie sei ihr vergangen »wie ein Fest« (»Frühling in der Schweiz«, GW 11, S. 174).

Was hat sie ihr gebracht? Umfassende Kenntnisse vor allem in Geschichte und in historisch-wissenschaftlichem Arbeiten, Kontakte zu Literatenkreisen wie dem legendären Hottinger Lesezirkel, erste Veröffentlichungen, noch unter männlichen oder doch geschlechtsneutralen Pseudonymen, R.I. Carda und Richard Hugo, einen geweiteten Blick, auch für revolutionäre, für sozialistische Ideen – und Freundschaften mit Kommilitoninnen, die lebenslang andauerten, mit der Zoologin und seit 1914 ersten bayerischen Professorin Marianne Plehn und deren Schwester, der Malerin Rose Plehn, mit der Chemikerin und Politikerin Marie Baum, auch ihrer ersten Biografin.

»Die Zeit verging mir wie ein Fest«, das ist nur die halbe Wahrheit. In all den Jahren war die Liebe zwischen Ricarda und Richard keineswegs abgekühlt, der Abstand hat nicht geholfen, die Leidenschaft zehrt an ihr und ergießt sich in endlosen Briefen an den Unerreichbaren und Unentschlossenen. In der Edition von 1998 machen sie über 600 Seiten aus. Die seinen sind verloren gegangen. Darin erzählt sie von ihrer Einsamkeit, von Lust, Qual und Skrupel beim Dichten, von den Mühen der Verlagssuche und dem Zutritt zur literarischen Szene, dem Kampf um die Honorare, von den Lesereaktionen der Bekannten in Zürich und Braunschweig, vor allem von den mit äußerster Spannung erwarteten Rezensionen.

Die geschäftliche Situation der Familie ist mittlerweile prekär, finanzielle Unterstützung hat die Tochter nicht mehr zu erwarten. Sie stellt sich darauf ein, für ihren Lebensunterhalt von nun an selbst aufkommen zu müssen, zunächst als Bibliothekarin in Zürich, danach versucht sie es, wenig befriedigend, als Lehrerin in Bremen. Und dann »der Sprung ins Ungewisse« (GW 11, S. 237) – der Entschluss, ein Leben als freie Schriftstellerin zu wagen. Der Erfolg des Erstlings »Erinnerungen von Ludolf Ursleu« (1920 in der 31. Auflage) bestärken die wagemutige Entscheidung. Beruf: Schriftstellerin. Damit wird sie zum Vorbild für Generationen von schreibenden Frauen. Das setzt einen ungeheuren Fleiß und große Wendigkeit im Schreiben voraus, zwingt immer wieder zu Kompromissen. Daran ändert sich auch nichts, nachdem Ricarda Huch 1898 den italienischen Zahnarzt Ermanno Ceconi heiratet und mit ihm nach Triest und im Jahr 1900 mit der 1899 geborenen Tochter Marietta nach München übersiedelt. »Ich arbeite wie toll« (11. September 1901), schreibt sie an die Freundin Marie Baum.[3] Werden die Geldsorgen drückend, muss die Hauptarbeit unterbrochen, eine neue Gedichtsammlung zusammengestellt, rasch ein kleineres Buch geschrieben, wenn möglich in einer renommierten Zeitung als Vorabdruck untergebracht werden. So entstanden die Skizzen »Aus der Triumphgasse«, so entstand der Roman »Vita somnium breve«. Am 1. Oktober 1901 schreibt sie aufatmend: »Endlich ist es soweit, endlich ist mein *Vita somnium breve* […] fertig […] ich habe wirklich wie ein Galeerensträfling gearbeitet.«[4] Man kommt schier nicht nach im Aufzählen dieser Produktion:

1897: »Teufeleien« (Drei Erzählungen)
1899: »Frau Celeste und andere Erzählungen«
1901: »Aus der Triumphgasse. Lebensskizzen«
1902: »Vita somnium breve« (zweibändiger Roman)
1903: »Von den Königen und der Krone« (Roman)
1904: »Gottfried Keller« (Biografie); »Seifenblasen.
 Drei scherzhafte Erzählungen«

[3] Marie Baum: Leuchtende Spur. Das Leben Ricarda Huchs. Tübingen und Stuttgart 1950, S. 135.
[4] ebd.

1906: »Die Geschichten von Garibaldi. Band 1:
       Die Verteidigung Roms« (Roman)
1907: »Die Geschichten von Garibaldi. Band 2:
       Der Kampf um Rom«; »Neue Gedichte«
1909: »Das Risorgimento«
1910: »Der Hahn von Quakenbrück und andere Novellen«;
       »Der letzte Sommer. Eine Erzählung in Briefen«;
       »Das Leben des Grafen Federigo Confalonieri«
1912: »Liebesgedichte«

Was bei dieser Aufzählung aber fehlt, das ist das Hauptwerk, vielleicht Ricarda Huchs wesentlichste Hinterlassenschaft, das ist ihre große zweibändige Studie über die Romantik.

Durchaus im Bewusstsein von einer historischen Zäsur, am Ausgang des 19. Jahrhunderts, 1899 erscheint der erste Band: »Blütezeit der Romantik«. Sein Gegenstand: das kometenhafte Auftauchen einer geistigen, künstlerischen, philosophischen Bewegung, deren Höhepunkt, in Huchs organizistischer Denk- und Ausdrucksweise, deren »Blüte«, nun genau 100 Jahre zurückliegt. Die bisherige Forschung erscheint ihr ungenügend, was ihr an der romantischen Bewegung das zentrale Ereignis ist, kommt darin nicht vor. Unbekümmert um eine wie auch immer geartete wissenschaftliche Struktur folgt sie ihrer Lektüre, den »Werken der Romantiker, ihrer Briefe und sonstiges Biographisches eingeschlossen« (GW 6, S. 21). Keine Literaturgeschichte liegt hier vor, obgleich man über die Literatur der Zeit ungeheuer viel erfährt, sondern die Erkundigung nach der Utopie eines Menschenbildes, das in wenigen Jahren in einer einmaligen fragilen Konstellation von Freundschaften und Ideen Wirklichkeit geworden war, im Kreis um die Zeitschrift »Athenäum« der Brüder August Wilhelm und Friedrich Schlegel, um Karoline, um Novalis, darüber das Gestirn Goethe / Schiller. Ihnen hinzu gesellt sie das Paar Apollo und Dionysos: »Die leise Besonnenheit des Apollo und die göttliche Trunkenheit des Dionysos« (GW 6, S. 90), nach einer Formulierung Friedrich Schlegels. Die dem Menschen innewohnende Spaltung von Bewusstem und Unbewusstem, von Oberwelt und Unterwelt, von Natur und Erkenntnis, vom männlichen und vom weiblichen Prinzip, wie sie in der Schöpfungsgeschichte an Adam und Eva sich ereignet, sie ist sein Verhängnis und zugleich im Drang der Überwindung dieser Spaltung der Antrieb seiner produktiven Kräfte, der Antrieb für das Begehren und die Liebe, das Stimulans der höchsten Kunst, der Genialität. In dem kurzen Moment ihrer Blütezeit gelang es nach Ricarda Huch den Romantikern, nicht die Spaltung aufzuheben, das bedeutete ja eine tierische Stufe des Organischen, sondern die Gegensätze produktiv zu versöhnen, die Trennungslinien zwischen beiden Welten durchlässig zu machen: »Trieb in Kunst zu verwandeln, das Unbewusste in Wissen« (GW 6, S. 100). Sie beschreibt in einem sinnfälligen Bild das Ereignis der Romantik: »Einen Augenblick erhielt sich die romantische Richtung über den Polen, das Alte und das Neue, das Historische und Radikale, den Katholizismus und Protestantismus, den Zwang und die Freiheit gleich wertend, jedem das Seine lassend [...].« (GW 6, S. 353) Dazu gehörte der Traum von der Universalpoesie, der die Trennung von dichterischem und diskursivem Schreiben aufhebt, wie Friedrich Schlegel im 115. Lyceums-Fragment formuliert: »Alle Kunst soll Wissenschaft und alle Wissenschaft soll Kunst werden; Poesie und Philosophie sollen geeinigt sein« (GW 6, S. 112). Dazu gehören auch die Gegensätze der Geschlechter, die die Romantiker als überwindbar gedacht oder doch geträumt haben: in einem androgynen Menschen, der die Gegensätze beider Prinzipien, des weiblichen wie des männlichen harmonisch und produktiv in einer höheren Stufe des Menschseins zur Aussöhnung bringt.

Der zweite Band »Ausbreitung und Verfall der Romantik« erscheint 1902. Es ist ein Buch der Verluste. Was so kühn begann, konzentriert auf den Topos Jena, als den paradiesischen Glücksort ihrer Ideen und ihrer Liebe, zerstreut sich in der jüngeren Romantik nach Heidelberg, nach Berlin, nach München und gewinnt nie mehr die ursprüngliche Kraft zurück. Der fragile Ausgleich der Gegensätze gelingt nicht mehr, so Ricarda Huch. Was bei Novalis tiefe Weltfrömmigkeit gewesen war, wird bei den späteren, bei Clemens Brentano zu einem verbohrten Katholizismus. Was in Friedrich Schlegels tiefer Intellektualität in seinen philosophischen Fragmenten brillierte, verliert sich im Dunst oder erstarrt in einer Verwissenschaftlichung des Denkens, in Positivismus, Historismus, in Zivilisation und Industrialisierung. Die kurze romantische Synthese von Kunst und Leben bricht auseinander.

Der Germanist und Freund Fritz Strich hat in einem Aufsatz zum 70. Geburtstag Ricarda Huchs 1934 die im Romantik-Buch entwickelte organizistische Interpretation der romantischen Bewegung dem Denken und Schreiben Ricarda Huchs als Folie unterlegt. Er fand bestechende Parallelen, die, wie ich meine, noch heute, trotz der veralteten Rhetorik, die Augen öffnen für das Verständnis von Ricarda Huchs Persönlichkeit und Werk und zugleich eine Bilanz dieser ersten Schaffenszeit ziehen:

»Der romantische Bruch in ihr spricht sich mit unbezweifelbarer Klarheit darin aus, daß sie jene romantischen Romane dichtete: *Die Erinnerungen an Ludolf Ursleu, Aus der Triumphgasse, Vita somnium breve,*

Von den Königen und der Krone, und ganz gleichzeitig mit ihnen sich erkennend, forschend, reflektierend das Wesen der Romantik sich wissenschaftlich klarzumachen suchte.«[5]

Strich erinnert an den Untergang der Romantik in Huchs Darstellung,

»indem sie [die Romantik] sich in ihrem Untergang für die Nacht des Unbewußten entschied, dem Geist entsagte, ja den Geist verriet, um ganz Natur zu werden. Ricarda Huch geht, eine Frau und auch ein Kind des 19. Jahrhunderts, den anderen Weg: dem Geist und der Bewußtheit zu, und es gibt nichts, was für die Geschichte des 19. Jahrhunderts repräsentativer und symbolischer wäre.«[6]

Das wird auch sinnfällig am Wandel ihres Stils: »Der Stil wird kühler, bildloser, sachlicher und objektiver.«[7] Hermann Hesse war von Ricarda Huchs Romantikstudie derart angetan, dass er sein eigenes bereits weit fortgeschrittenes Buch über die Romantik aufgab. Und 1949 erinnert sich Reinhard Buchwald:

»Es ist den heutigen jungen Akademikern vielleicht schwer verständlich zu machen, was die beiden Bände über die Romantik [...] für uns bedeutet haben. Auch als Geisteswissenschaftler staken wir ja bis über beide Ohren im Positivismus, dessen Ideal es war, die Werke der Kunst mit derselben Sachlichkeit zu analysieren, als ob es sich um Mineral, eine Pflanze oder ein Tierskelett handelte. Und da erschien nun plötzlich dieses Werk einer Frau und Dichterin, von der doch zugleich nicht zu leugnen war, dass sie im Grunde viel mehr wusste und kannte, als die meisten Fachleute.«[8]

Sechs Jahre lang, von 1900 bis 1906 lebt die Familie Ceconi in München, erst im Luitpoldblock, dann mit der Zahnarztpraxis in der Glückstraße. Ein Gartenhaus in Grünwald ist ihr Refugium, Arbeitsplatz und Ort der Geselligkeit.

Man verkehrt mit den Wolfskehls, mit dem Verleger Ernst Reinhardt,

---

[5] Fritz Strich: Ricarda Huch und die Romantik. In: Ricarda Huch. Persönlichkeit und Werk. In Darstellungen ihrer Freunde. Berlin 1934, S. 89–110, hier S. 94.
[6] ebd., S. 99.
[7] ebd., S. 100.
[8] Reinhard Buchwald: Bekennende Dichtung. Zwei Dichterbildnisse. Ricarda Huch und Hermann Hesse. Zürich 1949, S. 13.

häufig ist man zu Gast bei der Familie Pringsheim in der Arcisstraße. Die Zahnarzthonorare reichen nicht für den Lebensunterhalt, sie veröffentlicht ein Buch nach dem anderen.

1905 holt der verwelkte Jugendtraum sie noch einmal ein. Die Tochter des Schwagers Richard Huch, ihrer Jugendliebe, ist mittlerweile Medizinstudentin und zu Besuch bei den Ceconis in München. Sie verdreht Ricardas Mann, Ermanno Ceconi, so sehr den Kopf, dass Ricarda Huch auf Scheidung drängt. Richard, der sich 1896 doch endgültig für seine Ehe mit Ricardas Schwester entschieden hatte, wird eingeschaltet, es kommt zur Wiederbegegnung, und wieder lodern die Liebesflammen.

Was folgt, ist das trübe Ende einer Lovestory: Heirat 1907, Übersiedlung nach Braunschweig, aber dann Richards strikte Ablehnung von Ricardas Tochter Marietta. Und keinerlei Gefühl für das Selbstverständnis einer erfolgreichen Frau, die nicht mehr das gefühlselige 16-jährige Mädchen ist; Richards Seitensprünge verletzen sie zudem. 1910 kehrt Ricarda Huch allein nach München zurück, 1911 wird die Ehe geschieden.

Der Traum der Jugend, die Obsession einer unerschütterlichen Liebe, ist kläglich gescheitert. Ricarda Huch bezieht das Rückgebäude in der Kaulbachstraße 35, setzt sich an den Schreibtisch und ist auf dem Weg, jene »erste Frau« Deutschlands zu werden.

16 Jahre lang wird München für Ricarda Huch zum Zentrum ihres Wirkens, München zwischen 1911 und 1927 mit seiner bewegten politischen Geschichte, mit dem Glanz in Wissenschaft und Kunst am Vorabend des Ersten Weltkriegs, mit Revolution und Räterepublik und dem Aufstieg der Nationalsozialisten.

Das Jahr 1911 markiert nicht nur eine persönliche, lebensgeschichtliche Zäsur, den endgültigen Abschied vom Traum einer glücklichen Ehe. Sie bedeutet zugleich den Abschied von ihrer bisherigen Darstellungs- und Schreibweise, auch vom Autobiografischen. Ein letztes Mal noch gestaltet sie einen großen historischen Stoff im Genre eines Romans: 1912 erscheint der 1. Band: »Vorspiel« des dreibändigen Opus »Der große Krieg in Deutschland« und schließt 1914 mit dem 3. Band: »Der Zusammenbruch«. Aber es ist schon kein Roman mehr im traditionellen Gattungsverständnis, es gibt keine durchgehende Handlung, außer eben den Dreißigjährigen Krieg, es gibt keine Protagonisten.

In über 200 farbigen Episoden durchquert die Erzählung ein halbes heilloses Jahrhundert und wandert chronikartig von Ort zu Ort überall dorthin, wo Zwist an Fürstenhöfen, strategische Heiraten, Raub und Intrigen um Machtvermehrung, mörderische Kämpfe um Konfessionsvorherrschaft die Feuer des Krieges entfachen und weiterschüren. Was am Ende vom Heiligen Römischen Reich übrig bleibt, sind Elend, Hunger, verbrannte Erde, archaischer Hexenwahn und verrohte Menschen. Und – das gehört zum Weltbild Ricarda Huchs – ein Fünkchen Hoffnung in Gestalt eines Pfarrers, dessen Tochter gerade ermordet wurde und der nun das unselige »wie du mir, so ich dir« – versöhnend durchbricht.

In Friedenszeiten geschrieben, erntete dieser Roman zu Beginn des Ersten Weltkrieges einen unerhörten Erfolg: »Das größte epische Kunstwerk [...] größer als alle, die in den letzten 9 Jahrzehnten deutsche Leser sahen« – »eine ungeheuere, kaum fassbare Leistung des Geistes und der Seele« – »dieses herrliche Buch«[9] – so euphorisch klingen durchwegs die Rezensionen. Rückblickend ist man im Erklärungsnotstand. Genügte das kriegslüsterne Klima am Vorabend des Ersten Weltkriegs, um hinter dem abenteuerreichen Gemälde das Menetekel zu übersehen?

Wie stand Ricarda Huch selbst zum Ersten Weltkrieg? Wie immer bei dieser Frau stößt man zunächst auf Widersprüche, die erst aus großer Distanz im Blick auf die Gesamtpersönlichkeit verständlich werden. »Ich persönlich stehe allem fern«, schreibt sie am 9. August 1914 an ihre Freundin, also in den Tagen, da die Deutschen vom sogenannten Augusterlebnis, der Euphorie des Kriegsbeginns berauscht sind, aber am Ende desselben Briefes heißt es befremdlich naiv: »Wenn ich ein Mann wäre, ginge ich gerne mit, aktiv sein ist immer schön.«[10] Auch sie stimmt in Gedichten ein in den hohlen Klang von Blut und Sieg und Opfersterben, das als höchste Lebenssteigerung gefeiert wird.

Was in der Katastrophe dieses Krieges an Traditionen und Werten unterging, war für Ricarda Huch bereits mit der Niederschlagung der 1848er-Revolution, mit den problematischen Prämissen der Reichsgründung und dem von ihr gehassten Wilhelminismus und seinen kapitalistischen, imperialistischen und militaristischen Auswüchsen untergraben worden. Diese untergegangenen Ideen einer in ihrem Verständnis vorbildlichen Staats- und Regierungsform, einer im besten Sinne bürgerlichen Gesellschaft zu beschreiben und zu würdigen, gilt von nun an ihre schriftstellerische Arbeit, nicht um sich in reaktionärer Absicht an sie zu klammern, sondern um diese für sie idealen Formen für die veränderte Gegenwart nutzbar zu machen.

---

[9] zitiert nach Ricarda Huch. Marbacher Katalog, S. 199f.
[10] Ricarda Huch: Briefe an die Freunde. Ausgewählt und eingeführt von Marie Baum. Tübingen 1955, S. 44, 46.

Leitlinie und Orientierung ihrer Haltung und damit auch Schlüsselbegriff für ihr Geschichtsverständnis ist Tradition – »Deutsche Tradition« (so heißt der Titel eines Vortrags von 1931). Analog zu der biologischen Vorstellung von Werden, Blühen und Vergehen, wie Ricarda Huch sie für die romantische Bewegung entwickelt hat, sieht sie die mittelalterliche Reichsidee für einen kurzen Augenblick in der deutschen Geschichte, im Heiligen Römischen Reich Deutscher Nation auf glückliche Weise verwirklicht: als einen lebendigen Organismus, in dem Fürsten, Bauern, freie Reichsstädte und die Kirche im Machtgleichgewicht und mit gemeinsamen Interessen zu aller Wohl agieren. In dessen Mitte der Kaiser, nicht als Machtzentrum, sondern als das Herz dieses Organismus. Die Idee dieses Reichsgedankens bündelt sie in den Begriffen »Einheit, Freiheit und Recht« (GW 5, S. 816). Wie dieses empfindliche Gleichgewicht rasch gestört war und zerbrach, wie die Herrschaft der Fürsten, die Religionskriege, innere Zwistigkeiten in den Städten, die Konkurrenz der Patriziergeschlechter, Macht- und Geldgier, auch des Kaisers, der nun selbst die Rolle der Fürsten übernimmt, wie dies alles den Organismus zerstörte und die Tradition dieser Reichsidee untergrub, das beschreibt Ricarda Huch in immer neuen Anläufen. Aus der Erinnerung und der Verehrung der mittelalterlichen Kultur wurde im 19. Jahrhundert »mittelalterliche Maskerade« (GW 5, S. 817). Vollends mit der Wiedereinsetzung des Kaisers 1871 entstand ein Zerrbild der alten Reichsidee, verkommen zu künstlicher, kitschiger Dekoration. Von reaktionären Absichten distanziert sie sich, wenn sie im notwendigen Wandel »ein Verjüngen von etwas Bleibendem« (GW 5, S. 822) versteht. Dennoch irritiert aus der Rückschau von heute ihr Glaube von 1931, »dass ein solches deutsches Reichsbewusstsein besser als europäischer Geist und Völkerbund den europäischen Frieden wahren könnte [...]« (GW 5, S. 821). Ihre Bücher, die Charakterstudie »Wallenstein«, ihr Buch über den Freiherrn von »Stein«, »den Erwecker des Reichsgedankens« von 1925, dann die Darstellung der Revolution von 1848 unter dem Titel »Alte und neue Götter« von 1930, auch ihre »Städtebilder« 1928, alle kreisen sie, rückwärtsgewandt und vorausschauend zugleich, um diese Idee der deutschen Tradition. Dass das konservative Moment daran überwog, irritierte einen Teil der Jury, die über die Wahl der Kandidatin (denn auf eine Frau hatte man sich geeinigt) für den Goethepreis der Stadt Frankfurt 1931 zu entscheiden hatte. Im Protokoll festgehaltene Stimmen befürchten, dass man sich mit Ricarda Huch auf das »Gestrige festlege«, dass man sich mit dieser Wahl »zum 19. Jahrhundert bekenne«.[11]

---

[11] Zitiert nach Ricarda Huch, Marbacher Katalog, S. 349.

Ihre beharrliche Beschwörung der Tradition hatte sie freilich keineswegs daran gehindert, nach 1918 mit sozialistischen Ideen zu sympathisieren, mit einem »Romantischen Sozialismus«, der die Werte »Einheit, Freiheit und Recht« in ihrem Verständnis verbürgte. Für drei Wochen im Frühjahr 1919 finden wir sie in München als Mitglied im »Rat geistiger Arbeiter«. In einer Biografie des russischen Revolutionärs »Michael Bakunin und die Anarchie« von 1923 erinnert sie daran, was mit der Niederschlagung sämtlicher revolutionärer Bewegungen im Europa des 19. Jahrhunderts an zukunftsweisenden Ideen zerstört worden war.

Diese quellenreichen historischen Studien begleitend geht eine ständige Selbstvergewisserung ihres protestantischen Glaubens und ihrer Weltanschauung einher mit den Büchern »Luthers Glaube. Der Sinn der heiligen Schrift« und »Entpersönlichung«, um nur die größeren zu nennen.

»Ich bin nicht marxistisch, ich bin nicht kapitalistisch, ich bin nicht nationalsozialistisch, aber ich bin auch nicht schlichtweg demokratisch im heutigen Sinn«[12], so beschrieb sie ex negativo ihr weltanschauliches Selbstverständnis 1931 am Ende der Weimarer Republik, als eine extreme Polarisierung der Ideologien das kulturelle Leben in Deutschland bestimmte.

Zu ihrer Standortbestimmung gehören zwei weitere Aspekte:

Zum einen ihr Ort in den Geschlechterdebatten der Zeit und zum anderen ihr Ort in der Historiografie und damit in der Wissenschaft.

Die sogenannte Frauenfrage hat Ricarda Huch nie interessiert, ja sie hat sie nicht einmal als Frage anerkannt. Sie hat Gleichberechtigung gelebt, nicht für andere gefordert, im Gegenteil. Dass sie die außergewöhnliche Möglichkeit hatte, in den 1880er-Jahren vor allen anderen Frauen zu studieren, reklamiert sie als Selbstverständlichkeit für sich. Als sie 1902 genötigt wurde, in Wien einen Vortrag »Über den Einfluß von Studium und Beruf auf die Persönlichkeit der Frau« zu halten, äußerte sie darin kein kämpferisches Wort der Forderung nach Öffnung der Universitäten für Frauen generell. Eine Besucherin meinte herauszuhören, dass sie ihr Auditorium verachtete.

Die organisierte Frauenbewegung hat sie vollends vor den Kopf gestoßen mit ihrem berühmten Statement vom 1918: »Ich bin gegen das Frauenstimmrecht; da wir es nun aber einmal haben, muß man Gewinn daraus ziehen und die an sich schlechte Sache zu einer guten zu machen

---

[12] Ricarda Huch an den Verleger Erich Lichtenstein 1931, zitiert nach Ricarda Huch, Marbacher Katalog, S. 307.

suchen.«[13] Hier fürchtete sie einen Traditionsbruch, einen Wertewechsel, der sie aufs Höchste beunruhigte. Sich selbst hat sie ihn sehr wohl zugestanden, aber gesetzlich verankert für alle – das doch nicht. Ihr Ideal vom Menschen sieht sie in jener höheren androgynen Stufe, in der das männliche und das weibliche Prinzip »in allmenschlicher Ganzheit«[14] zur Vollendung kommen. Und da hätte sich die Geschlechterdebatte erledigt.

Was die Geschichtswissenschaft betrifft, so kann man Historiografie und Ricarda Huch nicht gerade als Freunde bezeichnen. Geschichte als akademische Disziplin, besser ihre Vertreter, waren in aller Regel bis in die 30er-Jahre des 20. Jahrhunderts nach wie vor von der zitierten Einschätzung ihres Kollegen Georg Busolt über die mangelnde Befähigung der Frau zur Historikerin überzeugt. An der Ludwig-Maximilians-Universität sind zwischen 1917 und 1945 fünf Versuche von Frauen aktenkundig, sich im Fach Geschichte zu habilitieren. Keine konnte den hartnäckigen Widerstand gegen Frauen in dieser Disziplin überwinden. An ihrer Qualifikation lag es in der Mehrzahl nicht, das lässt sich belegen. Nach Ermentrude von Ranke gelang die zweite Habilitation einer Frau in Geschichte Hedwig Hintze-Guggenheimer 1928 in Berlin, immerhin einer Münchnerin, Tochter des hochangesehenen Bankiers, Gemeindebevollmächtigten und Gönners Moritz Guggenheimer. Zum Handicap als Frau wäre in München der Makel der Jüdin hinzugekommen. Hedwig Hintze-Guggenheimer galt in der Weimarer Republik als *die* Expertin für die Französische Revolution, 1933 wurde sie entlassen. In auswegloser Lage nahm sie sich im holländischen Exil 1942 das Leben.

Was Ricarda Huch von den Historikern hält, das bringt sie in einem Brief auf eine Anfrage nach der historischen Zuverlässigkeit ihrer Darstellung des Dreißigjährigen Krieges auf den Punkt: »Ich glaube, ich darf behaupten, dass Zeit und Menschen wirklich so waren, wie ich sie dargestellt habe, und dass die Historiker sie im allgemeinen ganz verfälschen. Man denke z. B. an Ranke!«[15] Und als 1942 die 50. Wiederkehr ihrer Doktorprüfung in Zürich feierlich begangen wird, reflektiert sie noch einmal über ihre Rolle zwischen Dichtung und Geschichtsschreibung: »Ich weiß, dass viele Historiker meine Versuche abgelehnt haben […] Ich habe mich immer streng an die Festellung der historischen Wissenschaft gehalten, höchstens im Dekorativen mir einige Freiheit gegönnt« (GW 5, S. 824 f.).

---

[13] Neue Freie Presse vom 29. Dezember 1918.
[14] Fritz Strich: Ricarda Huch und die Romantik, a. a. O, S. 109.
[15] zitiert nach Ricarda Huch, Marbacher Katalog, S. 190.

Barbara Hahn ist in einem Aufsatz über »Ricarda Huch und ihre Zeitgenossen« den Schwierigkeiten nachgegangen, die ihre Leser, und das meint hier ihre akademischen männlichen Leser und Bewunderer, am Ende mit ihrer Schreibweise hatten: Nach höchstem Lob wendet der Theologe Ernst Troeltsch gegen Huchs Lutherbuch ein: »Aber die religiöse Vorstellungs- und Ideenwelt Luthers ist mit der ganzen Unverantwortlichkeit, die schöne Frauen gegenüber dem Realen empfinden, umgedeutet und missverstanden.«[16] Und ihr großer Fürsprecher, der Literaturhistoriker Oskar Walzel, misstraut am Ende seiner Analyse des Romantikbuches als Wissenschaftler seiner eigenen Begeisterung: Die Autorin »geht bis ins letzte in dem ihr kongenialen Stoff auf. Die Wissenschaft aber, die sich über ihren Stoff zu erheben bemüht, muß ihm ferner treten, muß sich ihm innerlich entfremden, um zu objektiverer Erfassung zu gelangen.«[17]

Bei allen Ehrungen, mit denen nun, auf dem Höhepunkt ihres Schaffens, die »erste Frau Deutschlands« geschmückt wird, ist immer die Schriftstellerin gemeint, nie die Historikerin. Aber sie pflegt enge Verbindungen zur Universität, der Germanist Fritz Strich ist mit ihr befreundet, eng verbunden (für eine kurze Zeit sogar in einer aufflackernden Liebe) ist sie dem Kunsthistoriker Heinrich Wölfflin, aber bei beiden handelt es sich um die eher unkonventionellen, liberalen Vertreter ihrer Zunft.

1924, zu ihrem 60. Geburtstag, wird sie zum Ehrenbürger (so heißt es auf Urkunde) der Münchner Universität ernannt. Franz Muncker, der Münchner Ordinarius für Neuere Deutsche Literatur, würdigt die neue Ehrenbürgerin der Gelehrtenrepublik in den »Münchner Neuesten Nachrichten«. In der »Frankfurter Zeitung« gratuliert Thomas Mann der Kollegin, um dann doch vor allem über sich selbst zu reden: »Der 18. Juli sollte ein deutscher Frauentag sein« beginnt er seine Eloge, »und mehr als ein deutscher. Denn nicht nur die erste Frau Deutschlands ist es, die man zu feiern hat, es ist wahrscheinlich die heute erste Europas. [...] Man darf vermuten, dass sie in unserem Lande, wo, zum Teil, von Kunst und Schöpfertum äußerst kritisierbare Vorstellungen verbreitet sind, zutraulicher verehrt werden würde, wenn sie dümmer wäre, wenn sie als reine Dichterin und Geschöpf des Unbewussten sich einfältig darstellte, statt zu sein, was sie außerdem – nein, in einem damit, untrennbar gleichzeitig ist: eine wunderbar artikulierte Herrscherin im Reich des Bewussten,

---

[16] zitiert nach Barbara Hahn: »Wunderbar artikulierte Herrscherin im Reich des Bewußten«. Ricarda Huch und ihre Zeitgenossen. In: Miriam Kauko, Sylvia Mieszkowsi und Alexandra Tischel (Hg.): Gendered Academia. Wissenschaft und Geschlechterdifferenz 1890–1945. Göttingen 2005, S. 223–236, hier S. 232.
[17] zitiert nach ebd., S. 235.

eine Mehrerin dieses Reiches, eine große Schriftstellerin.«[18] Um sodann, Huchs Romantikstudie folgend, die ihn offensichtlich tief beeinflusst hatte, sein Lieblingsthema auszubreiten, seinen Protest gegen »die heillose abgeschmackte Antithese von Dichtertum und Schriftstellertum [...] von Instinkt und Geist, Trieb und Absicht«.[19] Thomas Mann war es auch, der Ricarda Huch 1926 dazu überreden konnte, ihre Zuwahl – als erste Frau! – in die soeben gegründete Sektion für Dichtkunst der Preußischen Akademie der Künste in Berlin, obgleich widerstrebend, dann doch anzunehmen. Die Auswahl der Akademie-Dichter wurde in der Presse heftig diskutiert, von feierlichen Würdigungen bis zu spitzen Karikaturen.

Eine Sitzung der Sektion Dichtkunst der Preußischen Akademie der Künste im November 1929. Von links nach rechts: Alfred Döblin, Thomas Mann, Ricarda Huch, Bernhard Kellermann, Herman Stehr, Alfred Mombert, Eduard Stucken.

[18] Thomas Mann: Zum sechzigsten Geburtstag Ricarda Huchs. In: ders.: Essays. Hrsg. von Hermann Kurzke und Stephan Stachorski. Band 2: Für das neue Deutschland 1919–1925. Frankfurt am Main 1993, S. 229–235, hier S. 229.
[19] ebd., S. 232 f.

Wenn heute Ricarda Huch aus den Schullesebüchern ebenso verschwunden ist wie aus dem Literaturkanon und weitgehend auch aus dem öffentlichen Bewusstsein, so findet doch eines immer noch hochachtende Erwähnung: die völlig unerschrockene Entscheidung für den Austritt aus dieser Akademie am 9. April 1933. Im Gegensatz zu so vielen Intellektuellen erkennt sie in der Propaganda von einer »völkischen Erneuerung« sofort den Verrat an »deutscher Tradition«. Als die Dichter-Akademie von ihren Mitgliedern den Kotau vor dem neuen Geist mit der Unterschrift unter eine Loyalitätserklärung verlangte, schrieb sie an den Präsidenten Max von Schillings: »Was die jetzige Regierung als nationale Gesinnung vorschreibt, ist nicht mein Deutschtum.«[20] Wörtlich kritisiert sie die »Judenhetze« gegen die nun hinausgeworfenen Akademiemitglieder – eine Woche nach dem Judenboykott-Tag wohlgemerkt. Die neuen Machthaber versuchen freilich beharrlich, Huchs Austritt aus der Akademie in der Öffentlichkeit zu vertuschen, stand doch zu befürchten, dass die Opposition einer den deutsch-konservativen Geist repräsentierenden Schriftstellerin im In- und Ausland ungutes Aufsehen erregte.

Dass das Leuchten der Wissenschaft in München in den Jahren nach 1933 sich merklich verdüsterte, illustriert ein peinlicher Briefwechsel, der im Universitätsarchiv der LMU aufbewahrt ist: Der Germanist Hans Heinrich Borcherdt regt im Juni 1934 in einem Schreiben an den Rektor eine Glückwunschadresse an die Ehrenbürgerin Ricarda Huch zu ihrem bevorstehenden 70. Geburtstag an. Er wird um einen Entwurf gebeten. Anfang Juli liefert er ihn ab mit einer erklärenden Bemerkung: »Ich habe ihn absichtlich kurz und farblos gehalten, da ich weder die Stellung der Frau Huch zum neuen Staat, noch die Stellung des neuen Staates zu Frau Huch kenne.« Dass er vor allem Frau Huchs Werk nicht kannte, offenbart seine Geburtstagsadresse auf prekäre Weise: Nach dem üblichen Glückwunsch und der Würdigung ihrer Dichtungen und ihrer »historischen, literaturgeschichtlichen und philosophischen Studien« heißt es: »Als Künderin deutschen Menschentums und deutscher Landschaft haben Sie die geistige Erneuerung vorbereiten helfen, die sich in unseren Tagen zu vollziehen beginnt.«[21] Dieser fragwürdige Glückwunsch geht nicht mehr in die Münchner Kaulbachstraße. 1927 war Ricarda Huch zu ihrer nun mit einem Universitätsjuristen verheirateten Tochter nach Berlin umgezogen. 1932 übersiedelte sie mit der Familie nach Heidelberg, 1934 nach Freiburg und zwei Jahre später nach Jena, wo sie bis wenige Wochen vor ihrem Tod lebt.

[20] zitiert nach Ricarda Huch, Marbacher Katalog, S. 327.
[21] Universitätsarchiv der LMU, UAM, O-II-26, Bd. 1.

Wie übersteht man als Schriftstellerin, als Dichterin, wenn man es denn ernst meint mit der Wahrheit der Dichtung wie der Tatsachen, ein so vollständig auf Lügenpropaganda gebautes System wie das »Tausendjährige Reich«? Ricarda Huch ist eine singuläre Erscheinung. In den frühen 20er-Jahren vermisste sie in Deutschland eine Führerfigur wie Mussolini. Ihre ablehnende Haltung gegen »den Zwang, die brutalen Methoden, die Diffamierung Andersdenkender, das prahlerische Selbstlob«, so in ihrem Brief an die Preußische Akademie, haben die Machthaber kurzerhand ignoriert. Sie konnte publizieren: 1934 den ersten Band ihrer »Deutschen Geschichte: Das Heilige Römische Reich Deutscher Nation«. Beim zweiten, 1937, nahm sie, um das Erscheinen nicht zu gefährden, einige kleine Rücksichten auf die Zensur, aber keinerlei Anbiederung an die Opinio communis. Der dritte Band »Der Untergang des Heiligen Römischen Reiches Deutscher Nation« konnte aus politischen Gründen erst posthum, 1949 erscheinen. Eine Denunziation wegen ihrer Kritik an der Behandlung der jüdischen Bürger bleibt ohne ernsthafte Konsequenzen. Ricarda Huch scheint an höherer Stelle gedeckt zu werden.

1944 zum 80. Geburtstag zeigen sich noch einmal Möglichkeiten und Unmöglichkeiten einer Dichterin in solcher Diktatur: Glückwünsche von Joseph Goebbels und Hitler, ein Festartikel im »Völkischen Beobachter« von Oskar Jancke, der in den zeitüblich pathetischen Tönen einer großen Dichterin gratuliert, ohne auch nur die Ahnung von völkischem Geist erkennen zu lassen: »Möge es Ricarda Huch vergönnt sein«, heißt es im Hinblick auf den noch fehlenden dritten Band der »Deutschen Geschichte«, »dieses Werk, in dem die Bildkraft des Dichters der ordnenden Kraft des Forschers die Waage hält, das mächtigste und reifste ihrer Geschichtsdarstellungen zu vollenden« (18. Juli 1944). Und eine letzte Gedichtsammlung erscheint 1944 in der Insel-Bücherei, »Herbstfeuer«, der Ernte, dem Lebensrückblick, dem Tod, gewidmet. Und darin passieren Verse die Zensur wie diese:

»Und hätte Gott selbst so viel Huld,
Zu waschen die blutrote Schuld,
Bis der Schandfleck verblasste, –
Mein Herz wird hassen, was es haßte,
Mein Herz hält fest seine Beute,
Daß keiner dran künstle und deute,
Daß kein Lügner schminke das Böse,
Verfluchtes vom Fluche erlöse.« (GW 5, S. 315)

Zu Neujahr 1946 hat sie die Deutschen – und sie bezieht sich immer ein – zur Selbstbesinnung aufgerufen: »Betrachten wir uns nicht als Opfer, sondern als solche, die mit der Hölle im Bunde waren« (GW 5, S. 948). Aber die Bitte um eine Stellungnahme zur sogenannten Großen Kontroverse um Emigration versus Im-Reich-Bleiben für die Zeitschrift »Der Schriftsteller« verweigert sie entschieden: »Die Frage: gibt es eine Entschuldigung dafür, dass deutsche Schriftsteller während der vergangenen 12 Jahre in Deutschland geblieben sind? empört mich. Für mich heißt die Frage: gibt es eine Entschuldigung für die Deutschen, die Deutschland während der vergangenen 12 Jahre verlassen haben?«[22] Wobei sie die Juden gänzlich und die anderweitig Verfolgten schon mit Vorbehalt ausnimmt. Nein, Flucht ins Exil ist in ihren Augen ein Bruch mit der Treue zur deutschen Tradition. Emigranten haben – so hat es die Presse den Deutschen jahrelang eingehämmert – den Geruch von Landesverrätern.

Ricarda Huch im Jahr 1946.

[22] zitiert nach Ricarda Huch, Marbacher Katalog, S. 421.

Die deutschen Helden sind die hingerichteten Widerstandskämpfer, ihrem Gedenken gilt die Arbeit ihrer letzten Lebensjahre. In einem öffentlichen Aufruf »Für die Märtyrer der Freiheit« im März 1946 bittet sie um Material und Hinweise. Etwa 88 Lebensskizzen waren geplant. Die Porträts der Studenten der Weißen Rose und Kurt Hubers kann sie vollenden, sie erscheinen posthum 1948 in der »Neuen Schweizer Rundschau«.

Und noch ein letztes Mal repräsentiert sie deutschen Geist: Als Ehrenpräsidentin eröffnet sie am 5. Oktober 1947 im Berliner Hebbel-Theater die Gedenkfeier für die Toten beim 1. Deutschen Schriftstellerkongress, einem Kongress, der Ost und West, Emigranten und Daheimgebliebene, Antifaschisten der ersten Stunde und Mitläufer in jede Richtung mit dem Blick auf die Zukunft ins Gespräch bringen soll. Eine Filmaufnahme von diesem denkwürdigen Auftritt ist erhalten.

»Es ist mir ein Bedürfnis, meine Freude darüber auszusprechen«, begann sie ihr kurzes und bewegendes Grußwort, »daß Schriftsteller sich aus allen Zonen zahlreich eingefunden haben. Das gibt das Gefühl, in Deutschland zu sein, nicht nur in einem Teil, sondern im ganzen, einigen Deutschland.« Als unteilbaren und unverlierbaren Besitz beschwört sie die gemeinsame Sprache und als »die Scheide, in der das Messer des Geistes steckt«. Und sie schließt mit Berufung auf Martin Luther: »Deutschland zu dienen, Deutschland zu retten, haben in den letzten Jahren viele ihr Leben geopfert. Ihrer soll jetzt in Treue und Verehrung gedacht werden« (GW 5, S. 828, 830).

Sie nutzt die offizielle Reise nach Berlin, um unbemerkt die sowjetische Zone zu verlassen, in der sie sich zunächst politisch engagiert hatte, in der sie aber bald als freiheitlich denkender Geist keine Möglichkeit des Bleibens mehr sehen konnte. Gut drei Wochen später, am 17. November 1947, ist die 83-Jährige in Schönberg im Taunus gestorben.

In seinem Nachruf in der »Hannoverschen Presse« würdigte Theodor Heuß Ricarda Huchs historische Schriften vor allem der 30er-Jahre unter der Erfahrung der zurückliegenden zwölf verheerenden Jahre:

»Es ist nicht der Sinn dieser Arbeiten, die gelehrte Fachwissenschaft zu mehren oder einer volkstümlichen Legendenbildung zu dienen. Sie haben die prachtvolle Unbefangenheit des Wertens und Scheidens, eine Subjektivität des Urteils, die den Pedanten wohl ärgern mag (und gewiß nach der Meinung der Schreiberin auch darf oder vielleicht soll). [...] Ein Stück Liebe übertragen und eine Kraft der Verantwortung wecken, Liebe zu dem schwer zu übersehenden Reichtum an geschichtlicher Gestaltung und Sinn für die Tragik von Volksschicksalen – das wurde ihr zu einem aus dem unverdorbenen, wenn auch oft genug verschütteten Erbe der Vergangenheit strömender ewiger Auftrag.«

Alfred Döblin gedenkt ihrer, noch immer tief dankbar für Ricarda Huchs einzigartige Solidarität mit dem plötzlich geächteten Kollegen 1933: »Es ist in dem letzten Jahrzehnt viel Schweres und Schlimmes in dem Land geschehen, aber jede Verallgemeinerung muß Halt machen und ist momentan widerlegt durch die Figur Ricarda Huchs. Ich denke, es wird hier kein neues Haus gebaut werden, in dem nicht diese Säule einen hervorragenden Platz findet.«[23]

Literaturhinweise

Baum, Marie: Leuchtende Spur. Das Leben Ricarda Huchs. Tübingen/Stuttgart 1950.
Bäumer, Gertrud: Ricarda Huch. Tübingen/Stuttgart 1949.
Bendt, Jutta/Schmidgall, Karin: Ricarda Huch 1864–1947. Ausstellung und Katalog des Deutschen Literaturarchivs im Schiller-Nationalmuseum. Marbach 1994. Marbacher Kataloge 47.
Buchwald, Reinhard: Bekennende Dichtung. Zwei Dichterbildnisse. Ricarda Huch und Hermann Hesse. Zürich 1949.
Döblin, Alfred: Alfred Döblin: Für Ricarda Huch. In: Das goldene Tor 3 (1948).
Hahn, Barbara: »Wunderbar artikulierte Herrscherin im Reich des Bewußten«. Ricarda Huch und ihre Zeitgenossen. In: Miriam Kauko, Sylvia Mieszkowsi und Alexandra Tischel (Hg.): Gendered Academia. Wissenschaft und Geschlechterdifferenz 1890–1945. Göttingen 2005.
Huch, Ricarda: Briefe an die Freunde. Ausgewählt und eingeführt von Marie Baum. Tübingen 1955.
Huch, Ricarda: Gesammelte Werke. Hrsg. von Wilhelm Emrich unter Mitarbeit von Bernd Balzer. 11 Bände. Köln 1966–1974.
Mann, Thomas: Zum sechzigsten Geburtstag Ricarda Huchs. In: ders.: Essays. Hrsg. von Hermann Kurzke und Stephan Stachorski. Band 2: Für das neue Deutschland 1919–1925. Frankfurt am Main 1993.
Peter, Hans-W. (Hrsg.): Ricarda Huch. Studien zu ihrem Leben und Werk. 2 Bände. Braunschweig 1985 und 1988.
Strich, Fritz: Ricarda Huch und die Romantik. In: Ricarda Huch. Persönlichkeit und Werk. In Darstellungen ihrer Freunde. Berlin 1934, S. 89–110.

[23] Alfred Döblin: Für Ricarda Huch. In: Das goldene Tor 3 (1948), S. 100.

Hannelore Putz
Jakob Philipp Fallmerayer (1790–1861)
Vom Bauernsohn zum Orientforscher

Am 10. Dezember 1790 wurde Jakob Philipp Fallmerayer als Sohn des Bauern Johann Fallmerayer und seiner Frau Maria in der Gemeinde Tschötsch bei Brixen geboren. An der heimischen Dorfschule in Tschötsch lernte er zunächst die elementaren Kulturtechniken. Nach dem Umzug der Familie in die Residenzstadt Brixen fiel der Junge in der Volksschule den geistlichen Lehrern als äußerst talentierter Schüler auf. 1803 wurde Jakob Philipp Fallmerayer auf deren Empfehlung hin Schüler des bischöflichen Gymnasiums Brixen. Der Bauernsohn aus dem Weiler Pairdorf bei Tschötsch ist damit ein typisches Beispiel dafür, wie bis zur Säkularisation geistliche und geistige Eliten rekrutiert wurden. In erster Linie waren es die Ortsgeistlichen und die geistlichen Lehrer in den Volksschulen, welche die talentierten Jungen für die höheren Studien an die üblicherweise ebenfalls von Priestern oder Ordensgeistlichen geleiteten Gymnasien vermittelten. Das landesherrliche Regiment hatte den Bildungsbereich weitgehend der geistlichen Hand überantwortet; erst auf diesem Wege war es ihm möglich, bis in die äußersten Winkel des Landes aus den Dörfern und Weilern den begabten Nachwuchs abzuschöpfen und ihn für das Wohl des Landes und der Kirche nutzbar zu machen.

Mitten in Jakob Philipp Fallmerayers Gymnasialzeit geriet Brixen in das Fadenkreuz der europäischen Politik. In Folge des dritten Koalitionskrieges und des Friedens von Preßburg am 26. Dezember 1805 erhielt Bayern unter anderem die Territorien der Fürstbistümer Brixen und Trient zugesprochen. Die Stadt Brixen und seine Einwohner, mithin auch Jakob Philipp Fallmerayer, wurden mit dieser Eingliederung in das Königreich Bayern innerhalb kurzer Zeit zum zweiten Mal einem neuen Landesherrn unterstellt. 1803 hatte Brixen in Folge des Reichsdeputationshauptschlusses den ersten Herrschaftswechsel erlebt.

Eine direkte Auswirkung auf den 15-jährigen Fallmerayer hatte die abermalige Neuziehung der Grenzen zunächst nur insofern, als nun das Gymnasium nicht mehr fünfjährig, sondern nach bayerischem System sechsjährig mit lyzealem Aufbau organisiert war. Nachdem Fallmerayer 1809 die Gymnasialzeit mit exzellenten Beurteilungen abgeschlossen hatte, wollte er zunächst Theologie und Philosophie studieren. Erstmals bekam er die für ihn negativen Folgen des Systemwechsels von geistlicher Herrschaft zu aufklärerisch weltlichem Regiment zu spüren: Die bayerische Regierung hatte das Priesterseminar in Brixen geschlossen.

Die ständigen Territorialverschiebungen bewirkten allerdings, dass Fallmerayer seine Studien an der Universität der damals bayerisch besetzten Stadt Salzburg beginnen konnte. Der bayerische Reformeifer dieser Jahre wirkte sich auf die Karriereplanung Fallmerayers erneut nachteilig aus, als König Max I. Joseph am 25. Dezember 1810 die gerade »bayerisch gewordene« Universität Salzburg der juristischen und medizinischen Fakultät für verlustig erklärte und sie zum Lyzeum und damit zur rein philosophisch-theologischen Studienanstalt degradierte.

Zu dieser Zeit plante Fallmerayer, den Ordensberuf zu ergreifen und sozial wie wissenschaftlich in einen sicheren Hafen zu steuern. In der vorrevolutionären Zeit waren die Klöster die klassischen Orte der Bildungseliten gewesen. Frei von materiellen Sorgen hatten sich hochbegabte, aber sozial benachteiligte junge Menschen zu herausragenden Wissenschaftlern entwickeln können. Aufgrund der aggressiven bayerischen Säkularisierungspolitik gab es im Königreich allerdings keine Klöster mehr, in die Fallmerayer hätte eintreten können. Der Theologiestudent bat, in das oberösterreichische und deswegen auch nicht aufgelöste Kloster Kremsmünster eintreten zu dürfen; wegen des Bündnisses Bayerns mit Napoleon war der Übertritt eines Untertanen in das im gegnerischen Österreich gelegene Benediktinerkloster Kremsmünster nicht denkbar. Die bayerischen Behörden lehnten das Gesuch ab, Fallmerayer musste sich neu orientieren.

Der Student verblieb zunächst in Salzburg. Er hörte orientalische Sprachen, Philosophie und Literaturgeschichte und studierte bei dem Schelling-Anhänger und Kant-Experten Ignaz Thanner und dem Spätaufklärer Johann Thaddäus Zauner. Gleichzeitig begann er Voltaire und Pierre Bayle zu lesen; er öffnete sich dem aufklärerischen und antikirchlichen Gedankengut.

1812 entschied sich Fallmerayer für die Fortführung des Studiums an der Universität Landshut, damals neben München das geistige Zentrum des Königreichs. Er schrieb sich allerdings nicht mehr für das Theologiestudium ein, sondern belegte Rechts-, Geschichts- und Sprachwissenschaftskurse, stellte das Studium der Jurisprudenz aber bald zurück.

Vor allem drei Lehrer brachten ihn mit den unterschiedlichen miteinander konkurrierenden Strömungen der gelehrten Welt in Berührung: Der Neuhumanist Georg Anton Friedrich Ast, Theoretiker der Hermeneutik und Philosophiegeschichtsschreiber, eröffnete Fallmerayer einen Einblick in die Gedankenwelt der Landshuter Romantik und des deutschen Idealismus. Bei Konrad Mannert hörte Fallmerayer Geschichte. Bei ihm lernte er vor allem die Methode der als pragmatisch bezeichneten Geschichtsforschung kennen. Bei Sebastian Mall studierte Fallmerayer orientalische Sprachen, Hebräisch, Chaldäisch, Syrisch und Arabisch. Malls Ziel war es, seinen Schülern mit Hilfe der Ursprache der Bibel das reine Christentum zu vermitteln; damit stand er Johann Michael Sailer nahe. Außerhalb seiner Studien kam Fallmerayer mit dem katholisch konservativen Landshuter Kreis kaum in Berührung.

Seine Liebe zu den klassischen und orientalischen Sprachen wurde in Salzburg und Landshut begründet, ebenso seine Neigung zur Geschichte und zur morgenländischen Kultur. Seine Abkehr von der Theologie hatte

Zeitgenössische Ansicht der Universität Landshut.

bereits in Brixen und Salzburg begonnen. Sie mündete in Landshut in eine antikirchliche Haltung aufklärerischer Prägung, die Fallmerayer selbst als »revolutionäre, antilegitimistische, ein bisschen voltairische Denkungsart« bezeichnete.[1]

Die Unwägbarkeiten in der Zeit der napoleonischen Kriege spiegeln sich in Jakob Philipp Fallmerayers Ausbildungsweg deutlich wieder. Herrschaftswechsel und Neuziehung der Grenzen wirkten sich unmittelbar auf das Profil der Schul- und Wissenschaftslandschaft aus. Überall dort, wo das Königreich Bayern an Stelle geistlicher Herrschaften trat, löste die Ministerialbürokratie die bisherigen Bildungsträger ab und etablierte ein weltliches Schulwesen. Die vielen unterschiedlichen geistlichen und städtischen Bildungsanstalten, die flächendeckend über das ganze Land verteilt waren, wurden zugunsten von zentral gesteuerten und mit einem einheitlichen Lehrplan versehenen Schulen aufgelöst. Der Staat als nunmehr einziger Träger der Schulen konnte allerdings das jahrhundertelang erprobte System der Studienfinanzierung für arme Schüler und Studenten, das zuvor auf viele Schultern verteilt gewesen war, nur mehr sehr eingeschränkt zur Verfügung stellen. Wenn man so will, waren die in Folge der napoleonischen Kriege und rigiden Bildungsreformen nicht abwägbaren Aussichten, das Universitätsstudium und vor allem das eigene Leben ohne familiären Rückhalt finanzieren zu können, ausschlaggebend für Jakob Philipp Fallmerayer, im Jahr 1813 den bis dahin konsequent verfolgten Ausbildungsweg zu verlassen.

Im Sommer dieses Jahres entschied sich der Student, in das bayerische Heer einzutreten. Diesen scharfen Bruch begründete er seinem Freund und Förderer Franz Heinrich Hepperger gegenüber im Jahr 1817 mit folgenden Worten: »Mißbehagen an der Jurisprudenz, Ruhmsucht zum Teil und Eitelkeit, nicht weniger die üble Lage, worin ich mich am Ende August–September 1813 in Landshut befand, bewogen mich, Militär zu werden. Die Ferien rückten heran, meine Garderobe war übel bestellt, ich aber heimatlos und ohne ressource wusste nicht, wo erstere zu bringen und auf welche Weise die letztere ergänzen. Nur eine durchgreifende Maßregel konnte mich retten. Der Grad von Dürftigkeit, Geringfügigkeit, in

---

[1] Jakob Philipp Fallmerayer an Heinrich Hepperger, Brieffragment, zit. nach: Hans Hintermaier: Aus Jakob Philipp Fallmerayers Soldatenzeit. Sein Briefwechsel mit seinem Salzburger Bekannten Heinrich Hepperger. In: Mitteilungen der Gesellschaft für Salzburger Landeskunde 93 (1953), S. 120-131, hier S. 129.

welchen zurückzufallen ich in Gefahr war, hatte etwas zu Abschreckendes für mich aus früherer Erfahrung her, als dass ich nicht alles gewagt hätte, um demselben zu entgehen. Bettler war ich seit dem Zeitpunkte an und was ich dachte und unternahm, hatte einzig die Absicht, mich auf einen gewissen Punkt von äußerlichen Wohlstand zu setzen, ohne welchen nach meiner Meinung weder echte moralische noch echte weltbürgerliche Gesinnung Wurzel fassen können. Nach meiner zagenden Unentschlossenheit stieß ich das ganze Gebäude meines vorigen Lebens um und ergriff den Degen.«[2]

Nicht nationale Aufbruchsstimmung hatte Fallmerayer zu den Waffen geführt. Im August des Jahres 1813 war der Bündniswechsel in Bayern auch noch nicht vollzogen, das Königreich stand an der Seite Napoleons. Vielmehr strebte Fallmerayer eine militärische Karriere und finanzielle Sicherheit an. Seinen ersten Einsatz hatte er in der Schlacht von Hanau, in der Bayern den Blutzoll zahlte, um nach dem Übertritt in das alliierte Lager am 8. Oktober 1813 die Bündnistreue unter Beweis zu stellen. Als der Krieg endete und sich nach dem Wiener Kongress und der Errichtung des Deutschen Bundes eine Periode des Friedens am Horizont abzeichnete, bekleidete Fallmerayer den Rang eines Unterleutnants. Aus den hochfliegenden Plänen war nichts geworden; die Versetzung in die Garnison in Lindau führte ihn auf das militärische Abstellgleis. 1818 schrieb Fallmerayer an Heinrich Hepperger: »Es ist allgemeiner Friede, man entläßt Armeen, setzt auf halben Sold, avanciert nicht mehr. Für einen Militär ist sobald keine Hoffnung mehr, was soll man tun? Als Subaltern veralten, untätig, unberühmt? Das wäre gewiss eine tiefe Demütigung für mich, nachdem ich einmal solche katalinarischen Unternehmungen geträumt habe.«[3] Eine herausragende militärische Karriere, so musste Fallmerayer erkennen, konnte er in Friedenszeiten aufgrund fehlender finanzieller Basis und mangels weitreichender Verbindungen nicht erwarten.

27-jährig stand er somit erneut vor der Situation, sich nach Alternativen umsehen zu müssen. Der Leutnant suchte eine Stellung, die ihm das Studium der Sprachen und eine wissenschaftliche Betätigung ermöglichte. Er bemühte sich bei der Regierung um den Posten eines Lehrers. Inzwischen hatte sich das staatliche Schulwesen konsolidiert, nun unterrichteten auch und vor allem weltliche Lehrer im Primar- und Sekundarschulbereich. Allerdings mussten sie ihre Eignung in Form von Prüfungen nachweisen, die Fallmerayer nicht vorlegen konnte. 1818 wurde er so zunächst nur

[2] Jakob Philipp Fallmerayer an Heinrich Hepperger, 1817, zit. nach: ebd., S. 125.
[3] Jakob Philipp Fallmerayer an Heinrich Hepperger, 9.1.1818, zit. nach: ebd., S. 130.

Primarschullehrer in Augsburg. Nachdem er im Sommer 1820 die Staatsprüfung für das höhere Lehramt bestanden hatte, trat er 1821 die Stelle eines Progymnasiallehrers in Landshut an. Nun konnte sich Fallmerayer außerhalb des Schulunterrichts auch wissenschaftlich betätigen.

1823 erfuhr er, dass die Dänische Akademie der Wissenschaften einen Wettbewerb zur Erforschung der Geschichte des Kaisertums Trapezunt am Südufer des Schwarzen Meeres ausgeschrieben hatte. Die Aufgabe war nicht zuletzt wegen der disparaten Quellenlage nur sehr schwer zu bearbeiten. Jakob Philipp Fallmerayer verfasste die geforderte Schrift innerhalb eines Jahres. Dafür korrespondierte er europaweit mit Bibliothekaren und Forschern. Im Juni 1824 kürte die Akademie ihn zum Sieger. Es schmälert seine Leistung nicht, dass er als Einziger einen Beitrag eingereicht hatte. 1827 brachte der von der dänischen Akademie Ausgezeichnete seine Studie in Druck und präsentierte sich der internationalen Fachwelt als ernst zu nehmender Gelehrter. So besprach Karl Benedikt Hase, europaweit bekannter Gräcist und Paläograf, das Werk 1829 im Oktoberheft des Journal des Savans in Paris.

Beruflich zeitigte die Ehrung noch im selben Jahr Wirkung. 1824 wurde er zum Professor des Gymnasiums in Landshut ernannt. 1826 erhielt er den Ruf als Professor an das Lyzeum in Landshut. Der Bildungsweg des zum Lyzealprofessor avancierten Tschötscher Bauernsohnes Jakob Philipp Fallmerayer ist alles andere als geradlinig zu bezeichnen. Anders als heute, wo Ausbildungswege normiert und Abschlüsse notwendige Voraussetzung sind, machte Fallmerayer mit seiner Studie über das Kaisertum Trapezunt den Mangel an akademischer Ausbildung wett und sicherte sich einen Platz in der Wissenschaftslandschaft und eine staatlich finanzierte Stellung als Professor am Landshuter Lyzeum. Fallmerayer hatte sich in erster Linie autodidaktisch weitergebildet und während seiner Militärzeit und als Lehrer in Augsburg und Landshut seine sprachlichen Studien betrieben.

Seine Bewerbung auf eine außerordentliche Professur für Geschichte an der Universität München hatte indes keinen Erfolg. König Ludwig I. berief 1827 Joseph Görres auf den Münchner Lehrstuhl. Görres sollte als Exponent des politischen Katholizismus das Fach Geschichte an der Universität prägen. Die Verleihung einer außerordentlichen Professur an Fallmerayer kam unter diesem Vorzeichen nicht in Frage, da seine aufklärerische Gesinnung verknüpft mit einer antikirchlichen, die in seiner Publikation deutlich zu Tage trat, dem von Seiten des Königs und des Staates angestrebten Profil des Faches widersprach.

Jakob Phillipp Fallmayer 83

Das Kaisertum Trapezunt.

Wie kritisch Fallmerayer sich mit fest im staatlichen Leben etablierten kirchlichen Institutionen auseinandersetzte, wurde vor allem in den Vorreden zu seinen Publikationen deutlich. In der ersten ihrer Art, der Einleitung zu seiner Geschichte des Kaisertums Trapezunt, vermengte er mit spitzer Feder historische Interpretation und die Formulierung eigener politischer Ideen: »Wenn durch Unterjochung der weltlichen Macht durch Priester und Kirche die wahre Freiheit der Völker und ihre politische Glückseligkeit ausschliesslich begründet werden könnte, wie es einige sagen: so hätte die griechische Nation fürwahr zu keiner anderen Zeit dem Andrange der Muhammedaner des Morgenlandes unbezwingbarere Bollwerke entgegenzustellen gehabt, als in den vier letzten Jahrhunderten ihres politischen Daseyns. Der Sieg der Kirche war vollendet, göttliche und menschliche Rechte untereinandergemengt [...] Und doch fiel Griechenland gerade zurzeit des höchsten Triumphes der Priestermacht in die Knechtschaft eines Volkes, welches man lange als die Antipoden der Kultur und des Lichtes anzusehen, und gemeiniglich sogar Feinde des menschlichen Geschlechtes zu nennen gewohnt war.«[4]

---

[4] Jakob Philipp Fallmerayer: Geschichte des Kaiserthums von Trapezunt. München 1827, S. V f.

1830 veröffentlichte Jakob Philipp Fallmerayer mit der »Geschichte der Halbinsel Morea während des Mittelalters« sein zweites großes Geschichtswerk. Anders als in seiner Geschichte des Kaisertums Trapezunt widmete sich der Autor dieses Mal nicht der Geschichte der Griechen am Südufer des Schwarzen Meeres, sondern der Geschichte des Volkes auf der Peloponnes. Als zeitlichen Rahmen für seine Untersuchung wählte er das Jahr der Zerstörung von Korinth durch die Römer 146 v. Chr. und den Beginn der türkischen Herrschaft im Jahr 1460. Ziel der Abhandlung war es, darzustellen, dass die altgriechische Bevölkerung verdrängt und die Peloponnes slawisiert worden war. Quellenstudium wie volkskundliche Erhebungen, philologische Untersuchungen sowie die Ortsnamenkunde führten ihn zu der Annahme, dass im frühen Mittelalter slawische Stämme und im späten Mittelalter Albanier das Land in Besitz genommen hatten und diese später christianisiert und kulturell angeglichen wurden. Fallmerayer betrat mit seinen Forschungen kein völliges Neuland, er war jedoch der Erste, der diesbezüglich eine umfassende Theorie formulierte. Seine These stellte er markant an den Beginn seiner Vorrede: »Das Geschlecht der Hellenen ist in Europa ausgerottet. Schoenheit der Koerper, Sonnenflug des Geistes, Ebenmaß und Einfalt der Sitte, Kunst, Rennbahn, Stadt, Dorf, Saeulenpracht und Tempel, ja sogar der Name ist von der Oberflaeche des griechischen Continents verschwunden. [...] Heute, nach Umfluß von beinahe zweitausend Jahren, wendet Europa seinen Sinn und sein Gemueth wieder auf das lang vergessene Land zuruck, und glaubt die Kinder eben jener edeln Maenner noch zu erkennen, die einst bei Leukopetra fuer das Vaterland gestorben sind. Niemals ist aber ein groeßerer Irrthum oeffentlich ausgesprochen und vertheidiget worden.«[5]

Mit seinem Werk wollte Fallmerayer die seiner Ansicht nach vorherrschende »classische Berauschung« aufbrechen und einen Beitrag zu einer nüchternen politischen Betrachtung der Lage in Griechenland leisten.[6] Er brüskierte damit aber vor allem die vielen Philhellenen in ganz Europa. Der Philhellenismus hatte in den 20er-Jahren des 19. Jahrhunderts die gebildeten Schichten ergriffen. Zum einen gewärtigten sich die Menschen der griechischen Wurzeln ihrer Kultur, zum anderen überhöhten sie, gespeist durch Klassizismus und Neuhumanismus, das zeitgenössische Griechenland als direkten Nachfolger des antiken Hellas. Ohne sich an der heidnischen Tradition der Antike zu stören, betrachteten sie

---

[5] Jakob Philipp Fallmerayer: Geschichte der Halbinsel Morea während des Mittelalters. Band I. Darmstadt 1965, S. III, VIII.
[6] ebd., S. XI.

die Griechen als christliche Glaubensverwandte, die man gegen die schon jahrhundertelange osmanische Herrschaft unterstützen müsse. Politisch relevant wurde die philhellenische Bewegung, als deren Vertreter sich vehement dafür aussprachen, militärisch in den griechischen Befreiungskampf einzugreifen. Die Kriegsereignisse auf der Peloponnes zogen in der zweiten Hälfte der 20er-Jahre des 19. Jahrhunderts die Konstituierung philhellenischer Unterstützungsvereine nach sich. In Berlin wurden Aufrufe zur humanitären Unterstützung der Griechen veröffentlicht. In Dresden formierte sich die Zentrale des sächsischen Griechenvereins. In Paris organisierte die »Société philanthropique« Geld- und Hilfslieferungen für Griechenland, in Genf übernahm diese Rolle das Philhellenenkomitee. Mit Ludwig I. hatte die philhellenische Bewegung in Bayern einen machtvollen Förderer gefunden, der die Gründung des Bayerischen Griechenvereins maßgeblich unterstützte.

Am 3. Februar 1830 hatte die Konferenz der Großmächte Russland, England und Frankreich nach dem Sieg gegen die osmanischen Besatzer Griechenland für unabhängig erklärt und Joannes Kapodistrias zum vorläufigen Präsidenten ernannt. Gleichzeitig begann die Suche nach einem geeigneten Kandidaten für den griechischen Thron. 1832, zwei Jahre nach Veröffentlichung von Fallmayers Buch, wurde der zweitgeborene Sohn König Ludwigs, Otto, zum König von Griechenland bestimmt. Dies bedeutete für das Haus Wittelsbach einen erheblichen Prestigegewinn. Gleichzeitig erfüllte die wittelsbachische Sekundogenitur den bayerischen König mit Genugtuung, trugen nun die langjährigen philhellenischen Bemühungen reiche Frucht. Ludwig notierte dazu in seinem Tagebuch: »Dass Napoleon gestürzt, dass Hellas frey beydes leidenschaftliche Wünsche von mir wurden erfüllt.«[7] Der Vergleich zwischen dem Triumph über die napoleonische Herrschaft in Europa und dem Ende der osmanischen Herrschaft über Griechenland zeigt, welch hohen Stellenwert das Engagement Bayerns in Griechenland für den bayerischen König hatte. Fallmerayers These kam in dieser »classischen Berauschung« mehr als ungelegen. Noch heute hat Fallmerayers Theorie an Sprengkraft für das griechische Nationalverständnis und Nationalgefühl nichts verloren.

Bereits kurz nach dem Erscheinen der Geschichte der Halbinsel Morea reagierte Friedrich Thiersch, der bedeutendste bayerische Philhellene, im

---

[7] Hubert Glaser (Hrsg.): König Ludwig I. von Bayern und Leo von Klenze. Der Briefwechsel. Teil II: Die Königszeit König Ludwigs I. (1825-1848) (Quellen zur Neueren Geschichte Bayerns V, II), bearbeitet von Hannelore Putz, Franziska Dunkel, Friedegund Freitag, in Zusammenarbeit mit Bettina Kraus und Anna Marie Pfäfflin, 3 Bde. München 2007, hier Band II, V 1832, S. 187.

Juli 1830 mit einer Artikelserie auf das Moreawerk. Aber auch die historische Forschung setzte sich über lange Zeit hin kritisch mit Fallmerayers Thesen auseinander. Auch wenn seine Erkenntnisse stets umstritten waren und heute zu einem großen Teil widerlegt sind, so leistete Fallmerayer mit seinen wissenschaftlichen Arbeiten doch einen wichtigen Beitrag für die Byzantinistik.

Mit seiner Arbeit über Trapezunt und der 1830 erschienenen Geschichte der Halbinsel Morea empfahl sich Fallmerayer 1831 dem russischen General Graf Alexander Iwanowitsch Ostermann-Tolstoi, der einen Begleiter für eine Reise in den Orient suchte. Im August 1831 brach Fallmerayer mit Erlaubnis König Ludwigs zu seiner ersten, zwei Jahre dauernden Orientreise auf. Fallmerayer besichtigte Alexandrien, die Cheopspyramide, Kairo und Luxor. Daraufhin besuchten die Reisenden Jerusalem. Schließlich gelangten sie nach Konstantinopel und fuhren weiter nach Griechenland. In Nauplia wurden Fallmerayer und Osterman-Tolstoi vom jungen König Otto empfangen. Exkursionen führten ihn nach Athen, Missolunghi, Attika und Böotien. Weitere Reisen folgten 1840 bis 1842 und 1847/1848. Über seine Eindrücke berichtete Fallmerayer als Auslandskorrespondent regelmäßig in der »Augsburger Allgemeinen Zeitung«. Die Zeitung war damals das maßgebliche liberale Blatt im deutschsprachigen Raum; sie wurde auch über die Grenzen des Deutschen Bundes hinaus wahrgenommen. 1845 brachte Fallmerayer aus den verschiedenen Zeitungsberichten beim Verlag Cotta in Stuttgart die Essaysammlung »Fragmente aus dem Orient« heraus. In feuilletonistischer Form breitete der Autor hier sein Orientbild aus und erschaffte für den Leser ein plastisch differenziertes Bild. Die einzelnen »Reisebilder« sind geprägt von eindrucksvollen Landschaftsbeschreibungen. Diese dienten dem Autor in erster Linie aber als Einstieg in politische und historische Reflexionen. Im Mittelpunkt stehen immer scharfsichtige, kulturhistorisch wertvolle, nicht selten auch polemisch überspitzte Überlegungen und Erörterungen über die politische Situation im Orient bzw. über das Verhältnis zwischen Orient und Okzident und den Einfluss der europäischen Großmächte auf die Region. Die Fragmente brachten Fallmerayer das Epitethon des »Fragmentisten« ein. Sie begründeten seinen Ruf eines großen Essayisten.

Die Orientreisen und eingehende Studien führten Fallmerayer zu der These, Russland versuche, die slawischen Völker auf der Grundlage des byzantinischen Reichsgedankens und unter dem Verweis auf die geistliche Autorität der Orthodoxie für sich zu gewinnen. Die Ansicht, dass die Slawisierung des Orients durch das Hegemonialstreben Russlands auf Dauer zu einer Bedrohung des westlichen Europas führen werde, machten seine Publikationen brisant. Schließlich verwies er darauf, dass Russland eine weltpolitische Gefahr darstelle, die vor allem Deutschland bedrohe, das noch nicht zur nationalen Einheit gefunden habe.

Innen- und verfassungspolitisch vertrat Fallmayer offen liberale Positionen; damit zog er mehrfach den Unwillen des bayerischen Königs Ludwig I. auf sich. Dieser behalf sich auf Anregung seiner Ministerialbeamten zunächst damit, den ungeliebten Professor nach seiner ersten Orientreise 1834 vom Katheder wegzuholen und seine Lyzealprofessur einem Priester zu übergeben. Mitte der 1840er-Jahre schickte sich Kronprinz Maximilian sehr zum Missfallen des Vaters an, Fallmayer in seinen Beraterkreis aufzunehmen. Sich mit Leuten zu umgeben, die der Vater nicht schätzte, war ein typischer Akt der Kronprinzenfronde. Im Umkreis des Kronprinzen befanden sich zu dieser Zeit beispielsweise auch die exponierten liberalen Politiker Fürst Ludwig von Öttingen-Wallerstein und Georg von Maurer. Der Kronprinz zog sich auf Schloss Hohenschwangau zurück und diskutierte in kleiner Runde über seines Erachtens notwendige Reformen im Staat. Im November und Dezember 1844 hielt Fallmayer sich auf Hohenschwangau auf und besprach sich fast täglich mit dem Kronprinzen. Dabei war nicht nur die Geschichte Osteuropas, des Orients und Asiens Thema, sondern eben auch die innenpolitische Situation in Bayern. So beauftragte Maximilian den Gelehrten, sich über den Begriff der Souveränität zu äußern. In seiner Antwort befürwortete Fallmayer die Volkssouveränität. Damit stellte er sich an prominenter Stelle in Opposition zum König. Dieser vertrat auf der Basis der anachronistisch gewordenen Gottesgnadenlehre die Formel, der Monarch leite von niemandem sein Recht ab und sei daher auch niemandem verantwortlich. Für Ludwig I. war mit der Formulierung des monarchischen Prinzips in der Bayerischen Verfassung die Frage der Souveränität eindeutig geklärt. Im Frühjahr 1845 veranstaltete Maximilian »kleine Gelehrtengesellschaften«. Fallmayer war dazu eingeladen. 1845 und 1846 referierte er in Hohenschwangau zu unterschiedlichen historischen und vor allem politischen Themen.

Bemerkenswerterweise verlieh König Ludwig I. nach dem Tod von Joseph Görres im Februar 1848 Fallmayer die Geschichtsprofessur an der Münchner Universität. Es fällt auf, dass Ludwig I. in der Nachfolge des Sprechers der katholisch politischen Bewegung in Bayern, Joseph Görres, nun den politisch scharf liberalen, seine antiklerikalen Ansichten nie verhehlenden und dem König stets suspekt erschienenen Fallmerayer auf den Lehrstuhl berief. Der Grund dafür war – überspitzt formuliert – Lola Montez. Görres hatte sich, wie viele andere katholisch-politische Vertreter im Land, öffentlich gegen die Liebesaffäre des Königs gewandt; der Beerdigungszug für den Professor geriet zur politischen Demonstration gegen den König. Gerade mit dieser Berufung signalisierte Ludwig – wie schon durch die Ministeriumsumbildungen 1847 – die Abkehr vom streng konservativ katholischen Kurs hin zum liberalen Regierungshandeln. Für die Partei des politischen Katholizismus muss die Berufung gerade Fallmerayers auf den Lehrstuhl von Görres ein außerordentlicher Affront gewesen sein und das sollte sie auch sein – die Berufung war in erster Linie ein demonstrativer Akt des Königs.

Fallmerayer, der sich zu dieser Zeit gerade auf seiner dritten Orientreise befand, kehrte aus Smyrna am 15. April 1848 in ein durch die Revolution aufgewühltes Land zurück. Am 22. April 1848 wurde er zum Kandidaten für die Nationalversammlung bestimmt, am 28. April vom Bezirk Mün-

Die Frankfurter Nationalversammlung 1848.

chen II zum Parlamentsdeputierten gewählt. Fallmerayer gehörte aufgrund seines schlechten Gesundheitszustandes und einer zur Depression neigenden Gemütslage zu den weniger einflussreichen Mitgliedern des Parlaments. In der Parlamentsdebatte über die Slawenfrage meldete er sich nicht zu Wort. Das Schweigen des bayerischen Abgeordneten mag aber auch mit seiner Vertrauensstellung bei Maximilian II. zusammenhängen. Der neue König bat Fallmerayer, obwohl dieser auf der linken Seite im Parlament Platz genommen hatte, um politische Stellungnahmen. Das Vertrauensverhältnis war zu dieser Zeit offenbar ungetrübt. Dies änderte sich schlagartig, als Fallmerayer dem Rumpfparlament nach Stuttgart folgte. Damit brüskierte er den bayerischen König. Nach der gewaltsamen Auflösung der Versammlung durch die württembergische Regierung, reiste Fallmerayer am 11. Juli 1849 in die Schweiz und hielt sich in St. Gallen im Exil auf. Im September 1849 verlor er die Professur in München und wurde in den Ruhestand versetzt, ohne jemals am Katheder gestanden zu haben. Am 22. Oktober wurde ein amtlicher Steckbrief gegen ihn erlassen. Schließlich, am 22. Dezember 1849, wurde er amnestiert. Im April 1850 kehrte er nach München zurück. Das Verhältnis zum König wandte sich nicht mehr zum Positiven.

Kaum in München angekommen verstrickte sich Fallmerayer unversehens in einen heftigen Streit mit dem konservativ-katholischen Johann Nepomuk von Ringseis. Ringseis war 1824 zum Professor für Medizin ernannt worden. In der Münchner Gesellschaft besaß er großen Einfluss. Er ist dem Umfeld König Ludwigs I. zuzurechnen. Der sogenannte Akademiestreit entzündete sich an einem am 27. November 1850 von Ringseis gehaltenen öffentlichen Gedenkvortrag für den Naturwissenschaftler Philipp Franz von Walther. Ringseis nutzte die Gelegenheit, sich vehement gegen den Liberalismus und die Entfaltung der Naturwissenschaften zu äußern. Johann Andreas Schmeller und Carl Friedrich Philipp von Martius, welche die streitbare Rede vorab geprüft hatten, gaben ihre Bedenken gegenüber der Ansprache dem Akademiepräsidenten Friedrich Thiersch deutlich zu verstehen. Thiersch wiederum kritisierte zwar die Länge der Rede und wandte sich auch gegen die allgemeine Tendenz des Vortrags, ließ die Ausführungen aber weder kürzen noch ändern. Somit kam es zu einem in diesem Rahmen herausfordernden Angriff gegen den Rationalismus in der Forschung.

Fallmerayer, politisch und auch wissenschaftlich isoliert, nahm den von Ringseis den Liberalen hingeworfenen Fehdehandschuh bereitwillig auf. In den ersten drei Januarausgaben der liberalen »Blätter für literarische Unterhaltung« in Leipzig lancierte er eine kritische Replik zum Vortrag von Ringseis. Eine zunächst regionale Münchner Angelegenheit wurde damit der gesamtdeutschen Öffentlichkeit zur Kenntnis gebracht. In einer selbst für seine Verhältnisse äußerst polemischen Manier holte Fallmerayer zum Rundumschlag gegen den katholischen Konservativismus in Bayern aus. Ringseis selbst diffamierte er beispielsweise als »Erbsündenkrämer«, »mittelalterlichen Teufelshort von Derwischabad«, als »decorirtes Skelet mittlerer Größe«, »dürren Kleiderstock mit erdfahler Mumienhaut«, als »vermodertes und wie aus dem Abgrund heraufgestiegenes Phantom« und schließlich als »Vogelscheuche zwischen dem florgeschmückten Oleandergrün des Redestuhls« und »Bild der Sünde und Verwesung«. Darüber hinaus diskreditierte er die Universität, sie sei ein »geistiges Blindeninstitut« und eine »Versorgungsanstalt für wissenschaftlichen Cretinismus«.

Mit mehr Mäßigung hätte Fallmerayer vermutlich für die liberale Partei der Akademie viel erreichen können, denn selbst konservative Kreise hatten sich mit der Rede von Ringseis nicht einverstanden erklärt. So jedoch zwang er die Konservativen an die Seite des Geschmähten und provozierte zudem, dass auch gemäßigt Liberale wider Willen für Ringseis Stellung bezogen. Ringseis und die ihm nahestehende Gruppierung beantragten den Ausschluss Fallmerayers. In der konservativen Presse wurde Fallmerayer derb verunglimpft und an der Universität wurde der Antrag diskutiert, dem bereits im Ruhestand befindlichen Professor seine Professorenwürde und damit seine Pension zu entziehen. Die Affäre wurde schließlich auf Vermittlung Ignaz von Döllingers mit einer öffentlichen Rüge für Fallmerayer beigelegt.

Der Akademiestreit förderte die Reintegration Fallmerayers in die Münchner Gelehrtenwelt nicht. Seine vergleichsweise isolierte Situation beruhte auf seinem lebenslang immer wieder unbeholfenen und sperrigen Wesen im diplomatischen und zwischenmenschlichen Umgang. Auch war er kein Freund des abwägenden Urteils. Es scheint, dass ihm der Streit nicht selten näher stand als der Kompromiss.

Nichtsdestoweniger gehörte Fallmerayer damals zu den vielseitigsten und international anerkannten Gelehrten der Bayerischen Akademie der Wissenschaften. Seine Urteilsschärfe, seine Beobachtungsgabe und seine außerordentliche sprachliche Gewandtheit zeichneten ihn besonders aus. Schon zu seinen Lebzeiten waren seine Thesen umstritten und sind heute vielfach widerlegt, dennoch haben sie wissenschaftsgeschichtlich unbestritten ihre Relevanz. Daher setzen sich Byzantinisten, Slawisten, Orientalisten, Politikwissenschaftler, Literaturwissenschaftler und Landeshistoriker noch heute mit seinem Werk auseinander. Politisch trat er für einen deutschen Nationalstaat ein. Als Publizist in der »Augsburger Allgemeinen Zeitung« und in anderen liberalen Zeitschriften im deutschen Sprachraum schließlich entfaltete er eine hohe Wirkkraft. Er trug dazu bei, dass das idealistische Griechenlandbild bis zur Mitte des 19. Jahrhunderts langsam einem realen Blick auf die schwierigen Verhältnisse in dem Land wich. Ein stetes Thema in seinen Artikeln und Beiträgen war der Kampf gegen einen – seiner Ansicht nach – zu großen Einfluss der katholischen Kirche auf Staat und Gesellschaft in Bayern. Er nahm Einfluss auf das Russlandbild in der

Jakob Philipp Fallmerayer in späteren Jahren.

Mitte des 19. Jahrhunderts. Fallmerayers Berichte über die politische Lage auf dem Balkan, die Situation in Griechenland und in der Türkei brachten dieses explosive Spannungsfeld an den Berührungspunkten von Orient und Okzident verstärkt in das Bewusstsein der Gesellschaft.

Am 26. April 1861 starb der international bekannte Byzantinist und Orientforscher im Alter von 70 Jahren in München. Er wurde auf dem Südlichen Friedhof beigesetzt. Der Orientalist Marcus Joseph Müller hielt die Grabrede; Fallmerayer habe mit seiner »geistigen Kraft« und mit seinen Arbeiten »zum Heil des [Menschen-]Geschlechts« gewirkt. Der Redner nannte ihn aber auch einen »zürnenden Politiker, strafenden Verbesserer, großartigen Propheten des Unheils«, der »den Zauber einer edlen Sprache« erweckte.[8]

---

[8] zit. nach sowie grundlegend für diesen Aufsatz: Thomas Leeb: Jakob Philipp Fallmerayer. Publizist und Politiker zwischen Revolution und Reaktion (1835–1861) (Schriftenreihe zur bayerischen Landesgeschichte 109). München 1996, S.

Literaturhinweise

Babinger, Franz: Der Akademiezwist um Jakob-Philipp Fallmerayer (1851) (Sitzungsberichte der Philosophisch-Historischen Klasse der BadW 1959, 5). München 1959.

Beckenbauer, Alfons: Jakob Philipp Fallmerayer. Weltoffenheit und Liebe zur Wissenschaft im Leben eines berühmten Landshuter Gymnasialprofessors, in: Beiträge zur Heimatkunde von Niederbayern 2 (1970), S. 520–540.

Drascek, Daniel / Wagner Siegfried (Hg.): Jakob Philipp Fallmerayer im Räderwerk der bayerischen Verwaltung (Kulturgeschichtliche Forschungen 17). München 1993.

Leeb, Thomas: Jakob Philipp Fallmerayer. Publizist und Politiker zwischen Revolution und Reaktion (1835–1861) (Schriftenreihe zur bayerischen Landesgeschichte 109). München 1996.

Seidler, Herbert: Jakob Philipp Fallmerayers geistige Entwicklung. Ein Beitrag zur deutschen Geistesgeschichte des 19. Jahrhunderts (Abhandlungen der Bayerischen Akademie der Wissenschaften, Philosophisch-historische Klasse 26, 1947). München 1947.

Spaenle, Ludwig: Der Philhellenismus in Bayern 1821–1832 (Veröffentlichungen des Instituts für Geschichte Osteuropas und Südosteuropas der Universität München 9). München 1990.

Thurnherr, Eugen (Hrsg.): Jakob Philipp Fallmerayer. Wissenschaftler, Politiker, Schriftsteller (Schlern-Schriften 202). Innsbruck 1993.

Thurnherr, Eugen: Zwischen Siebzig und Achtzig. Studien zur deutschen Geistesgeschichte (Innsbrucker Beiträge zur Kulturwissenschaft, Germanistische Reihe 68). Innsbruck 2005.

Karl Holl
Ludwig Quidde (1858–1941)
Streitbarer Historiker und Friedensnobelpreisträger

Es hat mich außerordentlich gefreut, hier in München im Rahmen der Vortragsreihe »München leuchtet für die Wissenschaft« über Ludwig Quidde zu sprechen, der für mehr als vier Jahrzehnte eine markante Gestalt des öffentlichen und wissenschaftlichen Lebens dieser Stadt gewesen ist. Und es bereitet mir auch Genugtuung, dabei Margarethe Quiddes zu gedenken, die auf ihre Weise das Musikleben Münchens bereichert hat.

I

Anfang 1890 bezog das junge Ehepaar Ludwig und Margarethe Quidde in München eine Wohnung, die sich in Schwabing, in der Kaulbachstraße 65, befand.[1] Es folgte ein Umzug in die Leopoldstraße 34, und 15 Jahre später sollte ein Neubau in der Gedonstraße, nahe dem Englischen Garten, zum dauernden Wohnsitz der Quiddes werden. Es war ein käuflich erworbenes ansehnliches, mehrgeschossiges Haus, dessen schöne Jugendstilfassade auch heute noch Wohlgefallen auszulösen vermag. Das Wohlgefallen würde sich noch steigern lassen, wenn sich an dem Haus Gedonstraße 4 endlich eine Gedenktafel befände.

---

[1] zur Biografie Quiddes im Einzelnen: Karl Holl: Ludwig Quidde (1858–1941). Eine Biografie. Düsseldorf 2007. Dort auch der Nachweis der Zitate.

Als Quidde damals in der bayerischen Metropole eintraf, war ihm der Ruf eines hoffungsvollen jungen Historikers vorausgeeilt. Aber wer war Quidde?

Ludwig Quidde kommt am 23. März 1858 in Bremen zur Welt – als Sohn des Kaufmanns Ludwig August Quidde und dessen Frau Anna Adelheid. Er hat zwei jüngere Brüder, Georg und Rudolf, sowie zwei Schwestern, die früh sterben. Auch Georg stirbt früh – mit nur 26 Jahren.

Quiddes Vater war als Handlungsgehilfe von Halberstadt nach Bremen zugewandert. Er schaffte es, obwohl er weder über verwandtschaftliche noch andere engere Beziehungen in Bremen verfügte, Teilhaber eines blühenden Großhandelsunternehmens zu werden. Der Wohlstand der Familie spiegelt sich später im Besitz eines stattlichen Wohngebäudes in der Georgstraße 49 wider – eine gute Adresse für wohlsituierte Bürger. Quiddes Vater ist Augenzeuge der bremischen Märzrevolution und Mitglied der Freimaurer. In seiner jungen Familie herrscht Sympathie für großdeutsche und demokratische Ideen.

Den zehnjährigen Ludwig trifft 1868 ein Schicksalsschlag – der Tod seiner Mutter. Er fühlt sich einsam und beginnt zu stottern. Das Stottern überwindet er erst als junger Mann mit großer Selbstdisziplin. Er absolviert eine bei Bremer Bürgersöhnen häufige Schullaufbahn und besucht das Gymnasium, das heute den Namen »Altes Gymnasium« trägt. Die Schule ist unter dem Direktor Wilhelm Adolf Boguslaw Hertzberg eine Stätte freien Gedanken- und Meinungsaustausches. Quidde erprobt sein Organisationstalent im sogenannten »Prima-Verein«, eine von Gymnasiasten gegründete Gemeinschaft autonomer Bildungsarbeit, in der Respektspersonen, Künstler und Literaten aus Bremen Ehrenmitglieder waren. Quidde besteht das Abitur in allen Fächern mit »sehr gut«, nur in Englisch erhält er die Note »gut«. Hertzberg ermutigt ihn zum Studium der Geschichte.

Ab 1877 studiert Quidde in Straßburg Geschichte, Philosophie und Volkswirtschaftslehre. Ein Jahr später wechselt er an die Göttinger Universität, da er dort seinen mediävistischen Studien besser nachkommen kann.

Ludwig Quidde war bei seiner Berufswahl nicht dem Beispiel des Vaters gefolgt. Von den politischen Sympathien der überwiegend nationalliberal gesonnenen bremischen Kaufleute wich Quiddes Elternhaus ab: Hier bestanden deutliche Vorbehalte gegenüber Bismarck und gegenüber preußischer Dominanz, und wahrscheinlich haftete hier der Märzrevolution weniger als sonst in Bremer Patrizier- und Handelskreisen der Ruch einer peinlichen Verirrung an.

In Straßburg wie in Göttingen erlebte er den Vorzug eindrucksvoller akademischer Lehrer. Das war in Straßburg Hermann Baumgarten, dessen politische Programmschrift »Liberalismus. Eine Selbstkritik« dem Nationalliberalismus eine scheinbar plausible, von Quidde wohl kaum geteilte ideologische Begründung geliefert hatte, und das war in Göttingen Julius Ludwig Friedrich Weizsäcker, der Quiddes beruflichem Weg als Mittelalterhistoriker eine entscheidende Richtung wies, indem er ihn mit den Regeln editorischer Praxis vertraut machte und ihn allmählich in die Stellung seines wichtigsten Mitarbeiters hineinwachsen ließ.

Aber nicht nur deshalb vollzogen sich während Quiddes Göttinger Zeit weit tragende Veränderungen in seinem Leben. Vieles an Möglichkeiten, Aussichten, Hoffnungen, drohenden Gefahren verdichtete sich für Quidde in jenen Jahren 1880 und 1881. So etwa hatte er sich in die zeitgenössische studentische Antisemitenagitation hineinziehen lassen, indem er ihr in der Form einer Streitschrift mit einer scharfsinnigen Analyse ihrer Ursachen entgegentrat und sich, obwohl Duellgegner, nicht scheute, seine Haltung in einem Zweikampf zu bekräftigen.

Quidde war um diese Zeit an einer lebensgefährlichen Meningitis erkrankt und hatte auf einer der Rekonvaleszenz dienenden Reise nicht ganz zufällig Margarethe Jacobson kennengelernt und sich in sie verliebt. Ja, er war nicht nur ihrer Anziehung erlegen, sondern er hatte sich bereits bei jener ersten Begegnung von der Familie des Mädchens fesseln lassen. Das war die Familie des Königsberger Professors der Augenheilkunde Julius Jacobson und der Opernsängerin Hermine Jacobson mit ihren vier Töchtern und einem Sohn.

Jacobson, der Vater, hatte an dem Beispiel seines Vaters, eines erfolgreichen Chirurgen, die unselige Wirkung einer durch antijüdische Vorurteile verursachten beruflichen Ausgrenzung erfahren. Als Quidde sich damals auf eine Duellforderung einließ, mochte er glauben, dies auch einem Manne schuldig zu sein, dessen Schwiegersohn er zu werden hoffte. Wenn Quidde die Familie Jacobson mit seinem eigenen kaufmännisch-nüchternen Herkunftsmilieu verglich, konnte sein Eindruck leicht der einer staunenden Bewunderung sein. Denn die Familie beeindruckte durch ihren Kunstsinn und vor allem durch die Fülle künstlerischer Begabungen. Nicht nur dass der Vater, ein Mann patriarchalischen Familiensinns, als vorzüglicher Pianist galt, auch die Talente seiner Töchter und die seines Sohnes fanden in Königsberg Beachtung, und Margarethe durfte einer erfolgreichen Karriere als Pianistin und Cellistin entgegensehen.

Mehr noch: Der meisterliche Geiger Joseph Joachim gehörte ebenso zu den Freunden des Hauses wie der zum engeren Kreis um Bismarck zählende Diplomat Robert von Keudell, der sein pianistisches Können bei den Hausmusikabenden der Jacobsons häufig zur Geltung brachte.

Seit Quidde in Liebe zu Margarethe Jacobson entbrannt war und seit er gewiss war, dass seine Liebe erwidert wurde, hatte er es eilig, seine Dissertation über die Wahl König Sigmunds abzuschließen. Seiner Promotion folgte nach dem Übertritt Margarethes zum Protestantismus im Jahre 1882 die Eheschließung des jungen Paares in der evangelischen Burgkirche in Königsberg. Nur die Unterwerfung unter die Konvention und die Rücksicht auf die Erwartungen der beiden Familien hatten Quiddes Einverständnis mit der kirchlichen Trauung bestimmt. Der Umstand seiner evangelischen Taufe änderte nichts an Quiddes Distanz zum Kirchenchristentum, und seine Ehefrau teilte darin seine Ansicht. Nach dem Tode ihrer Väter vollzogen Ludwig und Margarethe im Jahre 1890, im Jahr ihrer Übersiedlung nach München, ihren Austritt aus der Kirche und bekannten sich somit zu ihrer agnostischen Überzeugung. Dass sich aus Margarethe Quiddes angeborener anatomischer Anomalie eine schwere und dauerhafte Belastung der jungen Ehe ergeben könnte, davon bestand anscheinend bei beiden nicht einmal eine leise Vorahnung.

II

Worin sollte nun die wirtschaftliche Grundlage des jungen Hausstandes bestehen? Gemäß Weizsäckers Wünschen hatte Quidde die Stelle eines Mitarbeiters bei der von der Historischen Kommission der Bayerischen Akademie der Wissenschaften ins Leben gerufenen Edition der älteren Reihe der Reichstagsakten übernommen, für die Weizsäcker unter der Oberleitung Heinrich von Sybels verantwortlich zeichnete.

Die künftige Arbeit sicherte Quidde ein bescheidenes, aber ständiges Einkommen, vermehrt um ein großzügiges Geldgeschenk des Vaters bei der Heirat, band ihn jedoch auf lange Zeit und erschwerte die Verfolgung seiner Habilitationsabsichten. Wie verdienstvoll Quiddes Leistung für das Editionswerk in all den folgenden Jahren gewesen ist, hat Eike Wolgast mit einer gerechten Würdigung dargetan.[2]

---

[2] Eike Wolgast: Deutsche Reichstagsakten. In: Lothar Gall (Hrsg.): »... für deutsche Geschichts- und Quellenforschung«. 150 Jahre Historische Kommission bei der Bayerischen Akademie der Wissenschaften. München 2008, S. 79–120, besonders S. 88 ff. und 97–106.

Quidde entzog sich dem Wunsch Weizsäckers, nach dessen Berufung an die Berliner Universität das Haus seines Mentors in Berlin zu teilen. Stattdessen bezog das junge Paar eine Wohnung in Frankfurt am Main. Das war eine vernünftige Entscheidung wegen der Fülle der hier für das Editionswerk zu bearbeitenden Akten, aber auch wegen der zentralen Lage der Stadt, von der aus Quidde bald zu ausgedehnten Archivreisen aufbrechen würde. Frankfurt blieb nur eine Durchgangsstation. Nach wenigen Jahren übersiedelten Ludwig und Margarethe nach Königsberg, in die Nähe von Quiddes Schwiegereltern. Wahrscheinlich hatte Quidde damit nur dem Wunsch seiner Gattin und deren Eltern nachgegeben. Denn Königsberg war wegen seiner peripheren Lage am Ostrand des Reiches für die Durchführung von Quiddes Forschungsprogramm eigentlich denkbar ungeeignet. Das ließ sich auch für Quiddes ureigenes Projekt, die Gründung der »Deutschen Zeitschrift für Geschichtswissenschaft« im Jahre 1888, annehmen. Quidde traute sich damit nichts Geringeres zu, als einem so etablierten Organ wie der »Historischen Zeitschrift«, der HZ, erfolgreich Konkurrenz zu machen. Er hätte ahnen können, dass damit Konflikte mit Sybel, dem Gründer und Herausgeber der HZ und gleichzeitig gewissermaßen Inhaber der Oberaufsicht von Quiddes Editionsarbeit, früher oder später eintreten würden. Indes, recht bald erfreute sich Quiddes Zeitschrift hohen Ansehens, da sie dank Quiddes Organisationstalent vorzüglich redigiert war und sich von der HZ wegen ihres dezidierten Kontrastsprogramms vorteilhaft abhob.

Eine zeitweilige Verstimmung hatte sich bereits zwischen Weizsäcker und Quidde ergeben: wegen des Fortbestehens von Quiddes Absicht, sich zu habilitieren, erhärtet durch eine Reihe mediävistischer Studien, die Quidde in rascher Folge veröffentlichte. Weizsäcker glaubte Grund zu der Befürchtung zu haben, Quiddes Karriereambitionen könnten seinen editorischen Verpflichtungen Abbruch tun. Der Tod Weizsäckers klärte im Herbst 1889 die Lage: Quidde wurde von der Historischen Kommission als Nachfolger Weizsäckers zum verantwortlichen Redakteur der Edition berufen.

Wäre die Entscheidung gegen Quidde ausgefallen, hätte er seinen Editionsverpflichtungen den Rücken gekehrt. War er doch durch den Tod seines Vaters im Jahre 1885 und dank der ihm deshalb zugefallenen beträchtlichen Erbschaft wirtschaftlich unabhängig geworden.

Dies alles war vorausgegangen, als die Quiddes 1890, im Jahr von Bismarcks Entlassung als Reichskanzler, in München Einzug hielten. Ludwig Quidde fand bei einer Reihe Münchner Historiker seiner Generation freundliche Aufnahme, und überhaupt genossen beide, Ludwig wie Margarethe Quidde, das in der »Prinzregentenzeit«, der Ära des Prinzregenten Luitpold, in München abermals aufblühende künstlerische und wissenschaftliche Leben. Beide lebten sich leicht in die bildungsbürgerliche Gesellschaft der Stadt ein, und Ludwig Quidde sah keine Notwendigkeit, die ihm von Kindesbeinen an vertraute bremische s-pitze Aus-sprache in München abzulegen. Margarethe Quidde konnte jetzt den in Frankfurt so schmerzlich empfundenen Mangel an häuslicher Musikausübung in München kompensieren durch musikalische Soireen, wie es später erst recht in dem Haus in der Gedonstraße geschah.

Weitere einschneidende Veränderungen betrafen die Familie Margarethe Quiddes. Ihr Vater starb im selben Jahr, der Haushalt ihrer Eltern in Königsberg musste aufgelöst werden, die Mutter lebte fortan in Italien bei ihrer mit einem Offizier der italienischen Armee, dem Hauptmann Francesco Mungioli, verheirateten Tochter Friederike.

Quiddes Forschungsagenda erforderte auch künftig Archivreisen. Deren nächste hatte Archive in italienischen Städten, besonders in Rom, als Ziele. Unterwegs, in Perugia, erreichte ihn das Angebot aus dem preußischen Kultusministerium, als Nachfolger von Konrad Schottmüller die Leitung des Preußischen Historischen Instituts in Rom zu übernehmen. Das von Schottmüller und Sybel übermittelte Angebot wurde von Quidde nicht ausgeschlagen. Zu verlockend, zu reizvoll dürfte Quidde die Aussicht auf die Erfüllung der neuen Aufgabe gewesen sein, zu willkommen auch die Gelegenheit, seiner Frau die Freude auf einen wahrscheinlich längeren Aufenthalt in Italien zu verschaffen. Ende Oktober 1890 sah Quidde sich in das Amt des Leitenden Sekretärs des Instituts berufen und zum Professor ernannt.

Die Gründung des Instituts lag erst zwei Jahre zurück und beruhte auf der Entscheidung Papst Leos XIII. im Jahre 1880/81, das Vatikanische Geheimarchiv zur Benutzung durch die historische Forschung aller Staaten und Konfessionen freizugeben. Quiddes Talente waren nun auf vielfältige Weise gefordert. Nach Schottmüllers kurzer Amtszeit bestand die Aufgabe fort, die schwierigen Verhältnisse des Instituts zu ordnen und dessen Forschungsaktivitäten zu organisieren. Daneben galt es, unter Beachtung von Neid und Missgunst der anderen in Rom tätigen historischen Forschungsinstitute, die eigenen Institutsinteressen diplomatisch und nachdrücklich wahrzunehmen. Derartigen Anforderungen war Quidde, wie sich zeigte, durchaus gewachsen, sodass seine Auftraggeber mit ihm zufrieden sein konnten. Die bereits eröffnete Edition der Nuntiaturberichte nahm ihren Fortgang, und vor allem ging auf Quiddes Anregung und Förderung die Erstellung des »Repertorium Germanicum« zurück.

Dieses wurde von unschätzbarem Wert für die künftige Forschung, da es alle die deutsche Geschichte betreffenden Urkunden und Akten des Vatikanischen Archivs von 1387 bis 1447 verzeichnete.

Die Berufung Quiddes war eine ehrenvolle Auszeichnung, und so, wie Quidde sein Amt ausfüllte, hatte sich die auf ihn gefallene Entscheidung als vollauf gerechtfertigt erwiesen. Immerhin gab es aber auch Mutmaßungen, wonach Sybels persönliche Interessen dabei im Spiel gewesen waren. Baumgarten machte Quidde gegenüber entsprechende Andeutungen. Sybel mochte hoffen, Quidde verzettele nun noch mehr seine Kräfte und werde dergestalt gehindert, seine Zeitschrift noch wirksamer zur Konkurrenz von Sybels HZ werden zu lassen. Dabei hatte Quidde inzwischen den Eindruck gewonnen, dass seine Berufung auf den römischen Posten das Opfer kaum wert gewesen war, das er mit der Zurückstellung seiner Arbeiten an den Reichstagsakten und mit der Einschränkung seiner Tätigkeit als Herausgeber seiner Zeitschrift bringen musste. Er trug sich ohnedies mit dem Gedanken, bei nächster Gelegenheit dem seiner Gesundheit abträglichen Pendeln zwischen Rom und München ein Ende durch Kündigung zu setzen. Dennoch: Als er im Sommer 1892 zum Befremden Sybels sein Entlassungsgesuch einreichte und dafür einen nichtigen Anlass geltend machte, lag der wahre Grund in einer tiefen Krise seiner Ehe. Eine Entscheidung seiner Frau, zu ihm in die häusliche Gemeinschaft in München zurückzukehren oder sich endgültig von ihm zu trennen, erzwang Quidde mit seinem Gesuch, ihn von der Leitung des römischen Instituts zu entbinden. Margarethe entschied sich vielleicht aus Gründen ihrer wirtschaftlichen Sicherheit zur Rückkehr nach München.

III

Jetzt erst, ab Mitte 1892, begann recht eigentlich das facettenreiche gemeinsame Münchner Leben des Ehepaares. Auf zwei Feldern wirkten die Eheleute lange Jahre hindurch Seite an Seite: zum einen auf dem Gebiet des Tierschutzes und des Kampfes gegen Vivisektion, zum anderen in der Friedensbewegung. Für Margarethe Quidde bot München vielfach Möglichkeiten zur Befriedigung ihrer künstlerischen Interessen: Als Musikkritikerin, die nicht Richard Wagner, sondern romantischer Musik den Vorzug gab, als Schriftstellerin und Übersetzerin englischer, französischer und italienischer Literatur. Ihr Talent als Cellistin und Pianistin führte sie auf Konzertreisen zu Auftritten in Deutschland, nach Österreich, in die Schweiz und nach England. Für beide Quiddes eröffnete sich eine Periode gesteigerter öffentlicher Aktivität.

Margarethe Quidde 1894.

Als Lohn seines Verzichts auf den römischen Posten erntete Quidde einen Gewinn an Unabhängigkeit, an politischer Unabhängigkeit zumal, die sich zunehmend in der Distanz zum Staat der Hohenzollern und in der Kritik an den Symptomen preußischer Dominanz im Reich äußern sollte. In welcher Weise Quidde sich künftig politisch zu engagieren gedachte, ließ seine 1893 anonym erschienene Schrift »Der Militarismus im heutigen deutschen Reich. Eine Anklageschrift. Von einem deutschen Historiker« erkennen, in deren wesentlichen Schlussfolgerungen Quidde vielleicht durch die Erinnerung an Gespräche mit seinem Schwiegervater bestärkt worden war. Vordergründig bloß ein politisches Pamphlet, verdankte die Schrift ihre Aktualität und ihre Wirkung den heftigen Auseinandersetzungen über die Heeresverstärkungspläne des Reichskanzlers Leo von Caprivi. In seinem »J'accuse« griff Quidde weit über den aktuellen Anlass hinaus, indem er seine Sorge über die gesellschaftlich bedenklichen Folgen der deutschen Militärpolitik zusammenführte mit der verbreiteten öffentlichen Klage über menschenunwürdige Zustände namentlich in der preußischen Armee. Die Schrift stellte somit eine fundamentale Kritik am zeitgenössischen deutschen Militarismus dar.

Die Schrift brachte Quidde, kaum dass seine Autorschaft bekannt geworden war, sofort in enge Verbindung zu der Deutschen Volkspartei. Das war jene südlich der Mainlinie und besonders im Königreich Württemberg verwurzelte, aber auch in Teilen Bayerns und in Baden tätige bürgerlich-demokratische Partei, die den antipreußischen Vorbehalten eine Stimme gab, indem sie für die Erinnerung an die Märzrevolution, für eine föderative Ordnung möglichst in einem großdeutschen Reich und für soziale Reformen warb.

Im Milieu dieser Partei begann Quidde sich wohl zu fühlen. In seinen politischen Grundüberzeugungen hatte die zustimmende Bewertung der Märzrevolution längst einen festen Platz erhalten. In deren Nachfolge ordnete er seine eigene bürgerlich-demokratische Haltung ein. Sein

Staatsideal war und blieb das einer großdeutschen Republik, ein Ideal, das jedoch mit maßvollen Mitteln anzustreben sei und den gewaltsamen Umsturz der monarchischen Ordnung ausschließen müsse. Mit der Zeit wuchsen seine Zweifel, ob das deutsche Bürgertum sich zur Verwirklichung dieses Ideals würde aufraffen können. Resignierend fand er sich mit der Einsicht ab, monarchische Herrschaft sei dem deutschen Volk auf unabsehbar lange Zeit wohl doch am angemessensten. Gleichwohl blieben Hoffnungen. Seine Hoffnungen setzte Quidde in eine sich vielleicht eines Tages einstellende Konstellation, in der die demokratischen Kräfte des deutschen Bürgertums im Verein mit dem in der Sozialdemokratie organisierten Proletariat das große Ziel zu erreichen vermöchten.

Quidde unternahm viel für die Deutsche Volkspartei in Bayern. Er beteiligte sich mit erheblichen persönlichen Mitteln an der Finanzierung der 1895 gegründeten »Münchener Freien Presse«, die der Partei als Organ für Oberbayern zur Verfügung stand. Es gelang ihm mit eifriger Rednertätigkeit überall in Bayern, einen bayerischen Landesverband der Partei auf die Beine zu stellen. Seine Verdienste erkannte die Gesamtpartei in der Weise an, dass ihr nächster ordentliche Parteitag 1895 in München stattfand. Das auf diesem Parteitag beschlossene Programm der Deutschen Volkspartei trug deutlich Quiddes Handschrift. Im folgenden Jahr fiel Quidde unangefochten die Leitung des Demokratischen Vereins in München zu, und er übernahm auch die Leitung des bayerischen Landesverbandes der Partei. Zeitweilig eröffnete sich für ihn sogar die Aussicht auf ein Reichstagsmandat und auf den Posten eines stellvertretenden Vorsitzenden der gesamten Partei. Manche Kämpfe der Tagespolitik, wie zum Beispiel der Kampf gegen die von Kaiser Wilhelm II. ausdrücklich gewünschte »Zuchthausvorlage« des Jahres 1898, führten ihn an die Seite der Sozialdemokratie, doch ließ er keinen Zweifel daran, dass sich für ihn die Unterstützung eines revolutionären Sozialismus marxistischer Herkunft ausschloss.

Während Quidde derart tief in die Politik einzutauchen begann, setzte sich seine Tätigkeit als Historiker fort, die rasch eine politische Dimension gewann. Das zeigte sich bereits bei der Organisation des ersten Deutschen Historikertages in München im Frühjahr 1893, die im Wesentlichen Quiddes Werk war. Und er war es auch, der seine Hand im Spiel hatte, als der Kongress Forderungen entgegentrat, historische Forschung solle sich auf eine ausschließlich staatsloyale Haltung festlegen. Damit war natürlich an eine historische Forschung gedacht, die alle Phasen der neueren deutschen Geschichte als unaufhaltsame Schritte zum Triumph preußischer Staatskunst, konkret, zum Triumph des Hauses Hohenzollern betrachtete.

IV

Im Jahr 1894 verblüffte Ludwig Quidde die Öffentlichkeit mit der satirischen Schrift »Caligula. Eine Studie über römischen Cäsarenwahnsinn«. Quidde zeigte sich kritisch besorgt darüber, dass sich die Deutschen unterwürfig in die Herrschaft der Hohenzollern ergaben. Er verachtete das, was er als »Byzantinismus« empfand: kriecherische Unterwerfung der Deutschen und selbstherrlichen Größenwahn des Kaisers. Derartige Tendenzen beobachtete Quidde besonders im Verhältnis zwischen Bürgertum und Kaiser. Der Herrscherstil des Caligula war für ihn ein klassisches Beispiel des Monarchen. »Oderint, dum metuant« (»Sollen sie mich doch hassen, wenn sie mich nur fürchten«) – so der überlieferte Wahlspruch des römischen Kaisers. Quidde zog eine Parallele zu Wilhelm II. Der junge Kaiser schien bei öffentlichen Auftritten wahnhafte Züge zu zeigen. Das war nicht nur Quidde aufgefallen, sondern auch Persönlichkeiten aus der Umgebung des Monarchen.

Die Veröffentlichung der Schrift erregte zunächst keinerlei Aufsehen, obwohl Quidde mit einem weiteren Druck die Verbreitung zu fördern versuchte. Für die ungeheure Publikumswirkung mit mehr als dreißig Auflagen sorgte erst die erzkonservative »Kreuz-Zeitung«. Mit gespielter Entrüstung charakterisierte sie die Schrift als Skandal: Wegen dieses Falls von Majestätsbeleidigung müsse der Staatsanwalt eingreifen. Quidde konnte dieser Gefahr ausweichen, indem er beharrlich bestritt, er habe sich bei der Veröffentlichung von satirischen und nicht bloß von wissenschaftlich-historischen Absichten leiten lassen. Zwar blieb er zunächst von strafrechtlicher Verfolgung verschont. Die nun dennoch drohenden Probleme vermochte er nicht abzuwenden. Er hatte wohl die Folgen nicht bedacht, als er die Zeitverhältnisse sarkastisch kommentierte. Offenbar hatte Quidde auch die Humorlosigkeit seiner Kollegen aus der Historikerzunft unterschätzt und das Ausmaß ihrer Unterwerfung unter die Ansprüche monarchischer Staatsgesinnung. Und er hatte nicht vorausgesehen, dass er seinen Konkurrenten in die Hände spielen würde, die ihn an den Rand zu drängen wünschten.

In der Tat machte der Skandal alle beruflichen Möglichkeiten Quiddes mit einem Schlage zunichte. Die HZ gab mit einer süffisanten Rezension des »Caligula« das Signal zur Attacke. Man konnte den Autor vernichten, indem man seine satirische Absicht ignorierte, um ihm umso höhnischer handwerkliche Inkompetenz beim Umgang mit antiken Quellen anzukreiden. Gegenüber der Tabuverletzung eines jungen Fachgenossen, der so ostentativ Außenseiter sein wollte, gab es noch andere wirksame Sanktionsinstrumente. Der Innendruck der Zunft war stark genug, um einen nahezu kompletten Boykott zu erzwingen. Quiddes Zeitschrift wurde die Mitarbeit so nachhaltig verweigert, dass er gezwungen war, das Unternehmen mit einem letzten Band für die Jahre 1894/95 aufzugeben.

Auch die Fortsetzung seiner editorischen Tätigkeit war zunächst aufs Äußerste gefährdet. Um seine Stellung halten zu können, bedurfte es seines ganzen kaltblütigen und entschiedenen Einsatzes gegenüber der Historischen Klasse der Bayerischen Akademie der Wissenschaften und deren Historischer Kommission. Fachgenossen Quiddes, die nicht das Mindeste gegen das nationalliberale oder konservative Engagement ihrer Kollegen einzuwenden hatten, bedienten sich des Arguments, seine Tätigkeit im Dienste der Volkspartei, seine, wie es hieß, »rote« Agitation, fördere die unzulässige Politisierung der Geschichtswissenschaft. Sein erfolgreiches Wirken am Preußischen Historischen Institut in Rom verfiel absichtsvollem Vergessen. An eine Professur an einer deutschen Universität zu denken, war für alle Zukunft ausgeschlossen.

Was die gerichtliche Verfolgung wegen des Delikts der »Majestätsbeleidigung« betraf, so blieb sie Quidde letzten Endes doch nicht erspart. Als er 1896 die von Kaiser Wilhelm II. ausgegangene Absicht, ein Gedenkzeichen auf Kaiser Wilhelm I. zu stiften, öffentlich als »Lächerlichkeit und als politische Unverschämtheit« bezeichnete, wurde er angeklagt. Da jenes Gedenkzeichen nach der Formulierung der Initiatoren »Wilhelm dem Großen« gelten sollte, hatte Quidde der Versuchung zu dem sarkastischen Seitenhieb nicht widerstehen können, demnach müsse es auch einen »Wilhelm den Kleinen« geben. Wer hätte da nicht an Kaiser Wilhelm II. denken sollen? Der Anklage folgte die Verurteilung zu einer dreimonatigen Gefängnishaft, die Quidde in Stadelheim verbüßte.

V

Vom Beginn der politischen Tätigkeit Quiddes war bereits die Rede. Um die gleiche Zeit setzte sein Wirken in der deutschen Friedensbewegung ein. Nachdem er der Deutschen Friedensgesellschaft (DFG) bald nach ihrer Gründung 1892 beigetreten war, gründete er mit seiner Frau 1894 die Münchner Friedensvereinigung und schloss sie als Ortsgruppe an die DFG an.

Quiddes gesamter Haushalt an politischen Überzeugungen – sein Bekenntnis zur Demokratie, seine Verachtung des Militarismus und des Nationalismus – verwies ihn auf den Weg zu pazifistischen Schlussfolgerungen.

Sein Naturell legte ihm dabei stets deren praktische Umsetzung nahe, organisatorisch wie programmatisch. Ein Mann des Common Sense, warb er seither für die einfache, aber mit dem Zeitgeist schwerlich zu vereinbarende Erkenntnis, dass internationale Spannungen nicht durch Mittel der Drohpolitik, sondern nur durch geduldige Verhandlungen unter dem Prinzip des »do ut des« abgebaut werden sollten. Abrüstung, als Mittel der Streitschlichtung schiedsgerichtliche Verfahren, denen sich die Konfliktparteien zu unterwerfen hätten, die Errichtung eines internationalen Gerichtshofes – dies alles waren ohnedies seit Langem wesentliche Forderungen des organisierten Pazifismus. Wenn in dem ganz an Immanuel Kant orientierten Friedensdenken Quiddes also rationale Elemente überwogen, so hatte es doch Anfang der 1880er-Jahre eine Art Erweckungserlebnis gegeben, das ihn auch emotional zum Pazifisten gemacht hatte. Das war der erschütternde Eindruck, unter dem er damals in Berlin bei der Betrachtung eines Panoramas des Gefechtes von St. Privat im Jahre 1870 stand.

Die Verachtung des Angriffs- und des Eroberungskrieges als eines abscheulichen Irrweges im Leben der Nationen blieb ein Grundelement von Quiddes Friedensgesinnung. Schon damit unterschied er sich scharf von der Mehrheit seiner bürgerlichen Generationsgenossen, die seit den Kriegen von 1864, 1866 und 1870/71 gelernt hatten, den Krieg als gleichsam naturgesetzliches Agens der deutschen Nationalgeschichte zu betrachten. In Quiddes politischer Überzeugungswelt dagegen kam ein Pazifismus zur Geltung, der weltbürgerliche Ideale mit Patriotismus zu verbinden vermochte und der deshalb den Krieg dann, aber nur dann bejahte, wenn die Verteidigung der Nation ihn erforderte.

Die Werbung der deutschen Friedensbewegung für die deutsche Beteiligung an der Internationalen Friedenskonferenz von 1899 und die pazifistische Agitation für das Ende des Burenkrieges in Südafrika erlebten Quidde an vorderster Stelle. Nun machte ihn seine pazifistische Tätigkeit auch außerhalb der bayerischen Grenzen bekannt. Ein Repräsentant der internationalen Friedensbewegung wurde er durch seine eifrige Mitarbeit bei den Beratungen der internationalen Friedenskongresse und durch seine um die Jahrhundertwende einsetzende Tätigkeit im Internationalen Friedensbüro in Bern, das eine Art Dachorganisation aller nationalen Friedensvereinigungen darstellte.

Ein wichtiger Schwerpunkt seines Wirkens in der Deutschen Friedensgesellschaft war Quiddes Engagement für deutsch-französische Verständigung, eine wegen der schwelenden Elsass-Lothringen-Frage besonders schwierige Aufgabe. Sein Ruf als umsichtiger Organisator erwies sich

Teilnehmer des Weltfriedenskongresses von 1907 in München: Bertha von Suttner (sitzende Reihe, Zweite von links), Ludwig Quidde (rechts daneben), Frédéric Passy (rechts daneben); Margarethe Quidde (hinter Ludwig Quidde), Henri La Fontaine (rechts neben ihr), A. H. Fried (stehende Reihe, Dritter von rechts).

als gerechtfertigt, als das Internationale Friedensbüro München zum Tagungsort des Weltfriedenskongresses von 1907 bestimmte und Quidde somit dessen Vorbereitung und Ausgestaltung anvertraut wurde. Quidde gelang es nicht nur, die nach dem Caligula-Skandal bei der bayerischen Staatsregierung seinetwegen noch immer bestehende Besorgnis zu zerstreuen. Dank Quiddes diplomatischer Regie wurde diesem Kongress nach seinem erfolgreichen Abschluss vom Internationalen Friedensbüro sogar der Rang eines pazifistischen Musterkongresses zuerkannt. Quiddes derart erworbenes und gefestigtes Ansehen ließ ihn 1914, noch vor der Entfesselung des Ersten Weltkriegs, an die Spitze der Deutschen Friedensgesellschaft gelangen.

VI

Die Jahre zwischen Jahrhundertwende und Kriegsausbruch eröffneten Quidde ein weiteres Feld öffentlicher Wirksamkeit. Er wurde Gemeindebevollmächtigter in München, also Kommunalpolitiker. Und er war es als Exponent der Deutschen Volkspartei innerhalb einer liberalen Parteienallianz, die sämtliche liberalen Strömungen der Stadt von den Nationalliberalen zur Rechten bis zu den Demokraten vom Schlage Quiddes zur Linken umfasste, ähnlich wie im Bayerischen Landtag. Als Kommunalpolitiker trat er als Generalist auf, arbeitete sich gewissenhaft in die jeweilige Materie ein, ob es nun um Fragen der sozialen Fürsorge, der gemeindlichen Kulturpflege, der Führung von Straßenbahnstrecken oder um Details der kommunalen Steuererhebung oder um den Etat der Stadt ging. Sozialpolitisches Engagement bewies Quidde im Zusammenhang mit der Wohnungsnot und der Arbeitslosigkeit in München.

Im Jahr des Münchener Weltfriedenskongresses erfolgte eine weitere Steigerung seiner öffentlichen Präsenz: Quidde wurde in den Bayerischen Landtag gewählt, wo er sich in die Liberale Vereinigung einreihte. Zwischen Rathaus und Landtag, zwischen der Bayerischen Akademie der Wissenschaften und der Wohnung in der Gedonstraße, dazu zwischen all den anderen Orten seines öffentlichen Auftretens wie Gaststuben und Wirtshäuser, erstreckten sich die Orte seines Agierens. Das Fahrrad war für ihn längst zum zuverlässigsten Mittel rascher Fortbewegung in der Stadt geworden.

Im Bayerischen Landtag wie in der Münchner Kommunalpolitik war für Quidde die Politik der übermächtigen Zentrumspartei als faktischer Regierungspartei Bayerns die hauptsächliche Zielscheibe seiner Kritik. Es muss nicht überraschen, dass Quiddes Beiträge zu den Debatten gerade in den bayerischen Zeitverhältnissen oft eine antiklerikale Note aufwiesen. Mit seinem Eintritt in den Landtag gewann die liberale Fraktion jedenfalls ein an Kompetenz wie Eloquenz gewichtiges Mitglied.

Die allgemeine Zielsetzung von Quiddes parlamentarischen Interventionen galt einer demokratischen Gesellschaftspolitik im weitesten Sinne. Profiliert traten Quiddes politische Absichten bei der Erörterung von Gegenständen hervor, bei denen er zugleich seine demokratischen, pazifistischen und föderalistischen Überzeugungen zur Geltung bringen konnte.

Der »Reserveleutnant« als ein prägender Typus der bürgerlichen Gesellschaft im wilhelminischen Zeitalter gab Quidde mehrfach das Stichwort zu Betrachtungen über den inneren Zustand der Armee und über dessen für die Gesellschaft bedenklichen Wirkungen. So stellte er 1908 in der Generaldebatte zum bayerischen Militäretat fest: »Ein großer Teil der Übelstände, die wir in unserem öffentlichen Leben beklagen, des Mangels an Charakter in einem großen Teil des Bürgertums« gehe zurück »auf den ... für unser öffentliches Leben verwüstenden Einfluss des Reserveoffiziersverhältnisses.« Kein Zweifel: Seine in seiner Militarismusschrift geäußerten Sorgen bestanden unvermindert fort.

Die Landtagswahl von 1912, die SPD und Liberalen Gewinne auf Kosten des Zentrums einbrachte, erneuerte Quiddes Mandat. Anstelle des Freiherrn von Podewils trat ein Zentrumspolitiker an die Spitze der Regierung: Georg Freiherr von Hertling. An der seither bis zu den revolutionären Vorgängen des November 1918 nicht mehr abreißenden, teils offen ausgetragenen, teils untergründig wirkenden bayerischen Diskussion über die Stabilität der Wittelsbacher-Monarchie war auch Quidde beteiligt. Absichtslos hatte Hertling mit seiner im Stil einer Regierungserklärung formulierten Rede vor dem Landtag am 5. März 1912 hierzu gewissermaßen die Schleusen geöffnet. Quidde bestritt dem Bekenntnis Hertlings zur Monarchie jedweden aktuellen Bezug, da »die Monarchie der Wittelsbacher in Bayern sicher« sei, nahm aber für sich in Anspruch, »theoretischer Republikaner« zu sein.

Er sei überdies »legitimiert, von Haus aus republikanisch gesinnt zu sein, als Sohn einer freien Stadt von republikanischer Verfassung. Ehe ich dem bayerischen König Treue und Gehorsam geschworen habe, habe ich der freien Stadt Bremen gelobt, ihr ein treuer Bürger zu sein und ihr Bestes zu wollen, und ich habe heute noch mein bremisches Bürgerrecht.«

Seit dem Oktober 1913 geriet die Diskussion erneut in Bewegung. Nun ging es um die Regelung zur Beendigung der Regentschaft. Eine Verschärfung trat dadurch ein, dass Hertling sich ausdrücklich auf das Königtum von Gottes Gnaden berief. Zwar stimmte die liberale Fraktion trotz großer Bedenken fast geschlossen für die von der Regierung eingebrachte Verfassungsänderung. Aber Quidde gehörte zu den drei Mitgliedern der Fraktion, die demonstrativ der Abstimmung fernblieben. Gerade ihm dürfte die Zumutung, einer Monarchie von Gottes Gnaden zustimmen zu sollen, als ebenso absurd wie unerträglich erschienen sein.

Auch das gehört zu der langen Vorgeschichte der Revolution in Bayern. Und diese Vorgeschichte mündete in die Geschichte des Ersten Weltkrieges. Quidde hatte den Großen Krieg in Europa gefürchtet wie alle seine Gesinnungsgenossen, allen voran Bertha von Suttner, die österreichische Pazifistin und Friedensnobelpreisträgerin. Als der Krieg im Sommer 1914 entfesselt wurde, traf er auf orientierungslose, von der Trauer um das Scheitern ihrer Hoffnungen gelähmte Pazifisten. Es erwies sich als notwendig, die Geschäftsstelle der DFG von Stuttgart nach Berlin zu verlegen. Von hier aus, so die Erwartung, war die Stimme des Pazifismus eher vernehmbar.

Darin sah Quidde jetzt seine Aufgabe: die Idee des Friedens gerade im Krieg hochzuhalten und zugleich keinen Zweifel an seinem Patriotismus und an dem seiner Gesinnungsfreunde zu nähren. Das bedeutete, der

Mutlosigkeit in der deutschen Friedensbewegung zu begegnen, den Kontakt zu den Pazifisten der Ententestaaten wenigstens über den Umweg der neutralen Staaten zu suchen, entgegen der beschönigenden Sprachregelung der militärischen Stellen die Wahrheit über die Tatsachen des Krieges zu verbreiten und sich fintenreich militärischer Unterdrückung zu entziehen, nicht zuletzt, mit zahlreichen Initiativen Auswege aus diesem Krieg zu weisen und Warnungen vor den gigantischen Plänen eines hemmungslosen Annexionismus auszusprechen, um so einem künftigen dauerhafteren Frieden mit konstruktiven Konzepten den Weg bereiten zu helfen. Indes, Quiddes maßvoller Pazifismus konnte die Entstehung radikaler Strömungen innerhalb der deutschen Friedensbewegung nicht verhindern.

Während sich die Friedensbewegung politisch nach links entwickelte, vollzog sich im politischen Denken Margarethe Quiddes eine Wendung nach rechts.

VII

Der Erste Weltkrieg brachte für Quiddes Privatleben einschneidende Veränderungen. Seit Beginn des Krieges vertrat seine Frau immer stärker und sehr zum Leidwesen ihres Mannes nationalistische Überzeugungen. Sie wurden einander zunehmend fremd. Während seiner Aufenthalte in Berlin hatte Quidde die Bekanntschaft einer jungen Frau gemacht: Charlotte Kleinschmidt. Sie wurde seine lebenslange Gefährtin. Aus der Verbindung ging eine Tochter hervor, ebenfalls Charlotte genannt. Gegenüber seiner Frau und der Öffentlichkeit gab Quidde »Lotti « als sein »Mündel« aus.

Der Krieg hatte Millionen Menschenopfer gefordert. Quidde gehörte nicht zu jenen, denen die mutwillige Verlängerung der Kämpfe angelastet werden konnte. Das sicherte ihm zunächst große Anerkennung in pazifistischen Milieus.

In Bayern wie im Reich ging der Krieg in eine Revolution über. Quidde wurde für das Münchner Bürgertum zum Hoffnungsträger. Er bejahte die Revolution. Aber er wollte sich auch aktiv daran beteiligen, sie in ruhigere Bahnen lenken und bald beenden.

Während der kurzen Ära Eisner erlebte Quidde einen unerwarteten Höhepunkt seines politischen Wirkens. Er wurde Vizepräsident des Provisorischen Bayerischen Nationalrates – mit Zustimmung Kurt Eisners. Als Mitglied des Parlaments konnte er Eisners Politik gegenüber kritisch auftreten. Am 17. Dezember 1918 hielt Quidde im Parlament eine große Rede, in der er sein demokratisches und liberales Credo aussprach: Quidde betonte, Eisners auf dem Rätesystem aufgebaute Regierung sei nicht durch Volkswahl legitimiert, deshalb müsse unverzüglich eine verfassunggebende Versammlung gewählt werden. Das System der Soldaten-, Arbeiter- und Bauernräte schließe auf unabsehbare Zeit das Bürgertum von der politischen Verantwortung aus. Sein Beitrag zum Wohle des gesamten Volkes sei aber unverzichtbar.

Quidde plädierte klar für ein parlamentarisches System. Seine Rede war ein Bekenntnis zur großdeutschen Idee im Sinne der Märzrevolution. Und sie war eine Absage an eine gegen das Reich gerichtete bayerische Sonderpolitik. Quidde pochte auch vehement auf Presse- und Versammlungsfreiheit und brachte damit grundsätzliche liberale Forderungen in Erinnerung.

Es gab also genügend Gründe, die Quidde für ein sicheres Mandat als Abgeordneter der soeben gegründeten linksliberalen Partei, der Deutschen Demokratischen Partei (DDP), im neuen bayerischen Landtag empfahlen. Dieses Mandat, das ihm mit der Wahl vom 12. Januar 1919 zufiel, nahm Quidde nicht an. Er zog den Abgeordnetensitz vor, den er mit seiner Wahl in die Verfassung gebende Deutsche Nationalversammlung am 19. Januar des Jahres erlangt hatte.

Das Parlament von Weimar erlebte Quidde selten als Redner. Und dennoch genügten die wenigen Gelegenheiten, bei denen er sichtbar und vernehmbar hervortrat, um auch hier sein unverwechselbares politisches Profil erkennen zu lassen. Es war Quidde, der gegenüber seinen politischen Freunden die revolutionären Farben Schwarz-Rot-Gold der Märzrevolution von 1848 als Trikolore der künftigen deutschen Republik forderte und verteidigte. Er gehörte zu der Minderheit, die vergeblich gegen die Todesstrafe votierte, und vor allem war er es, der sich in einer flammenden Rede ausdrücklich als Pazifist gegen die Unterzeichnung des Versailler Vertrages aussprach.

Seine Gründe: Er glaubte nicht an die deutsche Alleinschuld am Weltkrieg, weshalb er die Klärung der Frage durch eine internationale Untersuchungskommission verlangte. Und er bezweifelte, dass aus einem auf Gewalt statt auf Verständigung aufgebauten Friedensschluss dauernder Frieden hervorgehen könne. Dazu passte, dass er neben dem unabhängigen Sozialisten Hugo Haase, der Einzige war, der an die Verträge von Brest-Litowsk mit Sowjetrussland und von Bukarest mit Rumänien erinnerte, an Verträge also, die von den Siegern als beschämende deutsche Vorbilder für Friedensschlüsse der Gewalt hätten benannt werden können. Und er gehörte, wiederum neben Haase, zu jenen, die die Auswüchse eines abenteuerlichen deutschen Annexionismus in Erinnerung riefen.

Mochte Quidde während des Krieges in seiner Partei als lästiger Außenseiter gegolten haben – jetzt jedenfalls war die moralische Unterstützung, die er als dezidierter Pazifist der großen Mehrheit der DDP bei ihrer Ablehnung des Vertrages lieferte, hochwillkommen. Aber es nützte Quidde wenig. Seinen Wunsch, sein Wirken in der Verfassung gebenden Nationalversammlung nach dem Kapp-Lüttwitz-Putsch mit einem Mandat im ersten Reichstag der Weimarer Republik zu krönen, ließ seine Partei unerfüllt. Der Friedensvertrag von Versailles hatte den Pazifismus in Misskredit gebracht, nachdem sich die auf den amerikanischen Präsidenten Wilson gegründeten Hoffnungen auf einen »milden« Frieden als Illusion erwiesen hatten. Die DDP fürchtete Einbußen bei ihren bürgerlichen Wählern, falls sie Quidde eine aussichtsreiche Kandidatur zusichere. Gleichwohl blieb Quidde der DDP lange Jahre hindurch in kritischer Loyalität verbunden.

In der deutschen Friedensbewegung von Weimar war seine Tätigkeit an der Spitze der Deutschen Friedensgesellschaft und des Deutschen Friedenskartells, der neu entstandenen Dachorganisation, ständiger Belastung ausgesetzt. Es lebte sich als Pazifist gefährlich in dem neuen, republikanischen Staat. Von rechtsgerichteten Tätern verübte Attentate auf bekannte Pazifisten, darunter solche mit tödlichem Ausgang, bewiesen es. Ein Jahr vor dem Hitler-Putsch des 9. November 1923 erhielt Quidde Warnungen, die ihm Gefahr an Leib und Leben voraussagten. Er nahm die Warnungen ernst und hielt sich während des ganzen Jahres von München fern. Es dauerte nicht lange, bis der »Völkische Beobachter« drohend die Anschrift von Quiddes Münchner Wohnung bekannt machte.

Prekär entwickelte sich Quiddes Tätigkeit auch innerhalb der pazifistischen Organisation. Die DFG hatte seit Kriegsende eine drastische Verwandlung erfahren. Kriegsteilnehmer und sozialdemokratisch oder ganz einfach weiter links orientierte Männer und Frauen hatten sich der Friedensbewegung angeschlossen und ihr damit ein radikaleres Profil verliehen, als es die durch und durch bürgerliche und moderate pazifistische Organisation der Vorkriegszeit besessen hatte. Sie bestanden darauf, die Friedensbewegung den Erfordernissen und Möglichkeiten einer Massendemokratie anzupassen, der Militanz der rechtsgerichteten republikfeindlichen Kräfte mit Entschiedenheit entgegenzutreten und der heimliche Rüstung betreibenden Reichswehr mit äußerstem Misstrauen zu begegnen.

Obwohl Quidde manchem Urteil dieses radikaleren Pazifismus zustimmte, sah er doch keine Veranlassung, den seiner Geisteshaltung und seiner politischen Überzeugung gemäßen diskursiven Politikstil preiszugeben. Ebenso wenig sah er es als produktiv an, die Parteien der Weimarer Koalition, SPD, Zentrumspartei und DDP, trotz aller Mängel ihrer Politik, mit ätzender Kritik zu überziehen und dabei außer Acht zu lassen, wie sehr gerade die Friedensbewegung auf ein gedeihliches Verhältnis zu ihnen angewiesen war. Daraus ergaben sich im Laufe der Jahre immer stärkere Spannungen zwischen ihm und den radikalen Kräften der Friedensbewegung mit ihrem Führer Fritz Küster. Auch Quidde verfolgte mit Sorge, in welch gefährlich unkontrollierbarer Weise sich die Reichswehr entwickelte. Er hatte den Versailler Vertrag abgelehnt, aber der war nun Realität, und das Gebot der Vertragstreue verlangte seine gewissenhafte Ausführung anstatt listiger Umgehung. Als Quidde Anfang 1924 in Hellmut von Gerlachs Wochenzeitung »Die Welt am Montag« mit dem Artikel »Die Gefahr der Stunde« auf die friedensvertragswidrigen Rüstungen der Reichswehr hinwies, wurde er noch einmal ein Fall für den Staatsanwalt. Aus den Verhältnissen von Weimar erklärt sich die Übereinstimmung zwischen Justiz und Reichswehr und daraus, dass Quiddes Artikel als Landesverrat betrachtet wurde. Es folgte Quiddes Inhaftnahme mit der Aussicht, dass der Bayerische Volksgerichtshof auf Todesstrafe erkennen werde. Erst Proteste im In- und Ausland und Gustav Stresemanns diskretes Eingreifen führten zur Freilassung Quiddes.

VIII

Quidde war um diese Zeit bereits ein armer Mann geworden. Der lange Zeit solide Wohlstand der Quiddes wurde zunichte, als sie das Haus Gedonstraße 4 im Jahre 1921, zu Beginn der Inflationsperiode, aus unerfindlichen Gründen an die Münchener Rückversicherungsgesellschaft verkauften, zu einer Zeit, da bürgerliche Existenzen sich allenfalls durch das Festhalten an »Sachwerten« vor den ruinösen Folgen der Geldentwertung hatten bewahren können. Fortan war Quidde neben den bescheidenen Einkünften aus seiner Editorentätigkeit auf den Gelegenheitsertrag aus journalistischen Arbeiten angewiesen.

Die lange von Quidde ersehnte Auszeichnung mit dem Friedensnobelpreis wurde ihm endlich 1927 zuteil. Er teilte den Preis mit dem Franzosen Ferdinand Buisson, so wie der Preis im Jahr zuvor Gustav Stresemann und Aristide Briand zuerkannt worden war, als Manifestation zugunsten deutsch-französischer Aussöhnung im Zeichen der Locarno-Verträge. Die ihm durch den Preis zugefallene Erleichterung seiner wirtschaftlichen

Verhältnisse war rasch verflogen. Das Geld war unsicher angelegt worden. Die Lage der Quiddes war so prekär wie zuvor.

Ungewiss blieb auch seine Stellung innerhalb der deutschen Friedensbewegung. Resignierend wegen unüberbrückbarer Differenzen mit dem von Küster bestimmten neuen Kurs legte Quidde schließlich 1929 den Vorsitz der DFG, dann auch des Friedenskartells nieder und verließ bald danach die Friedensorganisation. Sein pazifistisches Engagement war damit keineswegs erloschen. Nicht nur, dass er sich einer neugegründeten pazifistischen Konkurrenzvereinigung anschloss. Überdies gründete er um die Jahreswende 1931 / 32 den »Deutschen Ausschuss für Abrüstungspropaganda«. Darin drückte sich Quiddes allzu berechtigte Sorge aus, dass europaweit und weltweit die Abrüstung so wenig Fortschritte mache, dass das Fortbestehen alter und die Entstehung neuer Konfliktlagen in Verbindung mit prall gefüllten Waffenarsenalen für die Zukunft das Schlimmste befürchten ließen. Quidde hatte allen Anlass, sich an seinen am Vorabend des Ersten Weltkrieges formulierten »Entwurf zu einem internationalen Vertrage über Rüstungsstillstand« zu erinnern.

Daneben wandte Quidde seit Ende der 20er-Jahre besonderes Interesse der politischen Lage auf dem Balkan zu. Den Auftakt hierzu bildete der Weltfriedenskongress von Athen im Jahre 1929, in dessen Beratungen Quidde führend hervortrat. Der Kongress bewirkte die Initiative des Internationalen Friedensbüros zu den seit 1930 alljährlich jeweils in einer Hauptstadt der südosteuropäischen Staaten stattfindenden Balkankonferenzen, an denen Quidde sich lebhaft beteiligte.

Ein weiterer Gegenstand, der Quiddes engagiertes Interesse wie das der Friedensbewegung überhaupt gegen Ende der 20er-Jahre stimulierte, war der Briand-Kellog-Pakt über universelle Ächtung des Krieges. Für Quidde stellte der Pakt eine Aktualisierung der Idee des allgemeinen Landfriedens im Ausgang des Mittelalters dar. Er zog diese historische Parallele wiederholt in seinen öffentlichen Vorträgen heran.

Aus der Rückschau lässt sich erkennen, wie sehr Quidde mit seinem politischen Denken im gleichen Takt mit dem Niedergang der Weimarer Republik zum tragischen Außenseiter geworden war. Außenseiter zuletzt auch in seiner Partei, der DDP! Den offensichtlich unaufhaltsam nach rechts gehenden Weg dieser Partei glaubte er nicht mitgehen zu dürfen – nicht um den Preis, seine demokratischen, liberalen und pazifistischen Überzeugungen verraten zu müssen. Den Übergang der Partei zur »Deutschen Staatspartei« im Herbst 1930 vollzog Quidde deshalb nicht mit. Stattdessen beteiligte er sich fast wie ein von den Ereignissen Getriebener an der Gründung der »Radikaldemokratischen Partei« und übernahm sogar, wenn auch mit geringer Überzeugung und ohne Illusionen, deren Vorsitz. Sie erlitt 1932, in der einzigen Reichstagswahl, an der sie teilnahm, das Schicksal einer Splitterpartei.

Hitlers Ernennung zum Reichskanzler am 30. Januar 1933, der Reichstagsbrand am 27. Februar 1933, schließlich das Ergebnis der Reichstagswahl vom 5. März 1933, alle drei Vorgänge machten es unvorstellbar, dass Quidde unter den neuen Verhältnissen seines Lebens sicher geblieben wäre. Wie ein Jahrzehnt zuvor erhielt er jetzt dringende Warnungen vor einer Verfolgungswelle, zu deren Opfern er gehören würde. Aber er mochte hoffen, dass Bayern nicht so rasch gleichgeschaltet werde und dass er durch die Flucht von Berlin nach München der Festnahme vorerst werde entgehen können. Doch seit dem 9. März 1933 vollzog sich die nationalsozialistische Machtübernahme auch in Bayern und München in gewalttätiger, blutiger Gestalt.

Nach sorgfältigen Vorkehrungen, die ihm die Furcht vor baldiger Entdeckung nahelegte, gelang Quidde am 18. März 1933 die Flucht aus München in die Schweiz. Margarethe Quidde blieb in München zurück.

IX

Quidde traf mittellos in Genf ein. Das war der Ort, der bis zu seinem Lebensende der Ort seines Exils bleiben sollte, ein Ort, der ihm, dem Mitglied und Vizepräsidenten des Internationalen Friedensbüros, wohlvertraut war. Quidde blieb während der nun folgenden Jahre fast ganz abhängig von fremder Hilfe: Neben der Unterstützung, die ihm Genfer Freunde gewährten, erhielt er ab 1934 eine jährlich erneuerte Zuwendung des Nobelkomitees des norwegischen Parlaments, für die er als Gegenleistung eine Darstellung der Geschichte der deutschen Friedensbewegung während des Ersten Weltkrieges lieferte. Daneben blieben ihm seltene Einkünfte aus journalistischer Arbeit. Da er als politischer Flüchtling den einschränkenden Bedingungen des Schweizer Fremdenrechts unterworfen war, boten sich dem alten Mann nur wenige Möglichkeiten, für seinen Lebensunterhalt selbst zu sorgen. Mehrmals war er gezwungen, sein möbliertes Zimmer zu wechseln.

Quiddes Leben im Exil hellte sich auf, als sich Charlotte Kleinschmidt und die gemeinsame Tochter Lotti zwischen 1936 und 1938 in Genf einfanden. In seinen letzten Lebensjahren lebte Quidde mit Charlotte Kleinschmidt in einer im Sommer 1938 bezogenen kleinen Wohnung, eine halbe Stunde Fußweg vom Völkerbundspalast entfernt.

Obwohl er selber unter erschwerten Verhältnissen lebte, war es Quidde ein Herzensanliegen, jenen Mitstreitern von ehedem mit Rat und Tat zu helfen, die wie er vor dem NS-Regime Zuflucht im Ausland gefunden hatten. Für sie, etwa 50 bis 60 Pazifisten im Exil, baute er eine Hilfsorganisation auf, um ihre Not mit bescheidenen Geldsendungen zu lindern oder ihnen auf andere Weise dienlich zu sein. Für die Zwecke dieses Unternehmens unternahm er sogar eine Reise nach England, um dort bei ihm bekannten Pazifisten Gelder zu sammeln. Bei einer Gruppe seiner »Schützlinge« erfuhren die Zuwendungen aus Genf zuletzt eine dramatische Notwendigkeit. Es war jene kleine Zahl pazifistischer Flüchtlinge, die nach Prag gelangt waren und angesichts der bevorstehenden Einverleibung der Rest-Tschechoslowakei in das Hitler-Reich in Panik darüber gerieten, ob sie dem tödlichen Zugriff durch die rechtzeitige Ausreise nach England entgehen könnten. Quidde nahm an ihrem Glück teil, als ihm alle, einer nach dem anderen, die lebensrettende Ankunft auf dem Luft-, auf dem Land- oder auf dem Seeweg in England meldeten. Es verdient festgehalten zu werden, dass an der Zuerkennung des Friedensnobelpreises an Carl von Ossietzky als Vorschlagsberechtigter auch Quidde, wenn auch in einer marginalen Rolle, beteiligt war. Auch seinen alten Widersacher Fritz Küster erklärte er für preiswürdig.

Ludwig Quidde mit Charlotte Kleinschmidt und ihrer Tochter Lotti.

Sein Engagement für die Sache des Friedens setzte Quidde auch im Exil fort. Er nahm an den Beratungen des Rates des Internationalen Friedensbüros regelmäßig teil, und er besuchte ebenso gewissenhaft die internationalen Friedenskongresse. Aber er hielt sich mit kritischen öffentlichen Äußerungen über die Zustände im »Dritten Reich« zurück, sei es, weil er seinen Asylstatus gegenüber der Schweizer Fremdenpolizei nicht aufs Spiel setzen wollte, sei es, weil er seine Frau in München vor Repressalien zu bewahren suchte. Er ging in dieser Vorsicht so weit, Hitlers Außenpolitik in den ersten Jahren des NS-Regimes als Politik des Friedens zu bezeichnen, vielleicht in naiver Verkennung von Hitlers wahren Absichten, aber eher aus dem Grund, seiner Frau ein Mehr an persönlicher Sicherheit zu verschaffen. Es ist verständlich, dass er damit bei seinen Kollegen im Internationalen Friedensbüro Kopfschütteln hervorrief und bei seinen pazifistischen Weggefährten im Exil auf Unverständnis, ja, heftige Kritik stieß.

Doch ist es wahrscheinlich, dass Quidde seine tatsächlichen Ansichten über Hitler-Deutschland der Öffentlichkeit überwiegend aus Gründen seines persönlichen Schutzes vorenthielt. Quidde stand die Entführung Berthold Jacobs aus der Schweiz von NS-Deutschland aus als Warnung gewiss klar genug vor Augen, ebenso wie das tödliche Attentat auf Theodor Lessing in dessen tschechoslowakischem Exil.

Wie es um Quiddes wahre Überzeugung bestellt war, beweist der Vorgang, der zu seiner Ausbürgerung als deutscher Staatsangehöriger führte. Seit 1937 rückte Quidde immer deutlicher von seiner anfänglichen Bereitschaft ab, Hitlers Friedenswillen als eine unumstößliche Tatsache zu bezeichnen. Quiddes Haltung wurde forciert durch die Erfahrungen des Jahres 1938: die Annexion Österreichs durch NS-Deutschland, das Münchener Abkommen, die Besetzung des Sudetengebiets und schließlich die Zerschlagung der Rest-Tschechoslowakei.

Für Quidde, der doch als großdeutscher Demokrat die Vereinigung Österreichs mit dem Deutschen Reich ersehnt hatte, stellte der »Anschluss« im März 1938 nichts anderes dar als einen Akt brutaler Gewalt. Dies öffentlich zu bekennen, wagte er nicht. Doch offen äußerte er sich gegenüber Personen seines Vertrauens, so gegenüber dem vormaligen Präsidenten der Deutsch-Böhmischen Völkerbundliga in einem Brief vom 25. Juni 1938:

»Es ist richtig, dass wir seinerzeit, entgegen dem Friedensvertrag für den Anschluss eingetreten sind. Es ist ein gewaltiger Unterschied, ob anständige Leute mit den Mitteln schärfster Propaganda ein Land in eine Gemeinschaft der Freiheit und des Rechts überführen wollen, oder ob eine Bande von Verbrechern, Mördern, Räubern, Brandstiftern und bestialischen Folterknechten, dazu Lügnern und Heuchlern mit schamlosem Rechtsbruch dieses Land einem Zustand brutalster Unterdrückung einzugliedern unternehmen.«

In seinem Urteil über das Münchener Abkommen hatte Quidde sich mit den unter den französischen Pazifisten verbreitete Stimmungen von »apaisement« auseinanderzusetzen, die ihm auch im Internationalen Friedensbüro begegneten. Der enthusiastischen Zustimmung seines französischen Kollegen Lucien Le Foyer zum Münchener Abkommen als einem vermeintlich großartigen Beitrag zur Erhaltung des Friedens trat er mit einer internen Erklärung entgegen. Er argumentierte als Historiker und brachte geschickt das französische Staatsverständnis in Erinnerung:

»Wir behaupten, dass eine Bevölkerung nicht durch das Recht der Selbstbestimmung legitimiert ist, sich aus einem seit Jahrhunderten bestehenden Staatsverband zu lösen und sich einem anderen Staat einzuverleiben. Im Elsass besteht eine starke, in der Bretagne eine schwache autonomistische Bewegung. Le Foyer wird mit uns diesen Bewegungen, wenn sie einmal die Mehrheit im Elsass oder in der Bretagne gewinnen sollten, nicht das Recht zuerkennen, die Loslösung von Frankreich und die Errichtung autonomer Staaten zu fordern. [...] Wir bleiben also bei der Meinung, dass das Abkommen von München ein schimpflicher Verrat war.«

In einem für die Veröffentlichung im westlichen Ausland bestimmten, aber unveröffentlicht gebliebenen Artikel geißelte Quidde Chamberlains Haltung als »feigen Verrat«. Er widerspreche »allen Traditionen englischer Politik und wesentlichen Interessen des Landes. [...] Die Abtretung des sudetendeutschen Gebietes ohne Abstimmung bedeutet, dass fast 3 Millionen von Sudetendeutschen, ohne gefragt zu sein, Hunderttausende von Deutschen und Tschechen aber geradezu gegen ihren Willen der Barbarei Hitler-Deutschlands ausgeliefert werden. Kann es eine größere Schmach für demokratische Regierungen geben?«

X

Jener Brief vom Juni 1938 nach Brünn in Mähren – ohne Unterschrift und von der Bitte begleitet, ihn nach Empfang sofort zu vernichten – sollte sich für Quidde als verhängnisvoll erweisen. Als der Brief durch NS-Stellen Anfang 1940 entdeckt wurde, gestand Quidde im deutschen Generalkonsulat in Genf seine Autorschaft. Seine Ausbürgerung folgte bald darauf.

Dass sich Quidde von nun an nicht mehr als deutscher Staatsbürger, sondern staatenlos in der Schweiz aufhielt, hatte schwerwiegende Folgen für ihn wie für die ihm nahestehenden Menschen. Seine Frau lebte in München mit ihrer behinderten Schwester Gertrud inzwischen in elenden Verhältnissen. Drohte ihre Lage nach der Ausbürgerung ihres Mannes vielleicht noch schwieriger zu werden? In der Tat war das bei einer Münchner Bank bestehende Konto Quiddes mit Beschlag belegt worden.

Die gleichgeschaltete deutsche Geschichtswissenschaft hatte ihn bereits seit 1935 der Auslöschung der Erinnerung an seinen Namen ausgeliefert. Obwohl er gelegentlich auch aus seinem Exil heraus für seinen Editionsauftrag Archivarbeiten erledigt und damit sein starkes Interesse am Fortbestehen der Verbindung mit der Bayerischen Akademie der Wissenschaften bekundet hatte, wurde er seither für die Akademie zur Unperson. Sein Name erschien nicht mehr in ihren Veröffentlichungen.

Die Serie unglückseliger Vorgänge setzte sich fort: der Beginn des Zweiten Weltkrieges mit dem deutschen Einmarsch in Polen, die deutsche Invasion in Dänemark und Norwegen, wodurch die für Quidde existentiell notwendige Quelle, die Subventionszahlung aus Oslo, versiegte; der Tod Margarethe Quiddes am 25. April 1940. Nun hätte Quidde seine Absicht ausführen können, Charlotte Kleinschmidt zu heiraten. Indes machte seine Ausbürgerung den Plan zunichte, denn eine Heirat hätte auch seine Ehefrau staatenlos werden lassen.

Wie entwickelte sich Quiddes Haltung als Pazifist zum Zweiten Weltkrieg? Die Korrespondenz mit seiner Gesinnungsgenossin Helene Stöcker im Herbst 1939 gibt Auskunft. Er habe, erklärte Quidde, immer »nachdrücklich protestiert«, »wenn jemand den Krieg herbeigewünscht hat, weil nur auf diesem Weg ein anderes Ziel – der Sturz des Nazi-Regimes – erreicht werden könne. Ich habe das für unverantwortlich erklärt, da kein Grund irgendwelcher Art die Entfesselung eines Krieges rechtfertigen könne. Die Beschleunigung des Sturzes Hitlers wäre mir durch einen Krieg zu teuer erkauft. Nachdem nun aber, trotz der Langmut der englischen Regierung, der Verbrecher in Berlin den Krieg begonnen und Polen vernichtet hat, bin ich allerdings der Meinung, dass der Krieg jusqu'au bout geführt werden muss. Wollte man jetzt Frieden schließen, so wäre das eine Wiederholung der Schmach von München und [würde] zur Folge haben, dass binnen kurzem weitere Vergewaltigungen folgen würden, und wenn sich die Opfer die Vergewaltigungen nicht gefallen lassen würden, weitere Kriege.«

Das entbehrungsreiche Leben des Exils hatte selbst der lange so stabilen physischen Verfassung Quiddes schließlich schwer zugesetzt. Am Tage vor Weihnachten 1940 erzwang eine akute Verschlimmerung seines langjährigen urologischen Leidens Quiddes ärztliche Behandlung in einem Genfer Krankenhaus, aus dem er sich im Februar 1941 wieder in seine Wohnung und in die aufopfernde Pflege durch seine Lebensgefährtin zurückbegab. Eine Genesung war nicht mehr möglich. Eine in der Todesnacht hinzutretende Lungenentzündung ließ sein Leben am 5. März 1941 erlöschen.

Als sich am 8. März 1941 eine kleine Trauergemeinde auf dem Friedhof von St. Georges in Genf zusammenfand und Quiddes Lebenswerk in mehreren Ansprachen gewürdigt wurde, als dann Quiddes Leiche im Dezember des Jahres eingeäschert und die Asche auf dem Friedhof Petit-Saconnex beigesetzt wurde, da fand sich das Echo von Quiddes lebenslangem Wirken für den Frieden auch in so manchen von Trauer und Dankbarkeit zeugenden Briefen von Weggefährten, und es fand sich solcher Widerhall in dem einen oder anderen Nachruf in der außerdeutschen Presse. Diesem Leben angemessen war die Inschrift auf der Grabplatte: »Amavi iustitiam«, wozu die bittere Klage Papst Gregors VII., hinzuzufügen gewesen wäre: »Deshalb sterbe ich in der Verbannung«.

Im Übrigen gingen die Zeiten im Krieg rasch hinweg über diesen Tod. Und es verging eine lange Zeit, bis sich hier und da Stimmen erhoben, die an den großen deutschen Pazifisten Ludwig Quidde erinnerten. Für die nach dem Zweiten Weltkrieg sich neu entfaltende deutsche Friedensbewegung blieb Quidde dagegen ein großer Unbekannter. Tröstlich ist, dass die Erinnerung an Quidde in der Schweiz nicht erlosch. Eine Ehrung besonderer Art wurde ihm durch die Initiative der Vereinigung »Genève: un lieu pour la paix« zuteil. In einer Gedenkzeremonie, bei der auch die Tochter Ludwig Quiddes das Wort ergriff, fand am 26. Mai 2003 die Errichtung eines Grabmals für den in Deutschland fast vergessenen Friedenspolitiker auf dem Cimetière des Rois in Genf statt. Im Rathaus der Freien Hansestadt Bremen wurde im Jahr 2008 der 150. Wiederkehr von Quiddes Geburtstag mit einem Kolloquium gedacht, das Quiddes Leistung für den Weltfrieden neben jener der drei anderen deutschen Träger des Friedensnobelpreises – Gustav Stresemann, Carl von Ossietzky und Willy Brandt – würdigte.

In München, wo er mehr als vier Jahrzehnte das öffentliche und wissenschaftliche Leben prägte, erinnert die Quiddestraße im Stadtteil Neuperlach an den Pazifisten.

Literaturhinweise

Holl, Karl: Ludwig Quidde (1858–1941). Eine Biografie. Düsseldorf 2007.
Quidde, Torsten: Friedensnobelpreisträger Ludwig Quidde. Ein Leben für Frieden und Freiheit. Berlin 2003.
Wolgast, Eike: Deutsche Reichstagsakten. In: Lothar Gall (Hrsg.): »... für deutsche Geschichts- und Quellenforschung«. 150 Jahre Historische Kommission bei der Bayerischen Akademie der Wissenschaften. München 2008, S. 79–120.

Elisabeth Vaupel
Heinrich Wieland (1877–1957)
Ein Chemiker im Spannungsfeld zwischen Wissenschaft und Politik

Das chemische Laboratorium der Königlich Bayerischen Akademie der Wissenschaften, das ab 1938 als Staatslabor der LMU weitergeführt wurde, war seit der zweiten Hälfte des 19. Jahrhunderts eine weit über die Grenzen Deutschlands hinaus bekannte Hochburg chemischer Forschung und Lehre. Diese große Reputation war dem Wirken renommierter Lehrstuhlinhaber, wie zum Beispiel Justus von Liebig, zu verdanken. Nachdem dieser 1873 gestorben war, folgten ihm drei spätere Chemie-Nobelpreisträger nach: 1875 Adolf von Baeyer (Nobelpreis 1905), 1915 Richard Willstätter (Nobelpreis 1915), 1925 schließlich Heinrich Wieland (Nobelpreis 1927).

Wieland war zu seiner Zeit ein weltbekannter Chemiker, voller Ideen und Schaffenskraft und in seinen Arbeitsgebieten ungemein vielseitig. Seine Domäne waren zwei junge, um die Wende vom 19. zum 20. Jahrhundert aufblühende Forschungsgebiete: die Naturstoffchemie, die zwischen Organischer Chemie, Pharmazeutischer Chemie und Biochemie anzusiedeln ist, sowie die damals noch in den Kinderschuhen steckende Biochemie, als deren Mitbegründer Wieland zu Recht gilt. Große Verdienste erwarb er sich um die Etablierung und Institutionalisierung dieser jungen akademischen Disziplinen im universitären Fächerkanon: Wieland erreichte, dass die Universität München schon kurz nach Ende des Zweiten Weltkrieges – und damit sehr früh – ein eigenes Biochemisches Institut bekam, das unter der Leitung seines Schwiegersohnes Feodor Lynen (Nobelpreis für Physiologie oder Medizin 1964, vgl. Seite 133–153) Weltgeltung erlangte.

Wegen seines couragierten, von menschlichem und moralischem Anstand geprägten Verhaltens in den Jahren der nationalsozialistischen Diktatur war Wieland eine große Ausnahme unter seinen akademischen Kollegen, die aus unterschiedlichen Gründen allzu oft glaubten, dem verbrecherischen Regime zu Diensten sein zu müssen und sich tatsächlichem oder auch nur vermeintlichem Druck in der Regel willfährig beugten. Wieland setzte sich seit 1940, als die NS-Hochschulpolitik die »halbjüdischen« Studenten und Mitarbeiter zunehmend ausgrenzte und diskriminierte, beim Rektor seiner Universität geschickt und erfolgreich dafür ein, dass eine beachtliche Zahl von ihnen an seinem Institut weiterstudieren und -arbeiten konnte. Im Sommersemester 1943 waren an der LMU 23 »Mischlinge« immatrikuliert. 16 davon studierten oder arbeiteten an Wielands Institut, eine beachtlich hohe Zahl.

Wielands Engagement für »halbjüdische« Studenten war herausragend und sprach sich auch außerhalb Münchens herum, besonders an der Universität Hamburg. So suchten zwei dieser Studenten, Valentin Freise und Hans Leipelt, wegen massiver Schikanen an der Universität Hamburg gezielt Unterschlupf in Wielands Institut. Die beiden jungen Männer wurden im Herbst 1943 im Zusammenhang mit der Zerschlagung der studentischen Widerstandsgruppe »Weiße Rose« verhaftet und im Oktober 1944 vor dem Volksgerichtshof in Donauwörth angeklagt. Sieben der insgesamt neun Personen, die bei diesem Prozess auf der Anklagebank saßen, studierten oder arbeiteten an Wielands Institut. Wieland entschloss sich zu einer damals sehr mutigen Solidaritätsgeste: Er fuhr als Entlastungszeuge zum Prozess nach Donauwörth. Sein persönlicher Einsatz konnte allerdings nicht verhindern, dass der Hauptangeklagte, der Chemiestudent Hans Leipelt, wegen angeblichen Hochverrats verurteilt und im Januar 1945, wenige Monate vor Kriegsende, hingerichtet wurde.

Wer war Heinrich Wieland, dieser aufrechte Mann, der unter schwierigsten politischen Bedingungen menschliches Format und Charakterstärke bewiesen hatte und überdies noch ein brillanter Chemiker war?

Herkunft und Studium

Heinrich Wieland wurde 1877, sechs Jahre nach Gründung des Deutschen Kaiserreichs, im badischen Pforzheim als ältestes Kind einer vermögenden Unternehmerfamilie geboren. In der väterlichen Gold- und Silberscheideanstalt erlebte er den Alltag in einem mittelständischen chemischen Gewerbebetrieb und entdeckte so früh sein Interesse an Chemie und

Naturwissenschaften. Wielands Vater war Apotheker und promovierter Chemiker und als solcher ein typischer Repräsentant des in der zweiten Hälfte des 19. Jahrhunderts aufkommenden Typus des akademisch gebildeten Unternehmers. Er war es auch, der seinem Sohn die Gabe, kaufmännisch-unternehmerisch zu denken, mit auf den Lebensweg gab.

Dank seines Elternhauses lag es nahe, dass sich Heinrich Wieland nach hervorragend bestandenem humanistischem Abitur für ein Chemiestudium entschied. Auch sein Bruder Eberhard, der die Scheideanstalt weiterführte, ergriff einen naturwissenschaftlich-technischen Beruf ebenso wie der jüngste Bruder Hermann, der nach bravourös absolviertem Medizin- und Chemiestudium Professor für Pharmakologie in Königsberg und Heidelberg wurde. Zu ihm hatte Heinrich Wieland zeitlebens ein besonders gutes Verhältnis und arbeitete wissenschaftlich eng mit ihm zusammen.

Heinrich Wieland begann im Herbst 1896 mit dem Chemiestudium, das er im Wesentlichen an der Universität München absolvierte; nur zwei Semester verbrachte er »auswärts«, in Berlin und Stuttgart. Wieland fühlte sich mit Leib und Seele als Süddeutscher. Als begeisterter Wanderer, Skifahrer und Biergartenbesucher, Mitglied von Naturschutzbund und Alpenverein, liebte er München und seine Umgebung. Dort verbrachte er bis auf seine Jugendjahre in Pforzheim und ein vierjähriges Zwischenspiel als Ordinarius in Freiburg fast sein ganzes Leben. 1901 promovierte er bei Johannes Thiele, einem damals bekannten Vertreter der Theoretischen organischen Chemie, der die Organischen Abteilung des Münchner Staatslabors leitete, und schloss 1904, im Alter von nur 27 Jahren, seine Habilitation ab.

Wieland als junger ehrgeiziger Akademiker.

Wieland hatte sich für die akademische Laufbahn entschieden, und damit für eine mühsame Karriere, bis schließlich ein Ordinariat erreicht war. Da einem Privatdozenten der Chemie zu Beginn des 20. Jahrhunderts nur die Hörergelder und Praktikumsgebühren als Einkommen zustanden, konnte sich eine Hochschullaufbahn in der Regel nur leisten, wer aus wohlhabendem Elternhaus kam oder die Entbehrungen vor dem ersten Ruf durch Berater- und Gutachtertätigkeit für die chemisch-pharmazeutische Industrie überbrückte. Aus den meist schon in jungen Jahren geknüpften Beraterverhältnissen ergaben sich oft lebenslang währende »Ehen« mit der jeweiligen Firma. Diese für Deutschland typische, für alle Beteiligten sehr fruchtbare Allianz zwischen Hochschule und Industrie trug maßgeblich dazu bei, dass sich die deutsche chemische Industrie in der Zeit zwischen Reichsgründung (1871) und Ende des Ersten Weltkrieges (1918) eine internationale Führungsposition verschaffen konnte. Eine enge Kooperation mit einer chemisch-pharmazeutischen Fabrik fällt auch in Wielands Biografie auf. Er hatte als Privatdozent zunächst einen Beratervertrag mit der chemisch-pharmazeutischen Fabrik J. D. Riedel in Berlin abgeschlossen und war seit 1907 vertraglich an die Firma C. H. Boehringer Sohn in Nieder-Ingelheim am Rhein (seit 1939: Ingelheim) gebunden. Beim Zustandekommen der für Wieland so wichtigen Kooperation mit C. H. Boehringer Sohn, die er bis an sein Lebensende weiterpflegte, spielten Verwandtschaftsbeziehungen eine wichtige Rolle: Der Gründer und Inhaber der Firma war mit einer Cousine Wielands verheiratet. Wielands Forschungen auf dem Gebiet der Naturstoffchemie kamen den Interessen der Firma entgegen, die sich seit 1905 zusätzlich zu ihrem ursprünglichen Fabrikationsprogramm, der Herstellung organischer Säuren, auf die Herstellung pharmazeutisch genutzter Pflanzenalkaloide verlegt hatte, also Verbindungen wie Morphin, Codein, Kokain und Atropin. Auch Wielands zweites großes Forschungsgebiet, die Biochemie, kam der Firma zugute, da man organische Säuren, wie Milch- oder Zitronensäure, bei Boehringer bereits im ersten Drittel des 20. Jahrhunderts biotechnologisch herstellte.

Wielands finanzielle Situation besserte sich bald und erlaubte ihm 1908, seine langjährige Freundin Josephine Bartmann zu heiraten. Seine Eltern standen der hübschen und charmanten Schwiegertochter zunächst skeptisch gegenüber. Wieland zeigte allerdings schon früh Charakterstärke und Willenskraft und ließ sich von ihren Vorbehalten nicht beirren. Von den vier Kindern, die aus dieser Ehe hervorgingen, wurde Sohn Theodor als Professor für Organische Chemie bekannt, Tochter Eva als Ehefrau von Feodor Lynen.

Im Jahr 1914 wurde Wieland Extraordinarius für Spezielle Organische Chemie und Leiter der organischen Abteilung des von Adolf von Baeyer

Wielands Frau Josephine mit den drei ältesten Kindern im Jahr 1916.

geleiteten Münchner Staatslaboratoriums und bezog mit 37 Jahren erstmals ein regelmäßiges Beamtensalär. Das endgültige Ziel, ein Ordinariat, hatte er allerdings immer noch nicht erreicht.

Kampfstoff-Forschung im Ersten Weltkrieg

Im August 1914 brach der Erste Weltkrieg aus. In Deutschland herrschte eine für uns nicht mehr vorstellbare patriotische Stimmung, die alle politischen Gegensätze wegzufegen schien. Um zu verhindern, dass das Staatslabor durch die Mobilmachung völlig verwaiste, hatte Adolf von Baeyer einen Unabkömmlichkeitsantrag für Wieland gestellt. Als Gegenleistung musste Wieland kriegswichtige chemische Forschung über Schieß- und Sprengstoffe betreiben.

Im März 1917, nach Kriegseintritt der Amerikaner, der den Krieg endgültig zum Weltkrieg eskalieren ließ, wurde Wieland vom Preußischen Kriegsministerium an das Kaiser-Wilhelm-Institut (KWI) für Physikalische Chemie und Elektrochemie nach Berlin-Dahlem abkommandiert. Dieser Ortswechsel war mit Fritz Haber, dem Gründer und Leiter des renommierten Instituts, abgesprochen worden, der sein KWI schon bei Kriegsausbruch in ein veritables Kriegsforschungsinstitut umgewandelt hatte. Der Ruf nach Berlin war eine Auszeichnung für einen jungen, ambitionierten Wissenschaftler wie Wieland, der das letzte Karriereziel, ein Ordinariat, damals ja noch nicht erreicht hatte. Für das KWI arbeiteten während des Ersten Weltkrieges zeitweilig 200 Chemiker, darunter die besten der Nation, sodass das Institut eine wertvolle Kontakt- und Informationsbörse für einen ehrgeizigen, aufstrebenden Chemiker wie Wieland war. Kurz nachdem er seine Tätigkeit in Dahlem aufgenommen hatte, erhielt er 1917 den lang ersehnten Ruf auf den Lehrstuhl für Organische Chemie der Technischen Hochschule in München, den er annahm. Fachlich hatte Wieland damals schon sehr viele eindrucksvolle Arbeiten in den verschiedensten Gebieten der Organischen Chemie und der Biochemie zu bieten. Bei den Berufungsverhandlungen legte das bayerische Kultusministerium Wert darauf, dass Wieland seine »kriegswichtige« Forschung am KWI trotz seiner Lehrverpflichtungen in München fortsetzte. Deshalb wurde ihm für die Dauer des Krieges gestattet, zehn Tage pro Monat in Dahlem zu arbeiten.

Am KWI wurde Wieland im März 1917 Leiter einer kleinen, aber wichtigen Abteilung, deren Aufgabe die Synthese neuer Kampfstoffe war. In Wielands Abteilung wurde intensiv über Senfgas geforscht, ein Hautgift, das üble, schlecht heilende Wunden verursachte und zugleich ein gefürchteter Geländekampfstoff war, der langfristig kanzerogen und zellschädigend wirkte. Seit Sommer 1917 setzten die Deutschen Senfgas an der Front ein. Außerdem suchte man in Wielands Abteilung gezielt nach Substanzen, die den gegnerischen Gasschutz unwirksam machen konnten. Die stark nasen- und rachenreizend wirkenden, arsenorganischen Kampfstoffe, die zu diesem Zweck synthetisiert wurden, zwangen die Soldaten zum Abreißen der Gasmasken, sodass sie dann schutzlos den eigentlichen Giftgasen ausgesetzt waren. Diese sogenannten »Maskenbrecher«, wie Senfgas eine spezifische Entwicklung der Deutschen, wurden ebenfalls seit Juli 1917 an der Front eingesetzt. 1918 wurde Wieland für seine Verdienste um die »Landesverteidigung« ein Orden verliehen.

Nach einer kritischen Reflexion über seine militärisch relevante Kriegsforschung am KWI während des Ersten Weltkriegs sucht man in Wielands Nachlass vergeblich. Die Frage, die für uns heute, nach der Erfahrung zweier verheerender Weltkriege, so zentral ist, nämlich wie sich ein Chemiker an der Entwicklung derartig heimtückischer Substanzen beteiligen konnte, diese Frage stellte sich für Wieland und die meisten seiner Kollegen vermutlich nicht – unreflektiert hielten es die meisten Wissenschaftler damals für ihre patriotische Pflicht, Kaiser und Vaterland ihre Fachkenntnisse zur Verfügung zu stellen. Da Wertvorstellungen und Normen sich im Laufe der Geschichte wandeln, sich aber nicht jedermann dieses Wandels wirklich bewusst ist, muss betont werden, dass sich Wielands erstaunlich große Handlungsspielräume während der NS-Zeit auch dadurch erklären, dass sein Patriotismus angesichts seiner Kampfstoff-Forschung im Ersten Weltkrieg von Niemandem in Frage gestellt werden konnte.

Intermezzo in Freiburg und Rückkehr nach München

Nach Ende des Ersten Weltkrieges erhielt Wieland mehrere Rufe, unter anderem auf den renommierten Lehrstuhl der Berliner Universität als Nachfolger des berühmten Chemikers Emil Fischer. Den ehrenwerten Ruf in die Reichshauptstadt lehnte er nach langem Überlegen schließlich ab, unter anderem, weil er in Süddeutschland bleiben wollte, und begnügte sich mit einem etwas bescheideneren Posten, dem Lehrstuhl für Organische Chemie an der Universität Freiburg, den er 1921 annahm. In seiner badischen Heimat verbrachte Wieland vier glückliche und wissenschaftlich außerordentlich fruchtbare Jahre. Viele seiner grundlegenden Arbeiten über die herzwirksamen Inhaltsstoffe des Krötengifts, die Gallensäuren, die Alkaloide der nordamerikanischen Arzneipflanze *Lobelia inflata* oder die Alkaloide aus den Samen der Brechnuss *Strychnos nux vomica* wurden in dieser Zeit begonnen bzw. weitergeführt. Die Kooperation mit der Firma Boehringer, die an Wielands Forschungsergebnissen gerade damals großes industrielles Interesse hatte, war so rege, dass Wieland das Freiburger Institut dank seiner Industriekontakte geschickt durch die wirtschaftlich schwierigen Inflationsjahre lavieren konnte. Boehringer finanzierte ihm Chemikalien, Geräte und sogar Mitarbeiterstellen.

Wieland kehrte 1925 – und nun endgültig – als Ordinarius an die Universität München zurück. Dort wurde er Nachfolger des aus einer jüdischen Familie stammenden Richard Willstätter, der sich 1924/25 demonstrativ von seinen Aufgaben in Forschung und Lehre an der Universität hatte entbinden lassen. Neben Überarbeitung und tragischen familiären Schicksalsschlägen spielten zweifellos Willstätters Hoffnungslosigkeit angesichts des zunehmenden Rechtsradikalismus in München nach dem Hitler-Putsch von 1923 eine Rolle für diesen seinerzeit Aufsehen erregenden Schritt.

126 Elisabeth Vaupel

Die chemisch-pharmazeutische Fabrik C. H. Boehringer Sohn.

Willstätters lesenswerte Autobiografie lässt erkennen, dass er seinen Nachfolger Wieland als einen der wenigen getreuen Freunde betrachtete, die in der Zeit der nationalsozialistischen Diktatur zu ihm hielten. Als Willstätter nach dem Pogrom vom November 1938 der Zugriff auf sein Bankkonto gesperrt wurde und er deshalb in finanzielle Schwierigkeiten geriet, half ihm Wieland aus der Misere.

Wielands Forschung über Gallensäuren

In diese zweite Münchner Periode fiel auch der Nobelpreis, den Wieland im November 1928 rückwirkend für das Jahr 1927 für seine »Untersuchungen über die Zusammensetzung der Gallensäuren und verwandter Verbindungen« bekam.

Dass sich Wieland dem Thema »Gallensäuren« zugewandt hatte, war vermutlich seinen Kontakten zur Firma J. D. Riedel in Berlin zu verdanken, einem seinerzeit renommierten Hersteller medizinischer Gallensäurepräparate zur Therapie von Verdauungsstörungen. Wieland erkannte als Erster die physiologische Funktion der Gallensäuren, nämlich wasserunlösliche Substanzen – beispielsweise Nahrungsfette – zu emulgieren und auf diese Weise resorbierbar, also für den Körper verwertbar, zu machen. Wieland entdeckte, dass gewisse Gallensäuren sogenannte »Einschlussverbindungen« mit Fettsäuren und anderen wasserunlöslichen Substanzen bilden konnten. Durch die Kombination mit Gallensäuren wurden wasserunlösliche Verbindungen so modifiziert, dass sie auf einmal wasserlöslich und damit resorbierbar wurden. Diese Entdeckung schürte die Hoffnung, mit Hilfe von Gallensäuren völlig neue Darreichungsformen für eine Vielzahl wasserunlöslicher pharmazeutischer Wirkstoffe schaffen zu können – ein Traum der pharmazeutischen Chemiker schien wahr zu werden.

Auf diesem Prinzip, das allerdings nicht so allgemeingültig funktionierte wie zunächst erhofft, basierte Wielands Idee, eine »Einschlussverbindung« aus einer bestimmten Gallensäure, der Desoxycholsäure, und Campher herzustellen, einem seit alters her beliebten Arzneimittel bei Atem- und Kreislaufbeschwerden. Campher war kaum wasserlöslich und ließ sich deswegen nur schlecht in den Körper eines Patienten injizieren. Die neue »Einschlussverbindung« aus Gallensäure und Campher ließ sich Wieland, in der Überzeugung, nun endlich ein gut resorbierbares Herzpräparat erfunden zu haben, sofort patentieren. Zusammen mit seinem Bruder Hermann setzte er alles daran, die Verwandtschaft bei Boehringer zu überreden, in die Herstellung von Gallensäuren und Gallensäurepräparaten einzusteigen. Diese Idee griffen die Ingelheimer 1917 auf. Die Entwicklung des neuen Präparats verzögerte sich kriegsbedingt allerdings bis 1920. Dann kam Boehringer mit seinem Herz-Kreislauf-Mittel Cadechol, einer »Einschlussverbindung« aus *Ca*mpher und *Desoxychol*säure (daher der Name) auf den Markt. Das Medikament war ein großer Erfolg, verlor aber seit 1925 wegen eines auf einem anderen Wirkprinzip beruhenden, besseren Konkurrenzprodukts zunehmend Marktanteile.

Wäre das Cadechol zunächst nicht so ein durchschlagender Erfolg gewesen, hätte sich Wieland, wie er selber sagte, niemals weiter mit der Chemie der Gallensäuren beschäftigt, die ihm zunächst sogar reichlich langweilig erschien. Die Konstitutionsermittlung einer komplex gebauten organischen Substanz wie den Gallensäuren, die heute dank physikalischer Methoden in wenigen Tagen gelingt, war zu Wielands Zeit noch ein kompliziertes Puzzlespiel, dessen Lösung bei komplizierten Molekülen Jahre, ja sogar Jahrzehnte, in Anspruch nahm. Genaue Analysen, viel Geduld und Kombinationsgabe waren Voraussetzungen, um nur durch chemische Abbau- und Derivatisierungsreaktionen und den chemischen Nachweis der wenigen funktionellen Gruppen auf den Bauplan der Gallensäuren rückzuschließen. Genau das gelang Wieland, auch wenn er dabei manchen Irrweg ging und sein Ziel keineswegs immer auf direktem Weg erreichte.

Seit 1919 war dank der Arbeiten von Wielands Göttinger Kollegen und Freund Adolf Windaus klar, dass die Gallensäuren und das Cholesterin das gleiche Ringsystem – das der Steroide – besitzen mussten. Eben weil Wieland und Windaus die Frage nach dem Aufbau des Steroidgrundgerüsts von zwei verschiedenen Seiten angingen, war es ein weiser Entschluss des Nobelkomitees, beide Wissenschaftler gleichzeitig mit dem Nobelpreis für Chemie auszuzeichnen, wobei Wieland 1928 rückwirkend den Preis für 1927 und Windaus den für 1928 bekam.

Kurz nachdem Wieland und Windaus den chemischen Aufbau des Steroidgerüsts geklärt hatten, wurde deutlich, dass diese biologisch grundlegende Struktur in sehr vielen physiologisch wirksamen Substanzen enthalten ist: im Vitamin-D-Komplex, den Sexualhormonen, den Nebennierenrindenhormonen, in den herzwirksamen Glykosiden des roten Fingerhutes, der Meerzwiebel und gewissen Pfeilgiften, wie dem Strophanthin. Wenn man bedenkt, wie viele heute unverzichtbare Errungenschaften letztlich auf der Kenntnis des Steroidgerüsts basieren – die Antibabypille, das Cortison, das Vitamin D, unsere Kenntnis des Cholesterinstoffwechsels und seiner medizinischen Beeinflussungsmöglichkeiten –, so lässt sich erahnen, wie grundlegend Wielands Pionierarbeiten auf dem Gebiet der Steroidchemie waren.

Kriegswichtige Medikamente

Die vielen theoretisch und praktisch gleichermaßen relevanten Themen, die Wieland im Laufe seines Lebens bearbeitete – die katalytischen Oxidationsreaktionen in der lebenden Zelle, die biotechnologische Penicillingewinnung, die Aufklärung des chemischen Baus der Schmetterlingsflügelpigmente sowie gewisser pharmazeutisch interessanter Schlangen-, Pilz- und Pfeilgifte – können hier nur kursorisch genannt werden. Nur eines, das zur Entwicklung eines Jahrzehnte lang wichtigen Medikamentes führte, sei ausführlicher vorgestellt: Wielands Aufklärung der Alkaloide der nordamerikanischen Arzneipflanze *Lobelia inflata*, die die Indianer bei verschiedenen Beschwerden seit Langem als Arzneimittel verwendeten, unter anderem zur Therapie von Störungen des Atmungsapparates. 1921 brachte Boehringer dank eines von Wieland entwickelten Verfahrens das aus der Arzneipflanze isolierte Lobelin als pharmazeutisches Präparat auf den Markt. Da das Lobelin das Atemzentrum anregte, war es ein hervorragendes Erste-Hilfe- und Wiederbelebungsmittel bei lebensbedrohlichem Atemstillstand und ein unverzichtbares Notfallmedikament bei Verletzungen, die mit großen Blutverlusten einhergingen, bei Narkoseunfällen, Kohlenmonoxid-, Blausäure- und Schlafmittelvergiftungen. Dank seiner hervorragenden Wirkung gelangte das Präparat schon in den 20er-Jahren in die Erste-Hilfe-Kästen vieler Betriebe und hatte während des Zweiten Weltkrieges einen festen Platz in zivilen und militärischen Sanitätsausrüstungen. Die große pharmazeutische Bedeutung des Lobelins bewirkte, dass Wieland und seine Schüler versuchten, diese Verbindung möglichst auch vollsynthetisch, d.h. auf der Basis von Chemikalien, die in Deutschland verfügbar waren, in der Retorte des Chemikers herzustellen. Eine Vollsynthese des Lobelins sollte nicht nur von den Nachteilen der Pflanzenextraktion unabhängig machen, sondern auch von ausländischen Drogenimporten. Letzteres war nach der Verkündigung von Hitlers Vierjahresplan im Jahre 1936 ein klar formuliertes wirtschaftspolitisches Ziel.

Tatsächlich wurde 1929 eine erste Möglichkeit gefunden, Lobelin vollsynthetisch herzustellen. Aber erst 1937, nach achtjähriger, angestrengter Entwicklungsarbeit, konnte die Firma ein Lobelin-Präparat in den Handel bringen, dessen Wirkstoff erstmals nicht mehr aus dem Pflanzenmaterial extrahiert wurde. Da Boehringer dank dieses Präparats seit 1937 von amerikanischen Lobelia-Importen unabhängig war, wurde die Totalsynthese des in der Notfallmedizin und als Wiederbelebungsmittel so unverzichtbaren Lobelins in der Fachwelt als Beitrag zur Erfüllung von Hitlers Vierjahresplan gesehen. Angesichts des unmittelbar bevorstehenden Zweiten Weltkrieges hatte die gerade rechtzeitig gefundene Totalsynthese und ihre

Wieland im Laboratorium bei C.H. Boehringer Sohn in den 30er Jahren.

Umsetzung in den technischen Maßstab tatsächlich volkswirtschaftliche Tragweite, da das Lobelin ein »kriegswichtiges« Präparat war. Die Heeresfilmstelle hatte zur Schulung von Sanitätern eigens einen Film drehen lassen, der die Technik der subkutanen Lobelin-Injektion zeigte.

Wielands Handlungsspielräume im Dritten Reich

Einen großen Teil des Freiraums, den Wieland im Dritten Reich genoss, hatte er zweifellos seinem internationalen Renommee als Nobelpreisträger zu verdanken, auf das auch der NS-Staat sehr stolz war, da die Chemie eine für die Kriegswirtschaft wichtige, industrierelevante naturwissenschaftliche Disziplin war. Seine Unangreifbarkeit, die auch durch mehrere beim Rektorat bzw. beim Bayerischen Kultusministerium eingegangene Denunziationen nicht beschädigt wurde, hatte Wieland darüber hinaus seinen engen Beziehungen zur chemisch-pharmazeutischen Industrie zu verdanken, einem besonders kriegswichtigen Industriezweig, der für die medikamentöse Versorgung des Militärs und der Zivilbevölkerung gleichermaßen wichtig war. Die Firma Boehringer hatte sich dank Wielands kompetenter Fachberatung und Unterstützung zu einem florierenden mittelständischen Pharma-Unternehmen entwickelt. Sie stand zwar im Schatten der mächtigen IG Farben, hatte aber dank kriegswichtiger Präparate wie dem Lobelin dennoch wirtschaftspolitisches Gewicht und stellte Wieland großzügig Forschungsmittel zur Verfügung. Wieland bezahlte damit unter anderem »halbjüdische« Privatassistenten, wobei er wiederholte Mahnungen des Rektorats und des Bayerischen Kultusministeriums, dieses zu unterlassen, einfach ignorierte – trotz seines Beamtenstatus, der ihn zu Gehorsam gegenüber der vorgesetzten Dienstbehörde verpflichtete.

Wieland bewies großes Geschick beim Akquirieren finanzieller Fördermittel für seine Forschungsprojekte. Seine potenziellen Geldgeber waren Organisationen bzw. Institutionen wie die Notgemeinschaft der deutschen Wissenschaft (d. h. die spätere Deutsche Forschungsgemeinschaft), der 1937 gegründete Reichsforschungsrat oder das Reichsamt für Wirtschaftsausbau. Um von diesen Geldgebern gefördert zu werden, mussten die vorgeschlagenen Projekte zumindest vordergründig »kriegswichtig« für die Wehrmacht oder den Vierjahresplan sein. Die Kunst des Antragsstellers bestand letztlich in elegantem Etikettenschwindel, also darin, hinter der Fassade der vermeintlichen »Kriegswichtigkeit« so weit wie möglich »normale« Grundlagenforschung zu betreiben. Diese Politik erforderte ständiges Lavieren, taktisches Kalkül, gute persönliche Beziehungen zu wichtigen Funktionsträgern und gelegentlich auch die Kooperation mit hohen Funktionären in Partei oder Staatsapparat. Natürlich musste selbst Wieland bei diesem Taktieren Kompromisse eingehen. Andererseits brauchte er möglichst viele »kriegswichtige« Projekte, um Gewicht und Ansehen in der damaligen Wissenschaftsgesellschaft zu behalten und sich vor bürokratischen Schikanen zu schützen. Als »kriegswichtig« deklarierte Projekte waren eine unverzichtbare Voraussetzung, um Verwandte, Studenten und Mitarbeiter »unabkömmlich« stellen zu lassen. Nur dadurch konnte er ihnen den Kriegsdienst ersparen.

Wieland vermied es, in der NS-Zeit offizielle Funktionen oder Ämter zu übernehmen; nie wurde er Mitglied der NSDAP oder einer anderen Parteiorganisation.

Als politisch Unbelasteter wurde Wieland in der frühen Nachkriegszeit von Kollegen und Bekannten wiederholt gebeten, ihnen zwecks Vorlage bei den anstehenden Spruchkammerverfahren entlastende »Persilscheine« auszustellen. Derartige Bitten erfüllte Wieland überraschend großzügig, selbst im Falle ehemaliger Funktionsträger des NS-Staates.

Beeindruckend ist auch das Engagement des greisen Wieland, als es nach Kriegsende darum ging, den Lehr- und Vorlesungsbetrieb des 1944 bei Bombenangriffen weitgehend zerstörten chemischen Instituts der Universität München wieder aufzunehmen. Obwohl er sich auf Grund seines Alters nach 1945 längst als Emeritus in seiner Starnberger Villa aufs Altenteil hätte

Wieland während einer Vorlesung in den späten 30er-Jahren.

zurückziehen können, ruhte er trotz zunehmender Gesundheitsprobleme erst, als 1952 nach jahrelangen Verzögerungen sein Schüler Rolf Huisgen schließlich zu seinem Nachfolger wurde.

Der Biochemiker Carl Neuberg (1877–1956), der wegen seiner jüdischen Abstammung in die USA emigrieren musste und Wieland in der frühen Nachkriegszeit regelmäßig Care-Pakete schickte, schrieb ihm 1947 in einem Brief: »Sollte ich je nach Deutschland kommen – und nur als Besucher – so wäre mein erster Weg zu Ihnen. So komisch es klingt, ich habe direkt eine gewisse Sehnsucht nach Ihnen. Das muss ich Ihnen erklären: Die grosse Sympathie, die ich für Sie habe, resortiert keineswegs allein aus der Bewunderung für Ihre Leistungen. Sie waren der erste unserer grossen Fachgenossen, der nicht wie etwa Emil Fischer, Wallach und bis zu einem Grad auch Willstätter, die Allüren eines Papstes hatte. Es wäre unnatürlich, wenn Sie nicht selbstbewusst gewesen wären, aber Sie hatten stets eine unendlich sympathische menschliche Bescheidenheit und unter einer manchmal etwas rauhen Schale verborgene Warmherzigkeit.«

Literaturhinweise

Freise, Gerda: Der Nobelpreisträger Prof. Dr. Heinrich Wieland: Zivilcourage in der Zeit des Nationalsozialismus. In: Lill, Rudolf; Kißener, Michael (Hrsg.): Hochverrat? Die »Weiße Rose« und ihr Umfeld. Konstanz 1993. S. 135–157.
Freise, Gerda/Hamm-Brücher, Hildegard: Chemiker im Gespräch: Erinnerungen an Heinrich Wieland. In: Chemie in unserer Zeit 11 (1977), Heft 5, S. 143–149.
Vaupel, Elisabeth: Vernetzungen und Freiräume: Heinrich Wieland (1877–1957) und seine Zeit. In: Angewandte Chemie 119 (2007), Nr. 48, S. 9314–9338.
Vaupel, Elisabeth: Nützliche Netzwerke und »kriegswichtige« Forschungsprojekte. Die Handlungsspielräume des Chemie-Nobelpreisträgers Heinrich Wieland (1877–1957) im Dritten Reich. In: Kraus, Elisabeth (Hrsg.): Die Universität München im Dritten Reich. Aufsätze Teil II. München 2008, S. 331–380.
Wagner, Hans-Ulrich (Hrsg.): Hans Leipelt und Marie-Luise Jahn – Studentischer Widerstand in der Zeit des Nationalsozialismus am Chemischen Staatslaboratorium der Universität München. München 2003.
Wieland, Sibylle/Hertkorn, Anne-Barb/Dunkel, Franziska (Hrsg.): Heinrich Wieland. Naturforscher, Nobelpreisträger und Willstätters Uhr. Weinheim 2008.
Witkop, Bernhard: Erinnerungen an Heinrich Wieland (1877-1957), in: Liebigs Annalen der Chemie (1992), S. I–XXXII.
Zankel, Sönke: Die Weiße Rose war nur der Anfang. Geschichte eines Widerstandskreises. Köln 2006.

Karl Decker

Feodor Lynen (1911–1979)

Architekt der klassischen Biochemie

Wie viele naturwissenschaftliche Disziplinen hat auch die Biochemie seit der Mitte des 20. Jahrhunderts eine rasante Entwicklung durchgemacht. Was noch vor 50 Jahren als sensationelle Entdeckung galt, ist heute bestenfalls Lehrbuchwissen. Ohne die Voraussetzungen zu kennen, unter denen Forschung jeweils stattfindet, ist es nicht möglich, die Leistung des Forschers zu würdigen. Es ist deshalb auch nicht verwunderlich, dass die Präsenz der Entdecker mit den Jahrzehnten in bedauerlicher Weise abnimmt. Die meisten Nobelpreisträger jener Zeit sind der heutigen Generation kaum noch bekannt. Von diesem Schicksal ist auch Feodor Lynen bedroht, der in der zweiten Hälfte des verflossenen Jahrhunderts eine zentrale Position in der Welt der Biochemie einnahm. Umso erfreulicher ist es, dass seine Vaterstadt bemüht ist, die Erinnerung an ihn lebendig zu erhalten.

Feodor Lynen war ordentlicher Professor für Biochemie an der Ludwig-Maximilians-Universität und Direktor des Max-Planck-Instituts für Zellchemie in München. Es ist in diesem Rahmen nicht möglich, eine chronologisch organisierte Vita Feodor Lynens zu bringen und gleichzeitig die Fülle der von ihm erzielten wissenschaftlichen Entdeckungen zu behandeln und die stattliche Zahl der ihm zuteil gewordenen Ehrungen und Auszeichnungen zu nennen. Vielmehr muss es genügen, Lynens Wirken und seine Persönlichkeit auf dem Hintergrund seiner Zeit und des damaligen Wissensstandes deutlich zu machen.

Lynens Vorfahren lebten im Raum Aachen-Stolberg als Industrielle.[1] Sein Vater Wilhelm Lynen wurde 1904 nach München als Professor für Maschinenbau an die damalige Technische Hochschule berufen.

Feodor Lynen kam 1911 in Schwabing zur Welt, er hatte fünf ältere Brüder und eine ältere Schwester. 1914 zog die Familie nach Nymphenburg. Dennoch besuchte Feodor die weit abgelegene Luitpold-Oberrealschule im Lehel. Später war der Wohnsitz seiner eigenen Familie Starnberg. Lynen sollte seiner Heimatstadt bis zu seinem Tode verbunden bleiben. Schule, Studium und sogar das gesamte Berufsleben verbrachte er in München. Da dies bei einer Hochschulkarriere ganz außergewöhnlich war, bezeichnete er sich selbst als »akademisches Unikum«. Dieses akademische Leben begann 1930 mit der Immatrikulation für das Fach Chemie. Damit geriet er, sicherlich ohne sich dessen bewusst zu sein, in ein geistig-kulturelles Umfeld, das nicht ohne Einfluss auf seinen Werdegang bleiben konnte.

Feodor Lynen (auf dem Schoß des Vaters) im Kreis seiner Familie.

[1] Friedrich W. Euler: 500 Jahre Lynen, Privatdruck 1974.

Es ist heute nicht mehr allgemein bekannt, dass nach dem Ersten Weltkrieg sehr bald wieder eine Blüte der Wissenschaft in Deutschland einsetzte, die – trotz Kriegsschulden, Inflation und Weltwirtschaftskrise – bis in die 30er-Jahre Bestand hatte. Besonders Berlin und München waren internationale Hochburgen, in denen zahlreiche Nobelpreisträger arbeiteten. München war ein Zentrum der Chemie, in dem die Nobelpreisträger Hans Fischer (Technische Hochschule), Richard Willstätter und Heinrich Wieland (Ludwig-Maximilians-Universität) die Tradition Justus von Liebigs und Adolf von Baeyers fortführten. Daneben, und von ähnlicher Bedeutung, der Anorganiker Otto Hönigschmid, der Physikalische Chemiker Kasimir Fajans und der Physiker Walter Gerlach. In dieser Atmosphäre, in der Erfolg zu haben hohe Anforderungen an Intelligenz und Fleiß stellte, erhielt Feodor Lynen seine wissenschaftliche Ausbildung und Prägung. Unter der Leitung von Geheimrat Heinrich Wieland erstellte er seine experimentelle Diplom- und Doktorarbeit über die Giftstoffe des Knollenblätterpilzes.

Mit Wieland begann die klassische Organische Chemie sich für die dynamische Chemie in biologischen Prozessen zu interessieren. Dieser Zusammenhang war entscheidend für die spätere Hinwendung Lynens zur eigentlichen Biochemie. Auch ein anderer Umstand, gewiss glücklich zu nennen, blieb nicht ohne Einfluss auf Lynens Werdegang: Kurz vor dem Abschluss der Promotion heiratete er Eva, die Tochter seines Lehrers, und kam dadurch in enge Berührung mit dem Haus des berühmten Chemikers. »Life, Luck and Logic in Biochemical Research«[2] betitelte Lynen eine Rückschau auf sein Leben. Wie sehr werden doch die Voraussetzungen, die ein junger Mensch durch Herkunft und Erziehung mitbringt, durch äußere Gegebenheiten im Verlauf des Lebens gefördert oder gehemmt!

Lynens Werdegang wurde durch einen weiteren, gravierenden Umstand beeinflusst. Das Fach Biochemie, dem er sich verschrieb, stand gerade in jenen Jahren am Beginn eines neuen Abschnitts, der zu einem nahezu exponentiellen Erkenntniszuwachs führte. Sowohl Fortschritte in der Forschungsmethodik, als auch der Zuwachs neuer theoretischer Konzepte lieferten dafür die Voraussetzungen. Es handelt sich dabei um ein Phänomen, das man, besonders in experimentell arbeitenden Wissenschaften, häufig beobachtet: Eine neue oder deutlich verbesserte Arbeitsmethode eröffnet den Weg zu neuen Erkenntnissen. In der Biochemie geschah dies

---

[2] Feodor Lynen: Life, Luck and Logic in Biochemical Research. In: Perspectives in Biology and Medicine (Volume 12). Chicago 1972, S. 204–218; z. T. aus dem Englischen zurückübersetzt.

besonders durch die Pionierarbeiten Otto Warburgs[3] in Berlin und durch das Konzept der »energiereichen Verbindungen«, das Fritz Lipmann[4] in das Zentrum biochemischen Denkens einbrachte. Lipmann war einer von vielen Biochemikern, die aus politischen oder rassischen Gründen Deutschland verließen und in den USA zu Ruhm und Ehren gelangten.

Der Wandel von einer deskriptiven zu einer dynamischen Biochemie kam Lynen sehr entgegen. Die Ausbildung als Organischer Chemiker einerseits, das frühe Vertrautwerden mit biologischer Denkweise andererseits, waren Voraussetzungen für den Erfolg der Arbeiten, die in der Strukturaufklärung der sogenannten »aktivierten Essigsäure« kulminierten und die ihm schlagartig internationale Anerkennung brachten.

Man muss wissen, dass bis 1950 viele Arbeitsgruppen, vor allem in den USA, auf der Suche nach dieser besonderen Form der Essigsäure waren. Es galt als sicher, dass ihr eine zentrale Rolle im Stoffwechsel lebender Zellen zukommt. So hatte bereits Franz Knoop in Freiburg 1904[5] die Essigsäure als Endstufe des Fettsäureabbaus postuliert, ohne aber Essigsäure selbst als Produkt zu finden.

Essigsäure ist eine unter physiologischen Bedingungen reaktionsträge Substanz. Man vermutete deshalb, dass ihre Beteiligung an der Bildung des Acetylcholins, eines Stoffes, der Signale von Nervenzellen überträgt, oder an der Synthese von Fettsäuren von einer besonders reaktiven Form der Essigsäure ausgeht. Aber allen Bemühungen, den Nachweis dafür zu erbringen, blieb der Erfolg versagt. Auch Lynen war bei seinen Untersuchungen über den Essigsäureabbau in Hefezellen auf dieses Problem gestoßen. Aus Lipmanns Arbeiten war er mit dem Konzept »energiereicher Verbindungen« vertraut und versuchte ein solche energiereiche Verbindung aus Essig- und Phosphorsäure, das Acetylphosphat, als Zwischenprodukt zu identifizieren – vergebens. Ferner wusste er aus Lipmanns Arbeiten, dass an Prozessen, die man einer »aktivierten Essigsäure« zuschrieb, ein Faktor, Coenzym A genannt, beteiligt ist. Als Enzyme bezeichnet man Eiweißstoffe, die chemische Reaktionen in der Zelle beschleunigen, katalysieren. Viele von ihnen bedürfen zur Entfaltung ihrer Wirkung eines zusätzlichen Faktors, Coenzym genannt. Das Vitamin Pantothensäure wird in Form des Coenzyms A biologisch wirksam. Coenzym A besitzt mehrere chemisch reaktive Gruppen.

[3] Hans A. Krebs: Otto Heinrich Warburg 1883–1970. London 1972.
[4] Fritz Lipmann: Biosynthetic Mechanisms. The Harvey Lectures 1948/49 Series 44, S. 99–123.
[5] Franz Knoop: Der Abbau aromatischer Fettsäuren im Tierkörper. In: Beitr. chem. Physiol. Path. 6/ 1904, S. 150–162, .

$$\underset{\text{Cysteamin}}{\text{HS—CH}_2\text{—CH}_2\text{—N}\underset{\text{H}}{\text{—}}\overset{\text{O}}{\underset{\|}{\text{C}}}\text{—CH}_2\text{—CH}_2}\underset{\text{β-Alanin}}{\text{—N}\underset{\text{H}}{\text{—}}\overset{\text{O}}{\underset{\|}{\text{C}}}\text{—}}\underset{\text{Pantoinsäure}}{\underset{\text{OH}}{\overset{\text{CH}_3}{\text{CH—C}}}\underset{\text{CH}_3}{\text{—CH}_2\text{—O—}}}\overset{\text{O}^-}{\underset{\underset{\text{O}}{\|}}{\text{P}}}\text{—O—}\overset{\text{O}^-}{\underset{\underset{\text{O}}{\|}}{\text{P}}}\text{—O—CH}_2\ldots$$

Formel des Coenzyms A.

Über den Ort, an dem in diesem Molekül die Essigsäure in aktivierter Form gebunden sein könnte, gab es mehrere Vermutungen; einige Forscher spekulierten mit der OH-Gruppe der Pantothensäure, andere dachten an die Phosphorsäurereste (im Bild steht P für Phosphor). Aber niemand vermochte die biologisch wirksame Form zu finden.

Dann, im Jahr 1950, kam Lynens Stunde. Er selbst berichtete darüber: »Ich erinnere mich noch genau, wie mir dieser Einfall kam. Es war auf dem kurzen abendlichen Heimweg nach einem Gespräch mit meinem Schwager Theodor Wieland, in dem wir stundenlang ohne Ergebnis diskutiert hatten, an welcher Gruppe des Coenzyms A der Essigsäurerest wohl gebunden sein könnte. Auf dem kurzen Weg fiel mir plötzlich ein, dass die damals bekannten Coenzym A-abhängigen Enzymreaktionen samt und sonders des Zusatzes von Cystein oder Glutathion bedurften (Anm. des Verfassers: Beide Verbindungen enthalten Schwefel). Ich fasste diese Befunde in der Annahme zusammen, dass der Schwefel ein wesentlicher Bestandteil des Coenzyms A darstellt und nur als Sulfhydryl (HS)-gruppe die Funktion des Coenzyms ausüben könne.«[6] Das Schwefelatom, S, liegt am linken Ende des Moleküls.

Bei dieser Überlegung kam Lynen sein Wissen als Organischer Chemiker zu Hilfe. Die Verbindungen zwischen einer Säure mit einer Schwefel tragenden Verbindung (Thioester genannt) sind »energiereicher« als vergleichbare Sauerstoffester. Er konnte deshalb in seinem Bericht fort-

---

[6] Feodor Lynen: Life, Luck and Logic in Biochemical Research, a. a. O., S. 204–218; sowie: Feodor Lynen: Der Weg von der ›aktivierten Essigsäure‹ zu den Terpenen und den Fettsäuren. Les Prix Nobel en 1964. Stockholm 1965, S. 2–41. .

fahren: »Es hat uns deshalb nicht sonderlich überrascht, dass sich die aktivierte Essigsäure im Verlauf der Reinigung als Thiolester, das heißt als Acylmerkaptan aus Essigsäure und Coenzym A herausstellte.«

Acetyl-Coenzym A.

In diesem Bild sieht man am linken Rande den Essigsäurerest (in der Chemie als Acetyl bezeichnet), der an das Schwefelatom des Coenzyms A gebunden ist.

Ich erwähne diese Episode, weil sie mir charakteristisch erscheint für die Wege, auf denen gänzlich neue Erkenntnisse gewonnen werden; etwas anspruchsvoller gesagt: wie ein genialer Gedanke zu Stande kommt. Es lag ja bereits eine große Menge an experimentellen Befunden zur Biochemie der Essigsäure vor und sie war allen an dieser Problematik Interessierten bekannt. Lynen war es gegeben, aus dieser Fülle die relevanten Fakten herauszufiltern und zu einem experimentell überprüfbaren Konzept zu vereinen. In einer ganz ähnlichen Konstellation gelang ihm einige Jahre später die Erklärung der Reaktionsweisen der Vitamine Biotin und Cobalamin (B_{12}).

Als ich, damals noch Student, zu Lynen ging, um die Möglichkeit einer Diplom- und Doktorarbeit zu erkunden, saß dieser in einer charakteristischen Haltung, das steife Bein übergeschlagen in einem schrägen Winkel vor dem Labortisch, und hantierte mit seinen Reagenzgläsern. Er stand auf, nahm einen Papierstreifen und tauchte ihn in einen Becher mit Hefeextrakt und besprühte ihn dann mit einer Lösung von Nitroprussidnatrium. Über einem Glas mit Ammoniak entwickelte sich binnen weniger Minuten eine rote Farbe. Diese »verzögerte Nitroprussidreaktion« war sein einfacher Test für Thiolester, der sich als äußerst nützlich bei der Anreicherung des Acetyl-Coenzyms A erwies.

Lynen war sich der Bedeutung seiner Entdeckung des Acetyl-Coenzyms A (Kurzform: Acetyl-CoA) sehr wohl bewusst. Es gelang ihm, eine kurze Mitteilung darüber noch im Dezember 1950 in der Zeitschrift »Angewandte Chemie«[7] zu platzieren. Wie dies häufig der Fall ist, wenn ein kompliziertes Problem auf elegante und dann einfach scheinende Weise gelöst ist, wundert man sich, dass andere nicht schon auf den gleichen Gedanken gekommen waren. Lynen erzählte oft, dass er in den Wochen bis zum Erscheinen der Publikation – und damit der Sicherung seiner Priorität – sehr nervös gewesen sei und nur mit Hilfe einiger Glas Bier Schlaf fand. Dann aber konnte ihm niemand mehr seinen großen Erfolg streitig machen.

Die Entdeckung brachte ihm sofort breite internationale Anerkennung, er war nun ein gefragter Mitspieler in der Liga der führenden Biochemiker der Welt. Damit hatte es für Lynen aber keineswegs sein Bewenden. Denn mit der Kenntnis der Thiolesterstruktur der »aktivierten Essigsäure« erschienen nun zahlreiche Probleme des Stoffwechsels lebender Organismen lösbar.

Der Abbauweg der wichtigsten Nahrungsstoffe

```
        Fette            Kohlenhydrate         Eiweiß
          ↓                    ↓                  ↓
  Fettsäuren + Glyzerin     Glukose           Aminosäuren
                   ↘          ↓          ↙
                    »Aktivierte Essigsäure«
                              ↓
           O₂
  H₂O  ←──┼── [H] ←──    ◯    Citronensäurecyclus
           ↓              ↓
        Energie         2 CO₂
```

Stellung des Acetyl-CoA im Stoffwechsel.

Acetyl-CoA steht im Zentrum der Abbauwege von Zuckern, Fetten und vielen Aminosäuren. Es spielt aber auch als Grundsubstanz zahlloser Synthesen eine zentrale Rolle. Ich nenne nur die Bildung der Fettsäuren, des Cholesterins (bzw. Cholesterols in neuer Nomenklatur), der sogenannten

---

[7] Feodor Lynen und Ernestine Reichert: Zur chemischen Struktur der «aktivierten Essigsäure«. In: Angew. Chem. 63 / 1950, S. 47–48.

Ketonkörper und der immensen Fülle der Isoprenoide, zu denen u.a. das Vitamin A, viele Aromastoffe und auch Kautschuk gehören. »Aktivierte Essigsäure« ist auch beteiligt an der Entstehung von Hormonen, zum Beispiel der Sexualhormone, und von sogenannten Neurotransmittern, das sind Botenstoffe zwischen Nervenzellen. Lynen diskutierte diese Aspekte in einer großen Publikation über Acetyl-Coenzym A im Jahr 1951.[8]

Um die Leistung Lynens und seiner Mitarbeiter voll würdigen zu können, muss man die äußeren Umstände des Forschens in Deutschland kurz nach dem Zweiten Weltkrieg berücksichtigen. Die Chemischen Institute in der Nähe des Alten Botanischen Gartens waren durch Bomben zerstört. Lynen fand ein Refugium im Botanischen Institut an der Menzingerstraße, das aber kaum für chemisches Experimentieren eingerichtet war. Trotzdem gelangen ihm dort wichtige Entdeckungen über die Rolle der Phosphorsäure im Zuckerstoffwechsel von Hefezellen. Als er mit seinem Labor 1950 als Gast in den fünften Stock des Zoologischen Instituts an der Luisenstraße umziehen konnte, waren zwar die Räumlichkeit, nicht aber die Bedingungen für biochemisches Arbeiten besser.

Die damals recht bescheidenen finanziellen Mittel und damit auch die begrenzte Zahl von Mitarbeitern erlaubten Lynen nur die Bearbeitung eines ganz kleinen Teils der großen Palette Acetyl-CoA-abhängiger Prozesse. Sein Interesse konzentrierte sich deshalb zunächst auf den Abbau der Fettsäuren; sein Ziel war es, die Hypothese Knoops aus dem Jahr 1904 über den Mechanismus der sogenannten ß-Oxidation der Fettsäuren im Lichte seiner neuen Erkenntnis zu verifizieren und die daran beteiligten Enzyme und Cofaktoren zu isolieren und zu identifizieren.

$$R-CH_2-CH_2-CH_2-COOH \xrightarrow{-2H} R-CH_2-CH=CH-COOH \xrightarrow{+H_2O}$$

$$R-CH_2-CH(OH)-CH_2-COOH \xrightarrow{-2H} R-CH_2-C(=O)-CH_2-COOH \xrightarrow{+H_2O}$$

$$R-CH_2-COOH + CH_2-COOH$$

$$R = CH_2-(CH_2-)_n$$

Schema der ß-Oxidation nach Knoop-Dakin.

---

[8] Feodor Lynen, Ernestine Reichert und Luistraud Rueff: Zum biologischen Abbau der Essigsäure IV. »Aktivierte Essigsäure«, ihre Isolierung aus Hefe und ihre chemische Natur. In: Liebigs Ann.Chem. 574/1951, S. 1–32.

Diese Abbildung zeigt einen Zyklus des ß-Oxidationsprozesses mit den vier chemischen Grundreaktionen. Eine natürliche Fettsäure, meist 16 oder 18 Kohlenstoffatome enthaltend, wird durch die hier gezeigte Reaktionsfolge nach jedem Durchlauf des Cyclus um eine 2-Kohlenstoffeinheit verkürzt.

Knoop hatte diesen Prozess aus sehr clever konzipierten Fütterungsversuchen mit Fettsäurederivaten abgeleitet, aber niemand konnte auch nur eines der postulierten Zwischenprodukte oder gar die postulierte 2-Kohlenstoffeinheit – Knoop vermutete, dass es Essigsäure sein würde – identifizieren.

Dieses ehrgeizige Projekt stellte Lynen vor kaum lösbare logistische Schwierigkeiten. Vor allem: Wie sollte er unter den herrschenden Bedingungen die für derart umfangreiche Versuche nötigen Mengen an Coenzym A beschaffen? Wie konnte er hoffen, mit seinen beschränkten Mitteln der starken Konkurrenz in den USA Paroli zu bieten? Hier kam ihm wieder sein Chemiewissen zu Hilfe sowie eine Forschungsmaxime, durch die er sich von vielen Kollegen unterschied.

Lynen besah sich die Formel des Coenzyms A und überlegte, ob nicht ein kleiner, die Schwefelgruppe (in der Formel auf S. 138 am linken Bildrand zu sehen) enthaltender Teil des Moleküls, der sich auch leicht chemisch herstellen ließe, die Rolle des Coenzyms A übernehmen könnte. Für jemanden, der nur in biologischen Kategorien dachte, musste die Vorstellung absurd scheinen, dass ein Enzym, das auf das ganze Coenzym A-Molekül spezialisiert ist, mit einem Mini-analogon getäuscht werden könnte. Man muss nämlich wissen, dass die meisten Enzyme sehr wählerisch hinsichtlich der Substrate sind, die sie umsetzen sollen! Nun, Lynen wählte für seine Pläne als Modell das Cysteamin (am linken Ende der Formel auf S. 137) und ersetzte den restlichen Teil des Coenzym A-Moleküls durch eine Acetylgruppe. Dieses Acetylcysteamin sollte als Modell des Coenzyms A dienen.

Es war sehr leicht, Essigsäure oder andere Fettsäuren sowie die hypothetischen Zwischenstufen des Fettsäureabbaus, mit der SH-Gruppe des Acetylcysteamins zu verknüpfen und die so gewonnenen Substanzen in reiner Form zu gewinnen. Lynen zögerte nicht, diese Modellverbindungen den Enzymen des Fettsäureabbaus anzubieten – und es funktionierte auf Anhieb! Diese Modell-Biochemie war der Schlüssel für die erfolgreiche Erforschung der ß-Oxidation der Fettsäuren. Es steht außer Zweifel, dass nur mit Hilfe dieser Modellverbindungen das Münchner Labor im Wettrennen mit der Konkurrenz bestehen konnte. Ohne die Beiträge anderer Forscher, zum Beispiel von David Green und Helmut Beinert in Madison, schmälern zu wollen, ging der Mechanismus des Fettsäureabbaus zu Recht unter dem Namen »Lynen-Spirale« in die Literatur ein.

```
Fettsäure-(Acyl)-CoA    R–CH₂–CH₂–CH₂–C(=O)SCoA
                                                    ┐
                                    ┌→ erneuter Cyclus
Fettsäure-Acyl-CoA    R–CH₂–C(=O)SCoA
um zwei C-Atome
verkürzt
                      CH₃–C(=O)SCoA
                      Acetyl CoA                    FAD
                                                    FADH₂
                                   R–CH₂–CH=C(=O)SCoA
                                                    H₂O
           CoASH   R–CH₂–C(=O)–CH₂–C(=O)SCoA   R–CH₂–C(OH)(H)–C(H)(H)–C(=O)SCoA
                           NADH+H⁺  NAD⁺
```

Die Lynen-Spirale.

Die Spirale basiert im Wesentlichen auf der Wiederholung der vier Teilreaktionen des Knoop-Dakin-Vorschlags; jedoch sind alle Zwischenglieder an das Coenzym A gebunden, und als Endprodukt entsteht »aktivierte Essigsäure«.

Es ist unnötig, darauf hinzuweisen, dass auch in der Forschung manchmal das Glück eine Rolle spielt. Aber, um Sir Hans Krebs zu zitieren: »Luck, it is true, is necessary, but the greater the number of experiments carried out, the greater is the probability of being lucky.«[9] Diese Ansicht lag exakt auf Lynens Linie!

Er maß dem Experimentieren eine größere Bedeutung zu als langwierigen theoretischen Diskussionen. In seinen eigenen Worten[10]: «Dabei erhielt ich als Wissenschaftler eine neue Lektion: sei naiv und versuche ein Experiment, selbst wenn die Erfolgsaussichten gering sind. Ich habe

---

[9] Hans A. Krebs: Reminiscenses and Reflections. Oxford 1981.
[10] Feodor Lynen: Life, Luck and Logic in Biochemical Research. a. a. O., S. 204–218..

den Eindruck, dass manche meiner Biochemiker-Kollegen – und das mag auch für andere Wissenschaftler gelten – mehr Zeit damit verbringen, das Für und Wider eines Experiment zu diskutieren, als nötig ist, um es auszuführen. Ich glaube, dass viele Entdeckungen auf diese Weise versäumt werden. Die Natur ist immer unvorhersehbar und die einzige Methode, ein biochemisches Problem aufzugreifen, ist, Experimente zu machen.« Man darf diese Äußerung aber nicht als puren Pragmatismus ansehen. Natürlich waren auch seine bahnbrechenden Entdeckungen, wie die Katalyse durch Biotin-Enzyme, die Mechanismen der Fettsäure- und der Cholesterinsynthese durch gründliche Überlegungen über mechanistische Möglichkeiten eingeleitet worden.

Lynens Glaube an das Experiment und an das Glück, das dem Tüchtigen hold ist, spielten sichtbar zusammen bei der Entdeckung einer anderen aktivierten Verbindung, der »aktivierten Kohlensäure«. Kohlensäure ist biologisch reaktionsträge; die Frage, wie sie an andere Kohlenstoffketten geknüpft werden kann, war ein Rätsel. Man wusste nur, dass dazu Energie in Form des zentralen biologischen Energieüberträgers Adenosintriphosphat benötigt wird und dass das Vitamin Biotin dabei eine Rolle spielt.

Lynen interessierte sich für eine solche Reaktion, in der die Addition von Kohlensäure an eine organische Substanz zur Bildung einer Säurefunktion (als Carboxylierung bezeichnet) führt. Dem Chemiker Lynen schien eine Verknüpfung der Kohlensäure mit einem Stickstoffatom des Biotins möglich und wahrscheinlich. Als Enzymquelle verwendete Lynen ein Bakterium, das aus dem Boden des Münchner Botanischen Gartens isoliert worden war. Das Enzym, eine Carboxylase, enthielt den Cofaktor Biotin chemisch fest gebunden. In Anbetracht der sehr geringen Menge an Enzym, die zur Verfügung stand, schien es kaum möglich, als Zwischenprodukt eine an den Enzym-Biotin-Komplex gebundene »aktivierte Kohlensäure« zu fassen und ihre Struktur zu ermitteln. So kam Lynen auf den Gedanken, dem Versuchsgemisch zusätzlich freies Biotin hinzuzufügen in der Hoffnung, dass auch dieses mit CO_2 beladen würde. Der Mitarbeiter, der den Versuch durchführen sollte, zweifelte am Erfolg dieser Strategie und musste nachdrücklich »überredet« werden, den Versuch durchzuführen. Und in der Tat ließ sich auf diese Weise eine hinreichende Menge »aktivierter Kohlensäure« isolieren und als N-Carboxybiotin identifizieren. War auch hier dem Tüchtigen das Glück hold? Ja, denn es stellte sich heraus, dass das Bakterium, das eigentlich für andere Untersuchungen isoliert worden war, das einzige damals bekannte Biotin tragende Enzym lieferte, das bereit war, auch die Bindung von Kohlensäure an freies Biotin zu katalysieren.

Ein Zwischenprodukt des Fettsäureabbaus ist die an Coenzym A gebundene Acetessigsäure. Freie Acetessigsäure ist die Muttersubstanz der sogenannten Ketonkörper, die bei schwerem Diabetes mellitus im Blut in großer Menge auftreten und zu einer lebensbedrohenden Übersäuerung des Blutes (Acidose) führen können. Es war deshalb von großem Interesse, deren Bildung zu ergründen, um eventuell Gegenmaßnahmen entwickeln zu können. Wie konnte die Abspaltung freier Acetessigsäure vom Coenzym A geschehen? Man nahm an, dass die Bindung durch Wasser, also durch eine Hydrolyse, gelöst wird. Man wusste auch, dass Acetessigsäure nur in der Leber gebildet wird; es musste also in Extrakten dieses Organs ein spaltendes Enzym, eine Hydrolase, zu finden sein. Zur großen Überraschung konnte im Lynen-Labor die vermutete Acetacetyl-CoA-Hydrolase aber nicht gefunden werden. Der vermeintlich so einfache Vorgang erwies sich, nach seiner Entdeckung durch das Lynen-Labor, als sehr viel komplizierter. Und damit nicht genug der Überraschungen: Als Zwischenprodukt wurde eine Verbindung, abgekürzt HMG-CoA genannt, entdeckt. Sie erwies sich auch als ein Zwischenprodukt der Cholesterinsynthese! Auf diese ganz und gar unerwartete Weise verband sich die Entdeckung des Weges der Ketonkörperbildung mit den inzwischen angelaufenen Untersuchungen Lynens über die Synthese des Cholesterins; von ihnen wird noch die Rede sein.

Zunächst möchte ich Sie aber noch einmal in die frühen 50er-Jahre zurückführen. Die Entdeckung der Struktur der »aktivierten Essigsäure« durch Feodor Lynen fand unmittelbare Anerkennung durch die *scientific community*. Dies führte dazu, dass Wissenschaftler aus der ganzen Welt nach München kamen, um Lynen kennenzulernen oder auch um einige Zeit in seinem Laboratorium mitzuarbeiten. In den Worten von Sir Hans Krebs: «Students at all levels and from all over the world, flocked to his laboratory, which became one of the great international centres of biochemistry.»[11]

Dass Lynen so bald nach dem Zweiten Weltkrieg von den ausländischen Kollegen – und manche von ihnen waren vom Naziregime vertrieben worden – voll akzeptiert wurde, war der Großherzigkeit dieser Menschen, aber auch seinem offenen und ehrlichen Charakter und natürlich seinem wissenschaftlichen Erfolg zu verdanken. Lynen öffnete frühzeitig ein Tor

---

[11] Hans A. Krebs und Karl Decker: Feodor Lynen 1911–1979. Biographical Memoirs of Fellows of the Royal Society 28. London 1982, S. 261–317.

zur Welt und war auch noch in späteren Jahren ein exzellenter Botschafter der deutschen Wissenschaft.
Die zahlreichen Gäste bescherten dem Lynen-Laboratorium einen Bonus besonderer Art. Sie brachten die Mitarbeiter – meist zum ersten Mal – in Kontakt mit dem Ausland und vermittelten ihnen das Gefühl, zur internationalen Wissenschaftlergemeinde zu gehören. Das Zusammensein mit den ausländischen Freunden schuf im Labor eine frische und offene Atmosphäre und half, den in den ersten Jahren nach dem Zweiten Weltkrieg noch weit verbreiteten Provinzialismus zu überwinden.

Die ersten großen Erfolge waren noch in beengten Räumlichkeiten mit einer zahlenmäßig begrenzten Mannschaft erzielt worden. Nun aber waren die verantwortlichen wissenschaftspolitischen Instanzen, vor allem das Bayerische Kultusministerium, bereit, Lynen bessere Arbeitsmöglichkeiten zur Verfügung zu stellen. Nachdem er 1953 zum Ordinarius ernannt worden war, erhielt er ein Institut für Biochemie im Neubaukomplex der Chemischen Institute an der Karlstraße. Dies war auch dringend nötig, um Lynen davon abzuhalten, attraktive Angebote mehrerer ausländischer Universitäten, zum Beispiel von Harvard, Bern und Zürich, anzunehmen. Insbesondere der Ruf der Eidgenössischen Technischen Hochschule Zürich, der ihn 1954 erreichte, stellte eine große Versuchung dar. Lynen war schon fast entschlossen, diese überaus attraktive Position anzunehmen, als die Max-Planck-Gesellschaft, unter der damaligen Präsidentschaft von Otto Hahn, ihm das Direktorat eines Max-Planck-Instituts für Zellchemie anbot. Dieser ehrenvollen Berufung, verbunden mit einer beträchtlichen Erweiterung seiner Arbeitsmöglichkeiten, konnte sich Lynen nicht versagen. Es wurde ihm auch zugesagt, dass er, neben den Räumen im Gebäude des Max-Planck-Instituts für Psychiatrie in der Kraepelinstraße, sein neues Universitätsinstitut in der Karlstraße und seine Stellung in der Naturwissenschaftlichen Fakultät behalten konnte. Im Jahr 1972, sieben Jahre vor seiner Emeritierung, konnte Lynen noch in den Neubau der Max-Planck-Gesellschaft in Martinsried einziehen.

Feodor Lynen war noch ein echter »Chef«, ganz in der alten deutschen Professorentradition. Er allein bestimmte die von den Mitarbeitern auszuführenden Experimente und war ein überaus kritischer Lehrer. Der Begriff »Arbeitszeit« war im Lynen-Labor unbekannt. Seine Definition von akademischer Freiheit lautete: Es darf mehr geleistet werden, als verlangt wird! Diese These hatte aber auch ein Korrelat, das heute gerne übersehen wird; es besagt, dass dem aktiven Wissenschaftler die Freiheit eingeräumt werden müsse, die er benötigt, um seine Möglichkeiten voll zu entfalten. Lynen verlangte viel von sich und von denen, die mit ihm forschten. Dennoch kam nie der Eindruck auf, dass er vergaß, junge Menschen vor sich zu haben, die ihre Nöte und Schwierigkeiten und ein natürliches Bedürfnis nach Freude und Selbstverwirklichung haben. Und wer bereit war, sich voll in diese Mannschaft einzubringen, wurde mit dem Erwerb eines modernen Forschungsstils und einem gestärkten Selbstbewusstsein belohnt. Natürlich änderte sich auch Lynens Verhalten mit dem Lauf der Jahre. Den »Chef« der 50er-Jahre, mit all seiner Vitalität und seinem wissenschaftlichen Ehrgeiz, milderten Alter, Weisheit und Ruhm.

Anlässlich seines 60. Geburtstags schilderten die Schüler und Gäste ihre Eindrücke über das Zusammensein mit Lynen in einem Buch[12], das ein beredtes Zeugnis der Verehrung und persönlichen Wertschätzung liefert. Ein amerikanischer Gast, Clark Bublitz, schrieb darin: »There were some take-home lessons from being around Lynen. Perhaps the greatest lesson was that his life was so enjoyable. Everything he did was done with enthusiasm and relish. It didn´t matter whether it was solving a biochemical problem, playing ball with people 20 years younger, skiing, sending Eva and Heinrich to bed or keeping his coworkers in line with his exaggerated, audible thumping gait. He thrived on challenges.«[13]

Apropos »thumping gait«: Kein Mitarbeiter wird je diesen rhythmischen Ton des durch das steife Knie bedingten Humpelns vergessen. Es kündigte die morgendlichen und abendlichen Besuchsrunden des Chefs im Labor an. Als Nächstes hörte man ein scharfes »Na?«, mit dem er die neuen Resultate einforderte. War er mit dem Fortschritt unzufrieden oder konnte er gar einen Fehler nachweisen, so sparte er nicht mit kräftigen Ausdrücken, wie »Sie Esel«, »Sie Patzer« oder »Das ist es ja mit Ihnen«.

Als akademischer Lehrer hat Lynen mehr als seine Pflicht getan; schon 1949 eröffnete er, trotz der großen Enge und Materialknappheit, ein Biochemisches Praktikum, das für viele, später bedeutende Forscher das Interesse für dieses Fach weckte und ihnen einen Einstieg in seine Methoden bot. In 37 Jahren als akademischer Lehrer leitete er 88 Diplomanden und Doktoranden an, 15 Promovierte kamen als Postdoktoranden allein aus Deutschland in sein Institut, ganz zu schweigen von der großen Zahl ausländischer Gäste.

---

[12] Guido Hartmann: Die aktivierte Essigsäure und ihre Folgen. Autobiographische Beiträge. Berlin / New York 1976.
[13] Clark Bublitz, a.a.O., S. 10.

Nun zurück zu dem Weg, der Lynen schließlich auf den Höhepunkt seiner Karriere, zum Empfang des Nobelpreises nach Stockholm führte. Die seit 1954 erheblich verbesserten Arbeitsbedingungen schöpfte Lynen voll aus. Neben den bereits erwähnten Forschungen über den Abbau der Fettsäuren, die Ketonkörperbildung und die Biotin-Katalyse traten verstärkt Untersuchungen über die Synthese des Cholesterins und verwandter Terpene, der Polyacetatkondensation, sowie über den Mechanismus der Fettsäuresynthese hinzu. Wie nicht anders zu erwarten, fanden diese Themen weltweit größtes Interesse, und dementsprechend intensiv war die Konkurrenz vieler Arbeitsgruppen. Lynen konnte in dieser Situation aber dank seiner chemischen Denkweise und Intuition brillant bestehen.

Zunächst standen Arbeiten zur Biosynthese des Cholesterins im Vordergrund. Welche Ausgangssituation fand Lynen vor, als er damit begann? Man wusste, dass alle 27 Kohlenstoffatome dieses Moleküls aus Essigsäure stammen; ferner gab es die »Isopren-Regel«[14], der zufolge alle Terpene und auch das Cholesterin sich formal von einer Verbindung mit einer 5-Kohlenstoffkette, dem Isopren, ableiten.

Anders als bei der Essigsäure und der Kohlensäure, die beide unter den zelleigenen Bedingungen reaktionsträge sind, besitzt freies Isopren durch seine beiden Doppelbindungen eine beträchtliche Reaktivität. Sie würde dazu führen, dass sich Isopren in ungeordneter Weise spontan mit sich selbst oder mit Inhaltsstoffen der Zellen verbindet. Im lebenden Organismus war also eher ein in seiner Reaktivität gebremstes Isopren zu erwarten, das jedoch noch befähigt ist, in spezifischer Weise, und nur unter der Kontrolle von Enzymen, zu reagieren. Es stellten sich den Forschern drei offene Fragen: die Struktur dieses biologisch »reaktiven Isoprens« zu ergründen, dessen Bildung aus Essigsäure aufzuklären und den Weg vom »reaktiven Isopren« zum Cholesterin zu entdecken.

Niemand bezweifelte, dass »aktivierte Essigsäure« Ausgangsprodukt sein würde. Aus ihr entsteht zunächst jenes HMG-CoA, das wir schon als Zwischenprodukt der Ketonkörperbildung in der Leber kennenlernten. Es wird in eine fünf Kohlenstoffatome enthaltende Verbindung, Mevalonsäure, umgewandelt, die bereits als eine Vorstufe des Cholesterins erkannt worden war. An der Bildung dieser Mevalonsäure ist ein Enzym, HMG-CoA-Reduktase, beteiligt, das sich als eine regulatorische Schaltstelle der Cholesterinbildung erwies und deshalb ein wichtiger pharmakologischer Angriffs-

---

[14] Leopold Ruzicka: The Isoprene Rule and the Biogenesis of Terpenic Compounds. In: Experientia 9/1953, S. 357–367..

punkt für eine Senkung des Cholesterinspiegels im Blut werden sollte. Unter den zahlreichen inzwischen entwickelten Hemmstoffen der HMG-CoA-Reduktase seien als Beispiel die viel benutzten Statine genannt.

Auf der Stufe der Mevalonsäure kam Lynen mit seinem Labor ins Spiel. Es gelang den Münchner Forschern, aus dieser Säure in einem mehrstufigen Prozess die Phosphorsäureverbindungen zweier mit Isopren nahe verwandter Alkohole (Isopentenol und Dimethylallylalkohol) zu entdecken, die in der lebenden Zelle als das »reaktive Isopren« fungieren.

Diese Verbindungen bilden in einer Reaktionsfolge, die über die Derivate des Geraniols und Farnesols (beide Alkohole sind natürliche Aromastoffe!) führt, die 30-Kohlenstoffverbindung Squalen. Squalen war von Konrad Bloch bereits als Vorstufe des Cholesterins erkannt worden.

Es unterliegt keinem Zweifel, dass die große Zahl der Isoprenabkömmlinge, die in der Natur vorkommen, durchwegs aus »reaktivem Isopren« gebildet wird. Lynen hat mit seiner Entdeckung den Schlüssel für einen biochemischen Zugang zu dieser Substanzklasse geliefert. Er selbst zeigte, zusammen mit einem mexikanischen Gastwissenschaftler, dass die Synthese des Kautschuks aus Acetyl-CoA über das »reaktive Isopren« erfolgt. Enzympräparate aus der Milch des Gummibaums (*Hevea brasiliensis*) katalysierten den Gesamtprozess.

Es kam nicht von ungefähr, dass Lynen zum Meister der »aktivierten« bzw. »reaktiven« Verbindungen des Zellstoffwechsels wurde. Vielmehr ist es seiner Intuition als Chemiker zu verdanken, dass er früher als andere die unter physiologischen Bedingungen möglichen Strukturen erahnte und die Wege zu ihrem Nachweis und ihrer Synthese entdeckte. Er war es auch, der die zahlreichen Befunde, die von verschiedenen Forschern über die Schlüsselsubstanz der Fettsäuresynthese erbracht worden waren, richtig zusammenführte. Es war bald klar geworden, dass die Synthese der Fettsäuren nicht einfach durch eine Umkehr ihres Abbaus erfolgt. Auch war bekannt, dass Biotin und Kohlensäure benötigt werden. Bei einer Konferenz in den USA schlug Lynen vor, dass die damals vorliegenden Befunde am besten zu erklären seien durch eine ATP-abhängige Addition von Kohlensäure an Acetyl-CoA, d. h. durch die Bildung einer »zweifach aktivierten Essigsäure« namens Malonyl-CoA. Nun begann der Wettlauf um die Aufklärung des Mechanismus der biologischen Fettsäuresynthese. Ich muss die hochinteressanten chemischen Details dieses Prozesses übergehen und greife einen Aspekt der Aufklärungsarbeit des Münchner Labors auf, der in besonderer Weise Lynens chemisch-biologische Denkweise verdeutlicht. Nachdem alle Versuche, Zwischenprodukte der

Synthese zu fassen, scheiterten und auch die Reinigung der beteiligten Enzyme unerwartete Probleme aufwarf, kam er auf den Gedanken, dass die an der Synthese der Fettsäuren beteiligten Enzymaktivitäten nicht, wie bei den damals bekannten Reaktionsketten üblich, als molekulare Individuen in der Zelle vorliegen, dass vielmehr ein hochmolekularer Enzymkomplex – er nannte ihn Fettsäuresynthetase – die Startsubstanzen, Malonyl-CoA und Acetyl-CoA, bindet, mehrere Dutzend chemische Reaktionsschritte im Innern des Komplexes stattfinden lässt und erst die fertige Fettsäure, zum Beispiel Palmitinsäure, nach außen abgibt.

Diese Vorstellung war ein Novum in der Biochemie und wurde dementsprechend mit Skepsis aufgenommen. Der Nestor der Enzymologie, Otto Warburg, äußerte die Überzeugung, dass bei sorgfältiger Reinigung der Proteine nur separate Enzymaktivitäten gefunden würden. Bei einem Symposium soll er Lynen zugerufen haben: »Gehen Sie in Ihr Labor und kristallisieren Sie Ihre ›Fettsäuresynthetase‹!« Einige Jahre danach kristallisierte Dieter Oesterhelt im Lynen-Labor tatsächlich die Fettsäuresynthetase; es handelt sich um einen zwölfgliedrigen Multienzymkomplex mit dem beachtlichen Molekulargewicht von 2,3 Millionen.

Lynens Verhältnis zu Otto Warburg war von besonderer Art. Es war in Fachkreisen allgemein bekannt, dass Warburg und Heinrich Wieland zerstritten waren über die Frage, ob organische Substanzen in der Zelle direkt oxidiert (so Warburg) oder dehydrogeniert werden, d. h. Entzug von Wasserstoffatomen erleiden (so Wieland auf Grund von Experimenten Torsten Thunbergs). Dieser wissenschaftliche Streit entwickelte sich fast zu einer persönlichen Feindschaft. Deshalb erwartete man, dass Lynen, als Schwiegersohn Wielands, bei Warburg nicht willkommen sein würde. Es kam aber ganz anders; Warburg hörte man sagen: »Ich mag den alten Wieland nicht, aber ich werden den jungen Wieland fördern.« Er sprach von Lynen immer als dem »jungen Wieland«. Lynen verbrachte einige Zeit in Warburgs Institut in Dahlem und pflegte ein freundschaftliches Verhältnis bis zu dessen Tod im Jahr 1970.

Mit der Entdeckung des Multienzymkomplexes Fettsäuresynthetase war ein Bann gebrochen; dieses Organisationsschema stellte sich bald als ein in der Natur häufig angewandtes synthetisches Prinzip heraus. Lynen selbst fand es hinsichtlich der Bildung von 6-Methylsalicylsäure in dem Schimmelpilz Penicillium patulum (der das Antibiotikum Patulin liefert) bestätigt. Diese Synthesestrategie gilt für alle jene Naturstoffe, deren Ausgangssubstanz Essigsäure ist, die gemeinsam als »Polyacetate« bekannt sind.

150 Karl Decker

Selbstverständlich konnte ein so umfangreiches, höchste Experimentierkunst erforderndes Forschungsprogramm nicht ohne das Können und das Engagement der Mitarbeiter bewältigt werden. Es ist mir hier leider nicht möglich, die Verdienste eines jeden gebührend zu würdigen; in der wissenschaftlichen Publizistik findet man jedoch ihre Beiträge gut dokumentiert. Gleichermaßen muss ich darauf verzichten, die Ergebnisse anderer Autoren, die sich vorher oder gleichzeitig mit den hier aufgeführten Themen befassten, zu nennen und ihr Verhältnis zu Lynens Arbeiten zu würdigen. Auch dies ist nur durch ein Studium der einschlägigen wissenschaftlichen Literatur möglich.

Fast zeitgleich mit der Entdeckung des Multienzymkomplexes Fettsäuresynthetase, im Jahr 1964, erreichte Lynen die lange ersehnte Nachricht aus Stockholm: Das Nobelkomitee hatte ihm, zusammen mit Konrad Bloch, den Nobelpreis für Physiologie oder Medizin in Würdigung seiner Arbeiten über den Mechanismus und die Regulierung des Cholesterin- und Fettsäurestoffwechsels verliehen![15]

Diese höchste Auszeichnung für einen Naturwissenschaftler war bereits seit einigen Jahren erwartet worden, sie wurde dementsprechend gewürdigt und gefeiert. Lynen selbst betrachtete den Nobelpreis als einen wohlverdienten Tribut an seine brillanten

Karikatur von Lynens ehemaligem Schüler Ekkehard Lorch anlässlich der Nobelpreisverleihung (1964).

---

[15] Feodor Lynen: Der Weg von der ›aktivierten Essigsäure‹ zu den Terpenen und den Fettsäuren, a. a. O., S. 2–1; sowie: Konrad Bloch: The Biosynthesis of Cholesterol. Les Prix Nobel en 1964. Stockholm 1965.

Errungenschaften in der biochemischen Forschung. Seinem Stolz und seiner Genugtuung verlieh sein Schüler Ekkehard Lorch in einer Zeichnung beredten Ausdruck.

Die weltweite Anerkennung seiner Leistungen brachte Lynen, neben dem Nobelpreis, unzählige Preise, Medaillen, Ehrentitel und Ehrenmitgliedschaften. Die Liste ist zu lang, um hier dargestellt zu werden. Ich nenne stellvertretend seine Mitgliedschaften in der Bayerischen Akademie der Wissenschaften, der Akademie Deutscher Naturforscher Leopoldina, der Royal Society London und der National Academy of Sciences USA. Lynen wusste es durchaus zu schätzen, in dieser Weise geehrt zu werden und liebte auch die damit verbundenen gesellschaftlichen Ereignisse.

Lynen war ein barocker Menschentyp, autokratisch, aber auch den Freuden des Lebens zugetan. Neben einer hervorragenden Intelligenz beeindruckten sein warmherziges, offenes Wesen verbunden mit Enthusiasmus und Lebensfreude. Er liebte es, mit seinen Mitarbeitern und den Gästen nach getaner Arbeit zu feiern. Es gab kaum jemanden in Lynens Institut, der nicht mit »Fitzi«, wie ihn seine Freunde nannten, einen Wiesn-Besuch absolvierte oder eine Wanderung von seinem Heim in Starnberg zum Kloster Andechs mit einer ausgiebigen Bierprobe mitmachte.

In diesen Unternehmungen war er sehr ausdauernd. Wie viele Zechgenossen werden es wohl geschafft haben, eine der zahlreichen Wein- oder Bierabende vor Mitternacht zu verlassen? Ich versuchte einmal, mich gegen zwei Uhr morgens davonzustehlen als mich ein »Decker, seins net so langweilig, setzns Eaner wieder hi« zurückrief.

Wiewohl seine Vorfahren aus dem Rheinland stammten, war Feodor Lynen in seinem Lebensgefühl und in seiner Sprache ganz und gar Altbayer. Wenn nicht gerade in wissenschaftlicher oder offizieller Funktion, benutzte er gerne und unverkennbar altbayerischen Dialekt.

Lynen war ein leidenschaftlicher Skifahrer. Wie in seinem Beruf suchte er, neben dem Vergnügen, auch hier die Herausforderung. Bei einem Skirennen in Kitzbühel 1932 führte ein Unfall dazu, dass ein Knie steif wurde; aber dies hinderte ihn, selbst noch nach zwei weiteren Knieverletzungen, nicht, immer wieder Skitouren zu unternehmen.

Die frühe Verletzung sollte aber für Lynen auch ein Gutes haben: Sie befreite ihn von einer Mitgliedschaft in jeglichen NS-Organisationen; für einen gesunden Studenten oder gar Dozenten wäre dies äußerst schwierig gewesen. Schließlich war er durch sein steifes Knie auch als wehruntaug-

Lynen auf Skitour im Frühjahr 1977.

lich eingestuft und konnte in den Kriegsjahren seine wissenschaftliche Tätigkeit fortsetzen. Man kann der Person Lynen nicht gerecht werden, ohne seine Frau Eva zu würdigen. Sie war eine bemerkenswerte Person, Mutter von fünf Kindern, die stets offen ihre Meinung sagte und dabei einen ihr eigenen Humor besaß. Ihrem Mann hielt sie den Rücken für seine berufliche Tätigkeit frei und unterstützte ihn wirkungsvoll im gesellschaftlichen Leben. Eva Lynen war allenthalben beliebt, ganz besonders bei den amerikanischen Kollegen und Freunden, eine großzügige Gastgeberin und eine ausdauernde Begleiterin ihres Mannes auf dessen zahlreichen Reisen.

In den Jahren vor seiner Emeritierung, die 1979 stattfand, übernahm Lynen noch wichtige Aufgaben im nationalen und internationalen Rahmen. Ich nenne beispielhaft die Präsidentschaft der Alexander von Humboldt-Stiftung. In dieser Funktion konnte er seine hervorragenden Kontakte und sein Ansehen in der scientific community den Zielen dieser Stiftung zugute kommen lassen: der Schaffung persönlicher Kontakte zwischen deutschen und ausländischen Forschern. Er erwies sich hierbei als wichtiger und erfolgreicher Botschafter der deutschen Wissenschaft. Die Wahl zum Präsidenten der International Union of Biochemistry bedeutete eine große Ehre für ihn und ein Kompliment an die deutsche Biochemiker-Gemeinde. Er sollte diese Funktion im Sommer 1979 anlässlich des IUB Kongresses in Toronto übernehmen. Kurz zuvor musste er sich aber einer operativen Korrektur eines Aneurysmas der Bauchaorta unterziehen und konnte deshalb die Wahl nicht in Person annehmen. Bald danach traten unerwartete Komplikationen in seinem Gesundheitszustand auf, die nicht mehr beherrscht werden konnten. Feodor Lynen verschied am 6. August

1979 in München. Seinem Wunsch entsprechend wurde er in dem kleinen Friedhof in Rieden bei Starnberg bestattet.

Dieser Verlust traf seine Familie, seine Freunde und die große Gemeinde der Wissenschaftler schwer. Auch die Öffentlichkeit in unserem Lande nahm Anteil daran. Bei einer Gedenkveranstaltung im Herkulessaal der Residenz[16] waren, neben Ministern, Parlamentariern und den Spitzen der deutschen Wissenschaft, auch der amtierende Bundespräsident, Karl Carstens, und sein Vorgänger, Walter Scheel, anwesend. Ein ausländischer Teilnehmer gestand mir, dass es in seinem Lande undenkbar sei, dass eine Gedenkveranstaltung für einen Wissenschaftler eine so hochrangige öffentliche Aufmerksamkeit finden könnte. Es war offensichtlich, dass Deutschland Lynens Bedeutung, nicht nur für die Wissenschaft, sondern auch für die Geltung des Landes in der Welt zu würdigen wusste und den zu frühen Verlust dieses hervorragenden Mannes tief bedauerte.

Feodor Lynen besaß die seltene Kombination einer kreativen Intelligenz gepaart mit einer selbstkritischen Urteilsfähigkeit, einer tiefen Verpflichtung gegenüber seinem Beruf und der Bereitschaft zu harter Arbeit. Mit dieser Haltung konnte er höchsten Ansprüchen gerecht werden; sie war die Grundlage seiner anhaltenden Erfolge.

Lynen ließ ein helles Licht auf diese Stadt fallen. München darf mit Stolz dieses bedeutenden und treuen Sohnes gedenken.

Literaturhinweise

Decker, Karl: Die aktivierte Essigsäure. Das Coenzym A und seine Acylderivate im Stoffwechsel der Zelle. Stuttgart 1959.
Euler, Friedrich W.: 500 Jahre Lynen. Privatdruck 1974.
Lynen, Feodor: Der Weg von der »aktivierten Essigsäure« zu den Terpenen und den Fettsäuren. Les Prix Nobel en 1964. Nobel Foundation 1965.
Lynen, Feodor: Life, Luck and Logic in Biochemical Research. In: Perspectives in Biology and Medicine 12, S. 204–218. Chicago 1972.
Guido Hartmann: Die aktivierte Essigsäure und ihre Folgen. Autobiographische Beiträge. Berlin / New York 1976.
Krebs, Hans A.: Otto Heinrich Warburg 1883–1970. London 1972.
Krebs, Hans A.: Reminiscenses and Reflections. Oxford 1981.
Krebs, Hans A. / Decker, Karl: Feodor Lynen 1911–1979. Biographical Memoirs of Fellows of the Royal Society, 28, S. 261–317, 1982.

[16] Max-Planck-Gesellschaft (Hrsg.): Gedenkfeier Feodor Lynen. In: Berichte und Mitteilungen 2/1980. München 1980.

Friedrich L. Bauer
Alfred Pringsheim (1850–1941)
Grandseigneur der Mathematik

Nur wenige Menschen wissen, dass Alfred Pringsheim einst zu den reichsten Münchner Bürgern zählte. Mathematiker kennen ihn natürlich fachlich bedingt. Einer breiteren gebildeten Öffentlichkeit ist er bekannt als Schwiegervater von Thomas Mann; ältere Mitbürger wissen auch noch, wo in der Arcisstraße 12 das Palais Pringsheim stand, das die Nationalsozialisten schon 1933 abreißen ließen, um ihre Parteibauten unterzubringen.[1]

Alfred Pringsheims Vater Rudolf Pringsheim (1821–1901) »wurde in Oels in Schlesien geboren, verlegte später den Wohnsitz seiner Familie nach dem nahegelegenen Ohlau und zog gegen Ende der 50er-Jahre nach Breslau.«[2] Rudolf Pringsheim war ein sehr reicher, aus einer schlesisch-jüdischen Familie stammender Mann. Er ließ sich schließlich in Berlin nieder, wo er 1872–1874 in der Wilhelmstraße ein prachtvolles Palais errichtete, das für den Sohn in München den Maßstab setzen sollte. Er besaß Kohlengruben und erschloss den vernachlässigten Grenzbezirk Preußens durch ein Netz von Schmalspurbahnen für den Materialtransport. In Berlin hatte man für Rudolf Pringsheim das Bonmot »der schmalspurige Pringsheim«. Er war verheiratet mit Paula Pringsheim, geb. Deutschmann (1827–1909).

Rudolf Pringsheim wird geschildert als ein vorausschauender, aber kühl

---

[1] Das gleiche Schicksal ereilte das in der Brienner Straße 44 stehende Haus, das 1832 von dem Maler Julius Schnorr von Carolsfeld errichtet worden war: Es musste ebenfalls den »Führerbauten« von Paul Ludwig Troost weichen.

[2] Horst Fuhrmann: Vom Reichtum des Alfred Pringsheim. In: Hanno-Walter Kruft, a.a.O., S. 38, 39.

kalkulierender Mann, der jeder Spekulation abhold war.³ Nach seinem Tod trat Alfred Pringsheim das Erbe an; seine Schwester Marta (1851–1921), verheiratet mit dem Rittergutsbesitzer Paul von Rohrscheidt, wurde mit einer Summe von 3 270 000 Goldmark ausgelöst. Alfred Pringsheim wurde 1914 in Rudolf Martins »Jahrbuch der Millionäre« mit einem Vermögen von 13 Millionen Goldmark an 22. Stelle in Bayern verzeichnet, sein Jahreseinkommen wurde mit 800 000 Goldmark angegeben. Sein Professorengehalt von unter 10 000 Goldmark betrug nur einen Bruchteil dieses Betrags.

Die Ahnen des Rudolf Pringsheim sind bereits im 18. Jahrhundert als wohlhabende Inhaber von Schank- und Braurechten in Bernstadt im Fürstentum Oels nachgewiesen worden; als Stammvater wird Mendel Pringsheim angesehen. Rudolf Pringsheim, Sohn des Heymann Pringsheim (1789–1851), war sein Urenkel; er hatte eine Schwester namens Emma (1836–1880).

Rudolf Pringsheim war »bei allem rasch, in einer Generation, erworbenen Reichtum niemals ein protziger Emporkömmling, sondern ein kultivierter, geschmackvoller, an Kunst und Wissenschaft lebhaft interessierter Mann.«⁴ Alfred Pringsheim stand ihm da keineswegs nach. Er liebte insbesondere die Mathematik, die Musik und die Kunst.

Der Mathematiker Pringsheim

In einem »Lebensabriß«⁵ beschreibt der 65-jährige Pringsheim 1915 sein Leben mit der Mathematik:

> »Ich, Alfred Pringsheim, bin am 2. September 1850 zu Ohlau in Schlesien geboren, besuchte das Breslauer Magdalenaeum, wo ich 1868 absolvierte, habe meine Studienzeit nach einem Berliner Anfangsjahr-Semester in Heidelberg hauptsächlich bei Königsberger und Kirchhoff zugebracht, promovierte daselbst 1872 und habilitierte mich 1877 an der Universität München, wo ich seit dieser Zeit – und zwar seit 1886 als außerordentlicher, seit 1901 als ordentlicher Professor – eine über die verschiedenen Zweige der Analysis, Functionen-Theorie, Algebra und Zahlentheorie sich erstreckende Lehrtätigkeit ausgeübt habe.«

Pringsheim diskutiert zuallererst sein Verhältnis zu dem bedeutenden Mathematiker Karl Theodor Wilhelm Weierstraß (1815–1897):

---

³ ebd., S. 39.
⁴ ebd.
⁵ Hanno-Walter Kruft, a. a. O., S. 23–24.

»Obschon ich niemals Schüler von Weierstraß gewesen bin, gelte ich als einer der markantesten und (sit venia verbo) erfolgreichsten Vertreter der spezifisch Weierstrassischen ›elementaren‹ Functionen-Theorie. Die Mehrzahl meiner [...] Arbeiten bezieht sich theils auf die arithmetischen Grundlagen der Functionentheorie, insbesondere die allgemeine Theorie der Convergenz unendlicher Reihen, Produkte und Kettenbrüche, theils auf die Ausgestaltung der elementaren funktionentheoretischen Methoden und die Erweiterung ihrer Anwendungsgebiete. [...] Von meinen übrigen Arbeiten verdienen wohl diejenigen über die Taylor'sche Entwickelung reeller Functionen einige Erwähnung, da sie die bis dahin ungelöste Frage nach deren nothwendigen und hinreichenden Gültigkeitsbedingungen zu einem befriedigendem Abschluß gebracht haben. Der Versuch, auch weitere Kreise gelegentlich einmal für mathematische Dinge zu interessieren, ist mir, wie ich zahlreichen Zuschriften und mündlichen Versicherungen glauben darf, mit meiner akademischen Festrede ›Über Werth und angeblichen Unwerth der Mathematik‹ ziemlich geglückt. Eine ebenfalls mehr populären Zwecken dienende Gelegenheitsarbeit ist auch die Herausgabe der von mir aus dem Lateinischen übersetzten und mit mathematischen Erläuterungen versehenen Daniel Bernoulli'schen Abhandlung ›Specimen Theoriae novae de Mensura Sortis‹.«

Es würde den Rahmen sprengen, im Detail über die mathematischen Glanzleistungen Pringsheims zu berichten. Hier sei der Leser auf den Nachruf von Oskar Perron verwiesen.[6]

Der Mathematiker Roland Bulirsch schreibt: »Der Münchner Mathematiker Pringsheim sieht die Mathematik mit den Augen des Mathematikers Weierstraß, manche sagen, er sei der wahre Schüler von Weierstraß gewesen.«[7] Das ist höchstes Lob, Weierstraß (1815–1897) überragte unter seinen Zeitgenossen sogar Peter Gustav Lejeune Dirichlet (1805–1859), Ernst Eduard Kummer (1810–1893), Leopold Kronecker (1823–1891) und Julius Wilhelm Richard Dedekind (1831–1916). Aus Frankreich meldete sich Charles Hermite (1822–1901) zu Wort: »[Weierstraß] ist unser aller Meister (notre maitre à tous) [...] unsere Vorlesungen an der Sorbonne

[6] Oskar Perron: Nachruf Alfred Pringsheim, Jahrbuch BAdW 1941–1948, München 1948, S. 187–193. Wieder abgedruckt in: Oskar Perrron: Nachruf Alfred Pringsheim. In: Jahresbericht der Deutschen Mathematiker-Vereinigung 56 (1953), S. 1–6.

[7] Roland Bulirsch: Alfred Pringsheim der Mathematiker. In: Hanno-Walter Kruft, a. a. O., S. 29.

oder an der École Polytechnique haben vor allem das Ziel, den Studenten seine Arbeiten und seine großen Entdeckungen nahezubringen.«[8]
Zu Füßen von Weierstraß saß Pringsheim tatsächlich nie. Seine wirklichen akademischen Lehrer, deren Vorlesungen er in Heidelberg besuchte, waren neben Ernst Eduard Kummer Lazarus Fuchs (1833–1902), Moritz Cantor (1829–1920), vor allem aber sein Doktorvater von 1872, Leo Königsberger (1837–1921), der ihm die Ideen von Weierstraß nahebringt. »Erfüllt von hoher Bewunderung für die Schönheit des strengen Aufbaus der Weierstraß'schen Lehre von den Zahlen und den Funktionen, war er [Pringsheim] in Deutschland wohl der erfolgreichste Vermittler und Fortentwickler Weierstraßscher Ideen. Die Aufgabe, welche seine Zeit dem Hochschullehrer der Mathematik als eine der wichtigsten stellte, nämlich den Sinn für absolute Strenge der Beweisführung bei den Hörern zu erwecken, hatte er klar erkannt und er verstand es, diese Hörer zugleich zu belehren und zu entzücken.«[9]

Und nochmals Roland Bulirsch: »Pringsheims Arbeiten sind mit Weierstraßscher Strenge abgefaßt. Man schreibt ihm sogar das Verdienst zu, daß erst durch ihn, Pringsheim, die Mathematiker sich nach und nach bequemten, auch ihrerseits diese Strenge in ihren Arbeiten einzuführen.«[10]

Seine Habilitation bereitete Pringsheim zu Beginn des Sommersemesters 1877 zunächst jedoch Sorgen. Der erste Anlauf an der Universität Bonn scheiterte an einem der Prüfer, an dem berühmten Rudolf Otto Sigismund Lipschitz (1832–1903), der Pringsheim »auf Grund einer einzigen, von ihm nicht beantworteten Frage«[11] vernichtend beurteilte. Pringsheim war nur kurze Zeit ratlos, beschloss dann aber sofort, es in München zu versuchen. In einem Brief an seinen Berliner Mentor Ludwig Darmstaedter schrieb er:

»Vorläufig habe ich für München die meiste Inklination. Ich glaube auch, daß dort die Bonner Herren schon in Folge des Bayerischen Partikularismus nicht allzuviel Einfluß haben dürften.«[12]

---

[8] ebd., S. 30.
[9] Georg Faber: Mathematik. In: Geist und Gestalt. Biographische Beiträge zur Geschichte der Bayerischen Akademie der Wissenschaften. Zweiter Band. München 1959, S. 1–45, S. 32.
[10] Roland Bulirsch: Alfred Pringsheim der Mathematiker. In: Hanno-Walter Kruft, a. a. O., S. 30.
[11] Inge und Walter Jens, Katias Mutter. Das außerordentliche Leben der Hedwig Pringsheim. Hamburg 2007, S. 62.
[12] ebd., S. 63.

Der junge Alfred Pringsheim.

Er hatte sich nicht getäuscht: In München wurde die Habilitationsschrift mit dem Titel »Theorie der hyperelliptischen Funktionen, insbesondere derjenigen dritter Ordnung« baldigst eingereicht, und die »Disputation«, der öffentliche Probevortrag mit dem Titel »Über die Prinzipien der neueren Functionen-Theorie«, ging reibungslos über die Bühne. Die Habilitation konnte noch im Laufe des Sommersemesters, am 30. Juli 1877, abgeschlossen werden.

An der Ludwig-Maximilians-Universität München wurde Pringsheim zunächst unbesoldeter Privatdozent, neben den Ordinarien Philipp Ludwig von Seidel (1821–1896) und Gustav Bauer (1820–1906); an der Technischen Hochschule wirkte noch Felix Klein (1849–1896), aus heutiger Sicht »der bedeutendste von den dreien«.[13] Pringsheim war vermögend genug, nicht auf die Besoldung angewiesen zu sein. Er heiratete 1878 die Schauspielerin Hedwig Dohm und bezog eine große Etagenwohnung in der Nähe des Alten Botanischen Gartens und des Glaspalasts, in der Sophienstraße 6/1, wo die Familie bis 1889 wohnte. Er blieb weiterhin Privatdozent, bis er 1886 in Vertretung des kranken von Seidel zum außerordentlichen Professor ernannt wurde.

»1894 wird der außerordentliche Professor der Mathematik, Alfred Pringsheim, zum außerordentlichen Mitglied der mathematisch-physikalischen Klasse der Königlich Bayerischen Akademie der Wissenschaften gewählt. Die Laudatio würdigt seine mathematischen Untersuchungen: ›Durch eine strengere und sachgemäße Verknüpfung der Theoreme der Lehre von der Convergenz und Divergenz der Reihen den bis dahin fehlenden Charakter einer mathematischen Theorie zu verleihen.‹ Auf Grund seiner ›wesentlichen Förderung der mathematischen Wissenschaften‹ wird die Wahl Pringsheims zum außerordentlichen Mitglied vorgeschlagen, und er wird mit 17 Ja-Stimmen gewählt (1 Gegenstimme). 4 Jahre

---

[13] Rudolf Fritsch und Daniela Rippl: Alfred Pringsheim. Schriften der Sudetendeutschen Akademie der Wissenschaften und Künste. Bd. 22. München 2001, S. 97–128, S. 99.

später, 1898, wird er ordentliches Mitglied, da ›er in zahlreichen Arbeiten das Gebiet in alle Richtungen durchforscht und dabei eine ganz hervorragende, erfolgreiche wissenschaftliche Tätigkeit bekundet. [Er] gehört der kritischen Schule an, die sich zur Aufgabe stellt, die Definitionen und Lehrsätze der Mathematik mit möglichster Schärfe auf die Grenzen der Giltigkeit zu prüfen und zu untersuchen, wie sie einwandfrei gefaßt werden können. [Die] Publikationen Pringsheims haben so sehr Anerkennung gefunden, daß derselbe jetzt als bester Kenner dieses Gebiets, der Theorie der Reihen gilt.‹ Unterzeichnet hatte die Laudatio auch der berühmte Münchner Mathematiker Ferdinand Lindemann (1852–1939).«[14]

Als 1901 Gustav Bauer emeritiert wurde, wären Pringsheims Verdienste genug, ihm die Nachfolge anzutragen; die Fakultät stellte aber fest, dass er aufgrund seines Arbeitsgebiets nicht passte, und beantragte ein zusätzliches Ordinariat für Pringsheim. Dies wurde auch genehmigt; Aurel Voß (1845–1931) trat die Nachfolge von Bauer an. Die Ludwig-Maximilians-Universität München hatte damit drei Ordinariate für Mathematik.

Pringsheim hat über 100 wissenschaftliche Arbeiten veröffentlicht und galt als glänzender Lehrer. Seine Vorlesungen waren sorgfältig vorbereitet, mit vielen unterhaltsamen Bemerkungen versehen; niemand langweilte sich bei ihm. Sein Witz war fast sprichwörtlich.[15] 1904 hielt er in der Königlich Bayerischen Akademie der Wissenschaften seine große, ehrenvolle Festrede »Über Werth und angeblichen Unwerth der Mathematik«, in der er sich kritisch mit Schopenhauers höchst eigenwilliger Betrachtungsweise der Mathematik auseinandersetzte.

Alfred Pringsheim wurde schon früh, nämlich 1884, in die Akademie Leopoldina aufgenommen und im weiteren Verlauf in die Göttinger Akademie und in die schwedische Akademie zu Lund. Er erfuhr zahlreiche öffentliche Ehrungen und Auszeichnungen, erhielt 1913 auch den Titel »Geheimrat«.

Zum 30. September 1922 wurde Pringsheim emeritiert. Sein Nachfolger wurde der aus Heidelberg zurückberufene Lindemann-Schüler Oskar Perron (1880–1975), der eine Vorliebe für Pringsheim als Mathematiker hatte und auch einstmals sein Schüler war, wie auch Freund des Hauses. Mathematisch gesehen war Pringsheim nicht völlig unumstritten. Sein Zeitgenosse Felix Klein (1849–1925) war in mancher Hinsicht sein Gegenpol. »Die mathematische Veranlagung und Geschmacksrichtung Prings-

---

[14] Roland Bulirsch, a. a. O., S. 33.
[15] vgl. Peter de Mendelsohn: Der Zauberer. Das Leben des deutschen Schriftstellers Thomas Mann. Frankfurt 1975, S. 544; sowie Bulirsch, S. 33.

heims war von der Kleins sehr verschieden. Pringsheim besaß nicht den weiten Blick Kleins über das Gesamtgebiet der Mathematik und ihrer Anwendungen, war aber umso gründlicher im engeren Bezirk, während Kleins umfassende Schau an Einzelheiten leichter vorbeisehen konnte.

Der Gegensatz der beiden Mathematiker kam zum Ausdruck in einem höflich und verbindlich geführten Streitgespräch auf der Tagung der Deutschen Mathematiker-Vereinigung in Halle 1907. Pringsheim hatte auseinandergesetzt, dass er in Anfangsvorlesungen eine genaue Erklärung des Rechnens mit irrationalen Zahlen als nötige Voraussetzung für eine Einführung in die Differential- und Integralrechnung ansehe. Klein hatte heftig widersprochen und die These verfochten, die Berufung auf die geometrische Anschauung als Beweismittel oder als vorläufiger Beweisersatz sei das didaktisch einzig Mögliche in Anfängervorlesungen. Pringsheim antwortete mit Witz und Schlagfertigkeit; er hatte das leichtere Spiel, weil er die bessere Sache vertrat. Allmählich drang er überall mit seiner Auffassung durch.

Während Klein 1907 in Pringsheim nur einen vereinzelten Außenseiter gesehen hatte, stellte er 1926 fest: ›Weierstraß eröffnete seinen Vorlesungszyklus jedesmal mit einer genauen Erörterung über das Wesen der Irrationalzahl, wie es seitdem bis zum Überdruß Sitte geworden ist.‹«[16]

Dazu wäre zu sagen: »Beweismittel« und »vorläufigen Beweisersatz« in einem Atemzug zu nennen, verrät eine gewisse Schwäche in der Gedankenwelt Kleins. Aber das ändert nichts an seiner überragenden Bedeutung zu seiner Zeit.

Eine kritische Stimme kommt von Hans Freudenthal (1905–1990): Pringsheims Arbeit sei «characterized by meticulous rigour rather than by great ideas».[17] Dem ist entgegenzuhalten, dass die Strenge der Beweisführung, die Pringsheim sich selbst abverlangte, auch dazu führte, dass er 1898 als Erster nachwies, dass Lamberts Beweis von 1761 der Irrationalität von π, entgegen damaliger landläufiger Meinung, absolut korrekt war und ungewöhnlich für seine Zeit, einschließlich eines Konvergenzbeweises für die verwendete Tangensfunktion.[18] Auf dem Gebiet der Kettenbruchtheorie war seine Arbeit schöpferisch, er gilt u. a. (»Pringsheim-Kriterium«, 1898) als Erfinder des Terms »unbedingte Konvergenz« von Kettenbrüchen.

---

[16] Georg Faber, a. a. O., S. 33.
[17] Hans Freudenthal: Pringsheim, Alfred. In: Biographical Dictionary of Mathematicians. New York 1990, S. 2048–2049.
[18] vgl. Rolf Walliser: On Lambert's Proof of the Irrationality of π. In: Algebraic Number Theory and Diophantine Analysis. Graz 1998, S. 521–530.

Der Musiker Pringsheim

In seinem schon erwähnten »Lebensabriß« gibt Alfred Pringsheim eine kurze Feststellung seiner tiefen Beziehung zur Musik:

»Außer mit Mathematik habe ich mich seit meiner Jugend sehr ernstlich mit Musik […] beschäftigt. In musikalischen Kreisen kennt man mich als langjährigen und eifrigen Vorkämpfer Richard Wagner's, auch habe ich eine Anzahl von Bearbeitungen Wagner'scher Musikwerke veröffentlicht.«

Die wohlhabenden Eltern Pringsheims ließen es an guter Erziehung ihrer Kinder nicht mangeln; Alfred war schon in seiner Jugend ein bemerkenswerter Pianist.[19] Zwei seiner Söhne, Heinz und Klaus, wandten sich der Musik später auch beruflich zu, Heinz als Musikkritiker und -schriftsteller in Berlin und später in München, wo er zusammen mit Karl Amadeus Hartmann die Reihe »Musica viva« aufbaute; Klaus als Komponist und Dirigent, überwiegend in Japan. Alfred Pringsheim aber machte die Musik zu seinem Hobby und konzentrierte sich dabei auf Richard Wagner.

»Er war […] ein ernsthafter Pianist und trat bereits als Student Richard Wagner nahe, von dem er mehrere Kompositionen für Klavier zu vier Händen bearbeitete[20] und auch in kammermusikalischer Besetzung veröffentlichte. Nach einer Tradition der Familie[21] haben Alfred Pringsheim und Thomas Mann diese Bearbeitungen später gemeinsam gespielt.«[22]

Gemeinsam mit seinem Vater Rudolf Pringsheim erwarb Alfred um 1872 als einer der Ersten »Patronatsscheine« zur Unterstützung der Bayreuther Festspielaufführungen. Er »wurde zum Wagnerianer und stand dem Tonsetzer persönlich nahe. Die Wagner-Briefe, die Alfred Pringsheim zeitlebens als seinen größten Schatz hütete, haben die Flucht des Ehepaars 1939 aus München nach Zürich nicht überstanden.«[23]

Die Freundschaft ging jedoch auseinander, als der junge und »sehr jähzornige«[24] Alfred Pringsheim einem leibhaftigen Professor, dessen Name mit Leo überliefert ist, angeblich einen Bierkrug auf den Kopf schlug, weil er sich über sein Idol Richard Wagner abfällig geäußert hatte. Da

---

[19] Inge und Walter Jens, a. a. O., S. 57.
[20] Eine Reihe gedruckter Bearbeitungen für vier Hände (Edition Schott) sind in der Pringsheim Music Library in Tokio aufbewahrt.
[21] Peter de Mendelssohn, a. a. O., S. 545.
[22] Hanno-Walter Kruft, a. a. O., S. 4.
[23] Inge und Walter Jens, a. a. O., S. 58–59.
[24] vgl. Peter de Mendelssohn, a. a. O., S. 546.

die Presse den Vorfall »in gehässiger und völlig entstellter Darstellung kolportierte«, rückte das Haus Wagner von Pringsheim ab.[25]

Musiziert wurde im Palais Pringsheim in vornehmster Weise. Das Musikzimmer von ca. 65 Quadratmetern war »der größte und betonteste Raum« im Erdgeschoss, verbunden mit der durch Schiebetüren abtrennbaren Bibliothek von ca. 58 Quadratmetern. Damit war das 1889 bis 1890 von den Berliner Architekten Kayser & von Großheim erbaute, mit elektrischem Licht, Zentralheizung und Telefon ausgestattete Stadtpalais Arcisstraße 12 »ein für Empfänge, Gesellschaften und vor allem private Konzerte disponiertes Haus großbürgerlichen Zuschnitts, den palastartigen Charakter des Elternhauses in der Berliner Wilhelmstraße besaß es jedoch nicht.«[26]

Das Haus wurde seit Fertigstellung im Frühjahr 1890 »zu einem der wichtigsten gesellschaftlichen und künstlerischen Zentren Münchens, wo vor allem Musiker und Maler, in geringerem Umfang Schriftsteller zu Hause waren. Eine entscheidende Rolle kam Alfred Pringsheims Gattin Hedwig, geborene Dohm, zu, deren ›Lenbach'sche Schönheit‹ oft beschrieben worden ist.[27] Die Gäste des Hauses waren fast alle großen Künstler der Zeit, von Richard Strauß und Hugo von Hofmannsthal über

Palais Pringsheim in der Arcisstraße 12.

[25] Inge und Walter Jens, a. a. O., S. 61.
[26] Hanno-Walter Kruft, a. a. O., S. 7.
[27] Hedwig Pringsheim hatte, im Gegensatz zu ihrem Gatten, auch ein sehr lebhaftes Verhältnis zur Literatur.

Fritz August Kaulbach, Franz Lenbach, Franz Stuck bis zu Bruno Walter und Thomas Mann [1875–1955], der durch seine Heirat mit der Tochter Katia [1883–1980] eine familiäre Bindung einging.«[28]

Für die Ausstattung des Musiksaals zog Pringsheim den Maler Hans Thoma heran, der 1891 ein Wandfries von beträchtlichen Ausmaßen schuf: 13 Bilderfelder mit einer Höhe von 130 Zentimetern, in der Breite an der Nordwand 11,25 Meter, an der Südwand 9 Meter einnehmend; vertikal durch Ornamentbänder von 25 Zentimetern Breite mit Früchten, Blumen und Masken getrennt.

Interessant ist, wie Alfred Pringsheim von berühmten Musikern seiner Zeit gesehen wurde. Bruno Walter (1876–1962) formuliert es so: »Ich weiß nicht mehr, wo ich Thomas Mann kennen gelernt habe, ob bei dem Kunstfreunde Dr. Hallgarten oder in dem schönen, mit erlesener italienischer Keramik geschmückten Hause seines Schwiegervaters, des bekannten Mathematikers Alfred Pringsheim, eines geistig beweglichen, musikbegeisterten Mannes, der noch mit Hermann Levi verkehrt und sein leidenschaftliches Wagnerianertum sogar in der Verfassung von Klavierarrangements Wagnerscher Opernbruchstücke ausgedrückt hat.«[29]

Der Kunstliebhaber und Kunstwissenschaftler Pringsheim

In seinem »Lebensabriß« schreibt Pringsheim:

»In kunstwissenschaftlichen Kreisen gelte ich als Kenner und erfolgreicher Sammler von Kunstgegenständen der Renaissance. In's besondere ist meine Sammlung italienischer Majoliken die bedeutendste Privatsammlung dieser Art, und die unter meiner Mitwirkung von Otto v. Falke besorgte Herausgabe eines monumentalen Katalogs, dessen erster Band im Vorjahre erschienen ist, wird von den Fachleuten geradezu als ein für das Studium der Majolikakunst wichtiges Ereignis betrachtet.«

Man spürt unschwer, welcher Stolz hinter diesen Worten steckt. Und auch den Enkel Klaus Mann schien die wertvolle Sammlung schwer beeindruckt zu haben: »… der große Speisesaal des Pringsheimschen Hauses, der mir in den Sinn kommt – reich geschmückt mit Gobelins, schönem Silbergerät und den langen Reihen von Ofeys [d. h. Großvaters] schillernden Majolikas. Unsere ganze Kindheit hindurch bedeutete uns diese Sammlung den Inbegriff von kostbarer Zerbrechlichkeit. Denn man

---

[28] Hanno-Walter Kruft, a.a.O., S. 8.
[29] Bruno Walter: Thema und Variationen. Stockholm 1947, S. 310.

hatte uns eingeschärft, daß jeder dieser bunten Teller, Schalen und Krüge ein Vermögen wert sei. Ein Kind, das einen solchen Wunderteller berühren oder gar zerbrechen sollte, machte sich eines unverzeihlichen Verbrechens, einer wahren Todsünde schuldig.«[30]

Der Fries von Hans Thoma war ein Werk eines Malers, den Pringsheim besonders schätzte; ein Werk, das der junge Thomas Mann, den figürliche Darstellungen reizten, beim Eintritt in das Pringsheim'sche Imperium bewunderte.

Alfred Pringsheim und Hedwig Dohm

Über 60 Jahre war Alfred Pringsheim mit seiner Frau Hedwig verheiratet, über die Bruno Walter schreibt: »Seine Frau war die bis in ihr hohes Alter schön gebliebene Hedwig Pringsheim, geborene Dohm, Tochter des Herausgebers des Berliner ›Kladderadatsch‹ und der bekannten Frauenrechtlerin und Autorin Hedwig Dohm geb. Schleh. In dem gastlichen Hause in der Arcisstraße konnte man an großen Abenden ›ganz München‹ treffen.«

Hedwig Pringsheim.

Hedwig Dohm war Elevin am Herzoglichen Hoftheater in Meiningen, als sie sich heimlich mit Alfred Pringsheim verlobte und bald darauf das berühmte Ensemble verließ. Am 23. Oktober 1878 heirateten die beiden – am 29. August hatte Pringsheim an den Senat seiner Universität München ein offizielles Gesuch zur Genehmigung seiner Eheschließung gerichtet und auch die Versicherung erhalten, dass kein dienstliches Bedenken von Seiten der vorgesetzten Behörde bestünde.

»Nach allem, was wir über ihn [Alfred Pringsheim] wissen – einschließlich dessen, was seine Schwiegermutter dem Mann ihrer Romanheldin [Sibilla Dalman] andichtete, liebte er seine schöne, elegante und gesellschaftlich so gewandte junge Frau ohne jede Einschränkung. Treu war er ihr nicht, aber er ›betete sie an‹ und ›trug sie auf Händen‹.

[30] Klaus Mann: Der Wendepunkt. Ein Lebensbericht (1949). Berlin und Weimar 1979, S. 43 f.

Dabei müssen Alfred und Hedwig Pringsheim zumindest äußerlich ein ungewöhnliches Paar gewesen sein. Sie: eine hoch gewachsene schlanke und elegante Frau, er: ein kleiner, stets sorgfältig gekleideter, witziger, manchmal sarkastischer Kettenraucher, der auch vor gelegentlichen Kalauern nicht zurückschreckte.«[31]

»[Die Sängerin] Milka Ternina, die langjährige Geliebte, hat, so paradox das klingen mag, den Alltag der Familie [Pringsheim] bereichert. Die Pringsheim-Kinder nannten sie liebevoll ›Milkatz‹. [...] Die Frauen blieben einander verbunden.«[32]

Hedwig nannte in vertraulichen Briefen ihren Alfred gern »den furchtbar süßen kleinen Mann« und meinte, auch im Hinblick auf seine Seitensprünge, »für so kleine Männer haben unermeßlich lange Gliedmaßen stets einen unwiderstehlichen Zauber«. »Hedwig Pringsheim jedenfalls bekannte sich zeitlebens zu ihrer Entscheidung und stellte den einmal gewählten Weg nie ernsthaft in Frage. Sie war kein Luxusgeschöpf, sondern eine selbstbewußte, mit gesundem Pragmatismus, aber auch Empathie, sozialer Sensibilität und kritischem Witz begabte Frau.«[33]

Das Ehepaar Alfred und Hedwig Pringsheim hatte fünf Kinder: Erik (1879–1909), Peter (1881–1963), Heinz (1882–1974) und die Zwillinge Klaus (1883–1972) und Katia (1883–1980). Die der Musik zugewandten Heinz und Klaus wurden schon erwähnt, Peter wurde Physiker im Umkreis von Walther Nernst und erhielt 1924 eine a. o. Professor in Berlin, die ihm 1933 entzogen wurde.

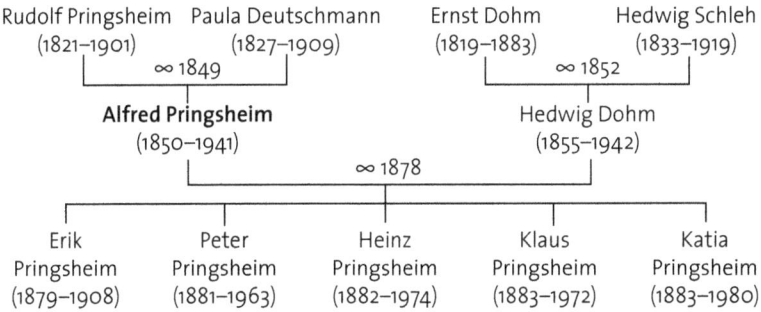

Der Stammbaum der Familie Pringsheim.

[31] Inge und Walter Jens, a. a. O., S. 67–68.
[32] ebd., S. 90–91.
[33] ebd., S. 69.

Erik, der älteste, war das Sorgenkind. Er verbummelte sein Jurastudium in Cambridge und wurde 1905 nach Argentinien verbannt, wo er auch nicht reüssierte. Er starb 1909 unter ungeklärten Umständen.
Katia, die Physik und Mathematik studiert hatte, wurde durch die Ehe mit Thomas Mann bekannt.

Alfred Pringsheim und Thomas Mann

Thomas Mann (1875–1955) hatte Ende 1903, Anfang 1904 Zutritt zu der glanzvollen Welt der Pringsheims gefunden. In einem Brief vom Februar 1904 an seinen Bruder Heinrich beschreibt er die scheinbaren Gegensätze:

»Der Vater Universitätsprofessor mit goldener Cigarrettendose, die Mutter eine Lenbach-Schönheit ...«[34]

Hanno-Werner Kruft schreibt über Pringsheim und dessen berühmten Schwiegersohn: »Thomas Mann hatte Katia Pringsheim am 11. Februar 1905 geheiratet. Von 1906 bis 1909 schrieb er den Roman ›Königliche Hoheit‹, in dem Alfred Pringsheim zum Glassammler Samuel N. Spoelmann, der ›die lückenloseste Sammlung beider Welten‹ besitzt, und Katia Pringsheim zu Imma Spoelmann wird. Die aristokratische Überhöhung des Romans zeigt sich vor allem in Thomas Manns Selbststilisierung als Prinz Heinrich. [...] Der Roman mit seinen Anspielungen war für die Familie Pringsheim akzeptabel, da die Figuren trotz ironischer Distanznahme mit Sympathie gezeichnet sind.

Anders war dies in der vorausgehenden Erzählung ›Wälsungenblut‹ (1905, gedruckt 1921), die das Verhältnis zwischen Thomas Mann und Alfred Pringsheim dauerhaft belastete. In der Familie Aarenhold musste Alfred Pringsheim ein nicht sehr schmeichelhaftes Zerrbild seiner Familie erkennen. Die verwendeten Namen und die beschriebenen Räume sind entweder direkt erkennbar oder in ihrem Anspielungscharakter leicht durchschaubar. Die Familie Aarenhold selbst spiegelt die Situation der Familie Pringsheim [...] In beiden Fällen sind die jüngsten Zwillinge: Klaus und Katia Pringsheim bzw. Siegmund und Sieglinde Aarenhold. Mit der Namenswahl von Siegmund und Sieglinde wird der Bezug zu Richard Wagner hergestellt. Zugleich wird hier das Inzest-Motiv vorbereitet, das die Handlung des ersten Aktes der ›Walküre‹ bestimmt. [...] Die letzten Zeilen des ersten Aktes der ›Walküre‹ *Braut und Schwester bist du dem Bruder – so blühe denn Wälsungen-Blut* ergeben den Titel von Thomas Manns Erzählung. [...]

---

[34] Hanno-Walter Kruft, a. a. O., S. 15.

Alfred Pringsheim mußte mehr als peinlich berührt sein, den Wagnerschen Inzest in seine Familie verlegt zu sehen. Selbst das Eisbärenfell, auf dem der Inzest stattfindet, war ein Requisit des Hauses. Auf den Photos sieht man es in Alfred Pringsheims Bibliothek.«[35]

Verfolgung Pringsheims durch die Nationalsozialisten

Im Juni 1933 füllte Alfred Pringsheim, durch das Bayerische Staatsministerium für Unterricht und Kultus hierzu aufgefordert, einen Fragebogen aus, in dem er sich als »jüdisch geboren, konfessionslos erzogen und verblieben« bezeichnet; seine Frau Hedwig bescheinigte, dass sie protestantisch sei und dass ihre Großeltern väterlicherseits sowie der Großvater mütterlicherseits als Juden geboren worden seien.[36]

Musik- und Tanzsaal mit dem Bärenfell aus Thomas Manns »Wälsungenblut«.

Damit war die Entrechtung der Pringsheims nicht mehr aufzuhalten. Klaus H. Pringsheim jun. erinnert sich, dass seine Großeltern jedoch noch 1935 entschlossen waren, »den ganzen Nationalsozialismus regelrecht zu ignorieren«.

Von den 1933 in Amt und Würden befindlichen Münchner Mathematikern wurden zwei aufgrund ihrer »Rasse« verfolgt: Alfred Pringsheim und Friedrich Hartogs (1874–1943). Dazu kam nach seiner Rückkehr nach München Karl Otto Heinrich Liebmann (1874–1939).

Alfred Pringsheim traf es besonders früh. Schon im Juni 1933 wurde ihm die Enteignung seines Hauses in der Arcisstraße, mit oder ohne Entgelt, angedroht. Nach Golo Mann hat sein Großvater eine Abfindung von 700 000 Reichsmark erhalten.[37] Die Pringsheims mussten 1933 in eine Etagenwohnung mit acht Zimmern am Maximiliansplatz 7, im Februar 1937 in eine Vierzimmerwohnung im Haus Widenmayerstraße 35[38] um-

---

[35] ebd., S. 17–19.
[36] Stadtarchiv München, EBA 1878 / 153 (Alfred Pringsheim).
[37] vgl. Hanno-Walter Kruft, a. a. O., S. 5.
[38] vgl. ebd., S. 21.

ziehen. Der Wandfries von Hans Thoma im Palais Pringsheim in München wurde beim Abbruch des Hauses im November 1933 abgebaut und »als ›Leihgabe aus Münchner Privatbesitz‹ der Staatsgalerie Stuttgart überwiesen, die ihn im Frühjahr und Sommer 1934 ausstellte«

Der Name Pringsheim durfte nicht erwähnt werden, ein Zeichen dafür, dass die Verfolgung des angesehenen Münchner Bürgers der Öffentlichkeit verborgen bleiben sollte.[39]

Die Münchner Mathematiker hielten zusammen. Georg Faber (1877–1966) berichtet: »Pringsheim war die Seele eines Münchner mathematischen Kränzchens, dessen Vorträge und Nachsitzungen gut besucht waren. Eines Tages verlangte ein Privatdozent der Universität mit Berufung auf die nationalsozialistische Partei (jeder kleine Parteiangestellte verkörperte die Partei), daß Pringsheim, Liebmann und Hartogs nicht mehr an dem Kränzchen teilnähmen. Bei den damaligen rechtlosen Zuständen hätten sich die drei Mathematiker Mißhandlungen ausgesetzt, wenn sie der Partei getrotzt hätten. Den übrigen Mitgliedern des Kränzchens lag es fern, das Kränzchen ohne Pringsheim, Liebmann und Hartogs fortzuführen. Es hörte auf zu bestehen.«[40]

Doch der fachinterne Zusammenhalt konnte Schlimmeres nicht verhindern: Am 14. November 1938 wurde Alfred Pringsheim »in einem Handstreich«[41] als »Nichtarier« aus der Bayerischen Akademie der Wissenschaften ausgestoßen. Und die Verfolgung nahm kein Ende: »Seine Majolika-Sammlung, die er als die bedeutendste Privatsammlung auf diesem Sektor zusammengetragen hatte, wurde 1939 in London bei Sotheby's versteigert. Indem der Großteil des Auktionserlöses an das Deutsche Reich überwiesen wurde, konnte Pringsheim 1939 mit seiner Frau die Ausreise in die Schweiz erkaufen.«[42] Die genaueren Umstände sind erst vor Kurzem ans Tageslicht gekommen durch die Recherchen von Inge und Walter Jens.[43]

Der 83-jährige Alfred Pringsheim feierte am 2. September 1933 zum letzten Mal seinen Geburtstag im vertrauten Heim. Dann kam der Umzug. Thomas und Katia Mann hatten im Februar 1933 Deutschland verlassen und lebten inzwischen in der Schweiz, in Küßnacht; Hedwig Pringsheim musste nicht nur die Auflösung ihres eigenen Haushalts

---

[39] vgl. ebd., S. 15–16.
[40] Faber, a.a.O., S. 33.
[41] Rudolf Fritsch und Daniela Rippl, a.a.O., S. 121.
[42] Hanno-Werner Kruft, a.a.O., S. 5.
[43] Inge und Walter Jens, Katias Mutter. Das außerordentliche Leben der Hedwig Pringsheim. Hamburg 2007.

organisieren, sondern auch die Überführung der Mann'schen Habseligkeiten. Der Abschied fiel ihr schwer. Doch die Pringsheims hatten sich an die neuen Umstände allmählich »gewöhnt«, als im November 1934 Alfred Pringsheim, der seit 1922 emeritiert war, in den »Ruhestand« zurückgestuft wurde, seine Venia Legendi verlor und sein Gehalt auf zwei Drittel reduziert fand auf Grund des im April 1933 erlassenen Gesetzes zur Wiederherstellung des Berufsbeamtentums, das alle Juden vom aktiven Staatsdienst ausschloss. Von nun an fiel er in der Universität München unter die Rubrik »Nichtarische Abstammung«.

Am 1. Januar 1936 tritt das »Gesetz zum Schutze des Blutes und der deutsche Ehre« in Kraft. Die Pringsheims bekommen eine Ausnahmegenehmigung zur Weiterbeschäftigung ihrer Hausangestellten, vermutlich auf Fürsprache von Winifred Wagner, und wollen nicht glauben, welches weitere Unheil droht, etwa der Passentzug. 1936 stellt sich heraus, dass sie auch die Wohnung am Maximiliansplatz nicht halten können. Der Umzug in die Widenmayerstraße bringt neue Strapazen. Hedwig Pringsheim lernt allmählich, die Zeichen der Zeit zu lesen. Für den Briefwechsel mit Katia in Zürich gebraucht sie schon Chiffren und Kassiber. Die Majolikensammlung war 1936 vom Bayerischen Kultusministerium auf die Liste des national wertvollen Kunstbesitzes gesetzt worden. Bald erfolgt die Verordnung zur Anmeldung von jüdischem Besitz. Ende Januar 1937 entziehen die Münchner Behörden dem Ehepaar Pringsheim den Reisepass. Am 9. November 1938 brennen die Synagogen.

Am 24. November 1938 konfisziert die Gestapo die Gemälde, das Silber, die Bronzen und die Uhren der Pringsheims. Mitte Dezember 1938 sieht es so aus, als ob sie auch das Haus in der Widenmayerstraße räumen müssen. Februar 1939 wird in die Kennkarten ein großes J gestempelt, Alfred wird zu Alfred Israel. Hedwig Pringsheim gewöhnt sich fast schon an den Gedanken, auszuwandern, aber Alfred Pringsheim bleibt starrköpfig.

Am 27. August trifft endlich aus London die Nachricht ein, dass die von den Nationalsozialisten verlangte Versteigerung der Majolikensammlung erfolgt sei und der nach Abzug der 80-prozentigen Reichsfluchtsteuer kläglich Rest des Erlöses an die Bank nach Zürich überwiesen sei. Aber es ist fast schon zu spät: Am 1. September 1939 bricht der Krieg aus; die Schikanen, mit denen die Behörden die Ausreise hinauszuschieben versuchen, wachsen. Ab 15. September 1939 gilt für alle Juden von acht Uhr abends bis sechs Uhr früh ein Ausgehverbot, und in Berlin zeigt man wenig Neigung, die im Gegenzug zum Verkauf der Sammlung versprochenen Pässe der

Pringsheims herauszurücken. Ende Oktober 1939 gelingt es anwaltlichem Beistand, die Schweizer Behörden zum Einlenken zu bewegen. Abreise und Eintreffen in Zürich werden auf den 31. Oktober geplant. Da geschieht das Wunder: Ein SS-Obersturmführer, der mit der Räumung des Hauses in der Widenmayerstraße beauftragt ist, entpuppt sich als ein »liebenswürdiger, sehr gutartiger, verständnisvoller und dazu noch hübscher junger Herr«, der sofort sagt: »Das will ich schon machen« und nach zwei Tagen mit den Pässen aus Berlin zurückkommt. Am 31. Oktober 1939 überschreiten die Pringsheims die Schweizer Grenze und treffen in Zürich ein. Einen Tag später, und die Grenze wäre geschlossen gewesen.

Der Name des Retters steht inzwischen auch fest: Otto Rudolf Hess, Buchhändlersohn aus Leipzig, Weltkriegsteilnehmer. Hedwig Pringsheim sieht in ihm den »gottgesandten Lohengrin«. Er wird im weiteren Verlauf des Krieges an die Front versetzt und schwer verwundet.[44]

Am 2. September 1940 feiert das Ehepaar Pringsheim Alfreds 90. Geburtstag. Hedwig Pringsheim findet, »es war ein schönes Fest«. Am 25. Juni 1941 stirbt Alfred Pringsheim friedlich. Die Einäscherung findet am 27. Juni 1941 statt. Katia Mann bemüht sich vergebens, die Mutter zur Übersiedlung nach Princeton, wohin die Manns zwischenzeitlich gezogen waren, zu bewegen. Ihr Leben verlischt langsam, sie stirbt am 27. Juli 1942, ebenfalls in Zürich.

Hedwig und Alfred Pringsheim in ihren späteren Lebensjahren.

Epilog

»Glanz umgab die Familie Pringsheim, Glanz umgab das Palais Pringsheim, den Treffpunkt von Künstlern, großen Malern, Schriftstellern, berühmten Schauspielern, Wissenschaftlern, auch Prinzen des Hauses Wittelsbach kamen zu Besuch. An schönen Sonntagen

[44] ebd., S. 227–230.

fuhren die Pringsheims aus, in einer Kutsche, gezogen von vier Rössern, zum Englischen Garten. Bestaunt, wohl auch bewundert von den Bürgern Münchens.«[45]

Doch nicht nur in kultureller Hinsicht glänzte das Hause Pringsheim in München; Alfred Pringsheim nahm auch als Wissenschaftler eine Spitzenposition ein. Mit der Ausstoßung der Familie Pringsheim durch die Nationalsozialisten erlosch dieser Glanz. München leuchtete nicht mehr.

Literaturhinweise

Bulirsch, Roland: Alfred Pringsheim der Mathematiker. In: Hanno-Walter Kruft: Alfred Pringsheim, Hans Thoma, Thomas Mann. Eine Münchner Konstellation. München 1993, S. 25–34.
Faber, Georg: Mathematik. In: Geist und Gestalt, Biographische Beiträge zur Geschichte der Bayerischen Akademie der Wissenschaften. Zweiter Band. München 1959.
Freudenthal, Hans: Pringsheim, Alfred. In: Biographical Dictionary of Mathematicians. New York 1990.
Fritsch, Rudolf / Rippl, Daniela: Alfred Pringsheim. Schriften der Sudetendeutschen Akademie der Wissenschaften und Künste, Bd. 22. München 2001.
Fuhrmann, Horst: Vom Reichtum des Alfred Pringsheim. In: Hanno-Walter Kruft: Alfred Pringsheim, Hans Thoma, Thomas Mann. Eine Münchner Konstellation. München 1993, S. 35–48.
Jens, Inge und Walter: Katias Mutter. Das außerordentliche Leben der Hedwig Pringsheim. Hamburg 2007.
Mendelsohn, Peter de: Der Zauberer. Das Leben des deutschen Schriftstellers Thomas Mann. Frankfurt 1975.
Kruft, Hanno-Walter: Alfred Pringsheim, Hans Thoma, Thomas Mann. Eine Münchner Konstellation. Mit Beiträgen von Roland Bulirsch und Horst Fuhrmann. München 1993.
Mann, Klaus: Der Wendepunkt. Ein Lebensbericht (1949). Berlin und Weimar 1979.
Perron, Oskar: Nachruf Alfred Pringsheim. In: Jahrbuch BAdW 1941–1948, München 1948, S. 187–193. Wieder abgedruckt in: Perron, Oskar: Nachruf Alfred Pringsheim. In: Jahresbericht der Deutschen Mathematiker-Vereinigung 56 (1953), Hamburg 2007, S. 1–6.
Walliser, Rolf: On Lambert's Proof of the Irrationality of π. In: Algebraic Number Theory and Diophantine Analysis. Graz 1998, S. 521–530.
Walter, Bruno: Thema und Variationen. Stockholm 1947.

---

[45] Roland Bulirsch in einem Brief vom 17. Juni 2008 an den Autor.

Dank

Die Vortragsreihe *München leuchtet für die Wissenschaft – Berühmte Forscher und Gelehrte* erreichte viele Zuhörer bei den Veranstaltungen in der Bayerischen Akademie der Wissenschaften, im Rathaus der Stadt München, im Deutschen Museum, in der Ludwig-Maximilians-Universität sowie in der Technischen Universität München. Die Vorträge wurden durch Fernsehporträts der Münchner Forscher und Gelehrte ergänzt, beide werden seit 2005 mit großer Resonanz in BR Alpha, dem Bildungskanal des Bayerischen Fernsehens, ausgestrahlt.

Über den Erfolg der Veranstaltungsreihe in der Münchner Öffentlichkeit und in den Medien haben wir uns gefreut. Viele haben wie beim ersten Buch zum Gelingen dieses einmaligen Projektes beigetragen.

Unser herzlicher Dank gilt vor allem den Referentinnen und Referenten. Sie haben exzellente Vorträge gehalten und uns ihre Manuskripte freundlicherweise für dieses Buch zur Verfügung gestellt: Prof. Dr. Karl Decker, Dr. Hiltrud Häntzschel, Prof. Dr. Wolfgang A. Herrmann, Prof. Dr. Karl Holl, Dr. Hannelore Putz und Prof. Dr. Markus Riederer. Prof. Dr. Elisabeth Vaupel und Prof. Dr. Friedrich L. Bauer danken wir herzlich, dass sie zur Abrundung der Reihe Porträts der Münchner Wissenschaftler Heinrich Wieland und Alfred Pringsheim geschrieben haben.

Ohne die Kooperation mit dem Bayerischen Fernsehen hätte unser Projekt *München leuchtet für die Wissenschaft* keine so große Resonanz über Bayerns Grenzen hinaus ereicht. Deshalb danken wir besonders dem Redaktionsleiter Bildung Eckhard Huber, der Redakteurin Corinna Benning, der Filmautorin Anette Kolb für die hervorragende Zusammenarbeit, ebenso dem Kulturreferenten der Stadt München, Dr. Hans-Georg Küppers, und Dr. Daniela Rippl vom Kulturreferat. Wertvolle Unterstützung erhielten wir von Dr. Irene Püttner, Petra Thalmeier, Dr. Martin Papst und Matthias Krämer. Herzlicher Dank auch an Dr. Brigitte Huber, Stadtarchiv München, und Anna Lange, Historischer Verein von Oberbayern.

Grünwald, Oktober 2008
Ulrike Leutheusser und Heinrich Nöth

Die Autorinnen und Autoren

Friedrich Ludwig Bauer, 1924 in Regensburg geboren, 1946–50 Studium der Mathematik, Physik, Logik und Astronomie an der Ludwig-Maximilians-Universität München; 1952 Promotion, 1954 Habilitation. 1958–1962 Professor für angewandte Mathematik an der Universität Mainz. 1963 Ruf als Mathematik-Professor an die Technische Universität München; 1967 Mitinitiator des Studiengangs Informatik. Von 1984–95 Direktor der Ferienakademie der Universität Erlangen und der TU München. Von 1970–95 Direktor der International Summer School Marktoberdorf. Seit 1989 emeritiert. Mitglied der Bayerischen Akademie der Wissenschaften und u. a. der Deutschen Akadmie der Naturforscher Leopoldina.

Karl Decker, 1925 in München geboren, Studium der Chemie an der Ludwig-Maximilians-Universität München, 1955 Promotion, 1961 Habilitation. 1955–60 wissenschaftlicher Assistent am Biochemischen Institut der LMU München, 1960–68 Dozent bzw. Wissenschaftlicher Rat am Biochemischen Institut der Universität Freiburg i. Br., 1967 Gastprofessor am Departement of Biochemistry der Michigan State University, USA. 1968–93 Lehrstuhlinhaber für Biochemie an der Medizinischen Fakultät der Universität Freiburg, 1969–77 Mitglied des Universitätssenats, 1970–71 Dekan der Medizinischen Fakultät, 1972–77 Prorektor für Forschung, seit 1993 emeritiert. Mitglied u. a. der Deutschen Akademie der Naturforscher Leopoldiana in Halle und Ehrenmitglied der American Society for Biochemistry und Molecular Biology.

Hiltrud Häntzschel, geboren in Aschersleben. Nach der Ausbildung zur Diplombibliothekarin Studium der Germanistik und Philosophie in Göttingen, Heidelberg und Zürich. 1967 Promotion in Heidelberg mit einer Arbeit über den Aphorismus Nietzsches. Freiberufliche Literaturwissenschaftlerin und Autorin in München. Viele Jahre Literaturkritikerin bei der »Süddeutschen Zeitung« und anderen Tageszeitungen, Autorin beim Bayerischen Rundfunk. Mitkuratorin mehrerer Ausstellungen in München (zuletzt 2006 mit Günter Häntzschel: »Ich wurde eine Romanfigur.« Wolfgang Koeppen 1906–1996) Mehrere Jahre Lehrbeauftragte am Institut für Deutsch als Fremdsprache der LMU. 1985 Lehrauftrag an der University of Minnesota in Minneapolis, 2003 Gastprofessur an der University of Illinois at Chicago, Mitglied im P.E.N.-Zentrum Deutschland. Mehrere Biografien und zahlreiche Aufsätze zur Literatur der Weimarer Republik, zu Exilforschung, Holocaust und Judentum, Friedensforschung und Wissenschaftsgeschichte. Der Schwerpunkt liegt überwiegend auf dem jeweils weiblichen Part.

Wolfgang A. Herrmann, 1948 in Kelheim geboren, Studium der Chemie an der TU München, 1973 Promotion an der Universität Regensburg, 1978 Habilitation. 1979 erhielt er einen Ruf an die Universität Regensburg, 1982 wechselte er auf einen Lehrstuhl an der Johann Wolfgang Goethe-Universität Frankfurt. 1985 wurde er Nachfolger von Ernst Otto Fischer auf dessen Lehrstuhl an der TU München und Vorstand am Anorganisch-chemischen Institut. Seit 1995 ist er Präsident der Technischen Universität München. Zu seinen ehrenamtlichen Funktionen gehört seit 1998 der Vorsitz des Verwaltungsrates des Deutschen Museums München. Seit 2006 ist er Mitglied im Beirat »Frauen in der Wissenschaft« der Robert Bosch-Stiftung.

Karl Holl, 1931 in Altendiez geboren, Studium der Geschichte, Germanistik und Romanistik in Mainz und Tübingen. Während der Arbeit an der Dissertation Lehrer an Gymnasien in Mainz, dann Wechsel in die Lehrerausbildung für Geschichte an die Pädagogische Hochschule in Neuwied, später an die Erziehungswissenschaftliche Hochschule (EWH) in Koblenz. 1971–96 Professor für Neuere, Neueste und Zeitgeschichte an der Universität Bremen. 1984 maßgebliche Beteiligung an der Gründung des Arbeitskreises Historische Friedensforschung (AKHF). Zahlreiche Untersuchungen zur Geschichte der Weimarer Republik, zur deutschen Parteiengeschichte, zur deutschen Friedensbewegung und zum politischen deutschen Exil seit 1933. Im Jahr 1988 mit dem Carl-von-Ossietzky-Preis der Stadt Oldenburg i. O. ausgezeichnet.

Hannelore Putz, 1973 in Bad Birnbach geboren, 1994–1999 Studium der Geschichte und Germanistik an der Ludwig-Maximilians-Universität München, 1999 Magister artium; 1999–2002 Promotionsstudium; 2002 Promotion zum Dr. phil. unter der Betreuung von Prof. Dr. Alois Schmid zum Thema »Die Domus Gregoriana zu München. Erziehung und Ausbildung im Umkreis des Jesuitenkollegs St. Michael bis 1773«; Habilitationsprojekt zum Thema »König Ludwig I. von Bayern als Bauherr und Kunstsammler. Monarchisches Mäzenatentum zwischen kunstpolitischem Impuls und ästhetischem Vergnügen im Spannungsfeld des Frühkonstitutionalismus«. 2002 Hochschulpreis der Landeshauptstadt München. Seit 2000 wissenschaftliche Mitarbeiterin in dem von Prof. Hubert Glaser geleiteten Forschungsprojekt »Edition des Briefwechsels zwischen König Ludwig I. und Leo von Klenze«.

Markus Riederer, 1956 in Landshut geboren, Studium der Biologie an der Technischen und der Ludwig-Maximilians-Universität München, 1984 Promotion, 1990 Habilitation. 1992 Professur an der Universität Kaiserslautern, seit 1994 Lehrstuhl für Botanik II am Julius-von-Sachs-Institut für Biowissenschaften an der Julius-Maximilians-Universität Würzburg und gleichzeitige Ernennung zum Direktor des Botanischen Gartens der Universität. 1997–1999 Dekan der Fakultät für Biologie der Universität Würzburg. 2000 Ablehnung eines Rufs als Direktor des Instituts Phytosphäre am Forschungszentrum Jülich und einer Professur an der Universität Düsseldorf. 1996–2000 Sprecher des Sonderforschungsbereichs »Ökologie, Physiologie und Biochemie von Pflanzen und Tieren unter Stress« (SFB 251). Seit 2000 Sprecher des Sonderforschungsbereichs »Mechanismen der interspezifischen Interaktion von Organismen« (SFB 567), 2001–2004 Sprecher eines Forschungsverbundes »Erhöhte UV-Strahlung in Bayern«, seit 2006 Dean der im Rahmen der Exzellenzinitiative geförderten »Graduate School of Life Sciences« an der Universität Würzburg.

Elisabeth Vaupel, 1956 in Luxemburg geboren, Studium der Chemie, Biologie und Geschichte an den Universitäten Mainz, Freiburg und München. 1987 Promotion an der Universität München, 1987/88 Volontariat am Deutschen Museum München, 1988/89 Hochschulassistentin am Institut für Geschichte der Naturwissenschaften der Universität Hamburg, 1989–2004 Leiterin der Abteilung Chemie im Deutschen Museum, seit 2004 wissenschaftliche Mitarbeiterin am Forschungsinstitut des Deutschen Museums. 2003 Habilitation an der Universität Stuttgart, seit 2008 außerplanmäßige Professorin für Chemiegeschichte an der Universität Stuttgart. Forschungsschwerpunkte: Chemie- und Pharmaziegeschichte des 19. und 20. Jahrhunderts.

Bildnachweis

Archiv der Hochschule für Musik und Theater München: 158, 164
Aus: Bayern ohne Klöster? Die Säkularisation 1802/03 und die Folgen. München 2003: 79
Aus: Jutta Bendt/Karin Schmidgall: Ricarda Huch 1864–1947. Ausstellung und Katalog des Deutschen Literaturarchivs im Schiller-Nationalmuseum. Marbacher Kataloge 47. Marbach 1994: 58
Aus Jakob Philipp Fallmerayer: Fragmente aus dem Orient. München 1963: 83
Aus: Jörg Helbig: Brasilianische Reise 1817–1820. Carl Friedrich Philipp von Martius zum 200. Geburtstag. München 1994: 42
Aus: Hanno-Walter Kruft: Alfred Pringsheim, Hans Thoma, Thomas Mann. Eine Münchner Konstellation. Mit Beiträgen von Roland Bulirsch und Horst Fuhrmann. München 1993: 154, 162, 167
Aus: Max-Planck-Gesellschaft (Hrsg.): Berichte und Mitteilungen. Gedenkfeier Feodor Lynen. München 1980: 134, 150, 152
Bayerische Akademie der Wissenschaften: 38, 56, 77, 133
Bayerische Staatsbibliothek: 55
bpk/Bayerische Staatsbibliothek: 91
bpk/Fritz Eschen: 74
bpk/Erich Salomon: 71
Deutsches Museum: 119, 121, 123, 126, 129, 131
Linde AG, Bildarchiv: 13, 18, 19, 22, 35
Privatbesitz Charlotte Kleinschmidt: 114
Privatbesitz Hermann Linde: 23, 28, 30
Privatbesitz Uwe Naumann: 170
Monacensia – Literaturarchiv und Bibliothek: 93, 100
Staatliches Völkerkundemuseum München: 46, 49
Stadtarchiv München: 105